U0725001

# Hoax

## A History of Deception 5000 Years of Fakes, Forgeries, and Fallacies

( Ian Tattersall )
( Peter Névraumont )

# 有诈

## 5000年来的谎言、伪造与谣传

〔美〕伊恩·塔特索尔 〔美〕彼得·内夫罗蒙特 著

王寅军 译

重庆大学出版社

版贸核渝字（2019）第 046 号

**图书在版编目（CIP）数据**

有诈：5000年来的谎言、伪造与谣传 /（美）伊恩·塔特索尔（Ian Tattersall），（美）彼得·内夫罗蒙特（Peter Névraumont）著；王寅军译.—重庆：重庆大学出版社，2021.8

书名原文：Hoax：A History of Deception：5000 Years of Fakes, Forgeries, and Fallacies

ISBN 978-7-5689-2566-2

Ⅰ. ①有… Ⅱ. ①伊… ②彼… ③王… Ⅲ. ①诈骗-案例-世界 Ⅳ. ①C913.8

中国版本图书馆CIP数据核字（2021）第032513号

**有诈：5000年来的谎言、伪造与谣传**
**You zha:5000 Nian lai de Huangyan、Weizao Yu Yaochuan**
［美］伊恩·塔特索尔　［美］彼得·内夫罗蒙特　著
王寅军　译

策划编辑：姚　颖　　责任校对：关 德 强
责任编辑：刘 秀 娟　　责任印刷：张　策
内文版式：韩　捷

重庆大学出版社出版发行
出版人：饶帮华
社址：（401331）重庆市沙坪坝区大学城西路21号
网址：http://www.cqup.com.cn
全国新华书店经销
天津图文方嘉印刷有限公司印刷

开本：787×1092　1/16　印张：19.5　字数：301千字
2021年8月第1版　2021年8月第1次印刷
ISBN 978-7-5689-2566-2　定价：89.00元

---

献给所有欺骗"艺术家"和他们取得的"成就"，

纵观历史，他们推动了人类事业的"进步"。

# 目 录

# 前言

\ 0 /

我们很难对人类的状况做出精确描述。在天平两端，人可以是恶魔，也可以是圣徒。有些人吝啬，有些人慷慨，有些人端庄得体、才华横溢，还有些人粗糙鲁莽、愚笨不堪。然而，尽管人类行为中这些更强烈的表现，往往更引人注目，但在大多数时间里，我们会发现自己身处任何可设想的行为光谱的居间某处。

正是在人类经验的这片灰色模糊地带，欺诈盛行，假货猖獗。这无疑可以追溯到大约十万年前，智人（Homo sapiens）以其现代形态出现的时候。人们通常把重大事件视为历史，认为它们揭示了有关前人和我们自己的生活，但在很多方面，在人类经验中这片广袤难解的中间地带上世世代代以来所发生的事，告诉了我们更多。无疑，如果不把人类状况的这一方面考虑进来，对历史肥皂剧的任何解读都是不完整的。

道德上可疑的事件形成了一个巨大的沼泽，其原因倒也稀松平常。每个欺骗艺术家都知道他的受众有多好骗，即便是——或者说尤其是——那些自认为老谋深算的人。每个骗子也都清楚地意识到，人们轻信好话，这几乎是个普遍的倾向。人的这些基本癖好，为无耻之徒打开了方便之门，去欺骗利用那些没那么愤世嫉俗的人。

公元 1165 年，拜占庭皇帝曼努埃尔·科马努斯收到一位不知名的基督教国王“祭祀王约翰”（Prester John）的来信，据说他的领土延伸出印度直至巴别塔。教皇亚历山大三世于是派出使徒一路东行，盼望祭祀王约翰能够前来为被穆斯林军队围困在耶路撒冷的“十字军”解围。正如这幅 1564 年的地图所显示的，祭祀王约翰的神秘王国激发了世世代代探险家的想象力，成了他们探索的目标，却从未被人发现。

相比之下，导致继之而来的侵犯——如人类经验中比比皆是的虚假陈述、仿冒伪造、蓄意煽动等——的动机就要稍微复杂一点了，并且人有多少种，动机就有多少种。人之所以利用他人的无知、贪心和偏见，往往只是出于贪婪的理由，不过仇恨和个人恩怨也常常成为驱动力，还有纯粹的恶作剧，对权力和影响力的渴望，想要“露一手”的愿望，或者仅仅是想要得到认可的可悲需求。

然而，无论在具体个案中动机源自何处，令骗局成为可能的机制显然深深印刻进了令人心灰意冷、难以捉摸的人类状况之中。只要人类和语言存在，欺骗和谎言就存在，欺骗艺术家和受骗的人、轻信者和愉快盘剥他们的人，也都存在。

如果人的疏忽和利用这种疏忽牟利的愿望，是且总是人类心灵无法舍去的一部分，那么接踵而来的骗局、欺诈和谬论也就为我们提供了另一副目镜，来审视过去和现在的种种奇谈怪论。这副目镜或许还挺管用，因为尽管人之轻信易骗是恒常的，但它的表现方式却随着每一代人的恐惧、抱负以及世界观的不同而千差万别。最最不济，我们还是可以在此自信地宣称，我们讲述的，不是由胜利者书写的历史。

对这段辉煌历史的讲述，仅举最近一例，便有查尔斯·麦凯 1841 年写的《大癫狂》（*Extraordinary Popular Delusions and the Madness of Crowds*）。而我们在本书中，从五千年的人类经验和生命本身亿万年的历史中，截取了 50 个异彩纷呈、声名狼藉的片段。我们尽量把每个故事讲得简短，因此在书后提供了进一步阅读的书单。上网浏览也能获取有用的信息，但你得时刻提醒自己，网上信息的真确性可没人给你打包票。

书里讲到的事，有些已经为人所熟知，另一些则相对陌生。有些事涉及故意歪曲事实，另一些事更多反映了受到误导的流俗偏见。还有些事揭示了人类精神的麻木和刻薄可以堕落到何种深度，而另一些事则——平心而论——增进了人类满足的总量。不过，纵观以上种种，它们揭示出了人类经验中两个互相矛盾的方面。

一方面是人性的恒常不变：从人类第一次动笔记录下自己的想法、

感受和经验，到现在为止，我们这个物种显然在总体上没有丝毫变化。相较而言，另一方面则是历史长河川流不息：时移事易，我们的偏好和信念——以及作为一个社会，我们有备而待的谎言——时刻都在变化。

作为本书作者，我们尽量克制自己，不拿50个片段中的任何一个，去附和某种更宏大的历史观或历史叙事。希望这一做法是明智的。毕竟人类经验在这件事上过于任性。但我们也确实觉得，每个故事都讲了点什么。而且，并不是所有的欺骗都应受到谴责——实际上有些骗子还真的挺亲切友好的——于是，我们在书里埋了个小彩蛋，看你能不能找到它。

# 欺骗的进化

## 1

本书讲的是欺诈和谬论在人类经验中的整体地位。在一开始，指出伪装和诡计并不是我们智人这个物种独有的伎俩，或许能够形成有益的参照。实际上，这种令人倒胃的习性在生命世界中比比皆是。当我们哀叹人类的状况时，知道自己并不是独自承受缺憾，或许也是一种安慰。

生命之树维系着我们星球上所有的生命体，人类也栖息其上。这棵树上的生物都源自 35 亿年前一位单一的共同祖先。毫无疑问，这位祖先也与今天微小的单细胞细菌共享了许多特征。尽管它们看上去简单，但即便是细菌也会从事欺骗的勾当。

近年来的一大生物学发现，是意识到“微生物群落”——我们体内和皮肤上的微生物共同体——对于整个身体功能的重要性。一个突出的例子是，在我们肠道中大量繁殖的单细胞生物，对于消化过程至关重要。人类的免疫系统非常活跃，通常会派出特定细胞来攻击致病入侵者，然而微生物群却能安然无恙、毫发不损。它们耍了什么诡计？原来细菌通过一种叫作“分子模拟”的方式，跟我们共同演化。换句话说，它们装作是我们自身的细胞，有一种叫作脆弱类杆菌（Bacteroides fragilis）的细菌，尤其擅长模拟人和其他动物消化道细胞表面的蛋白质和糖。

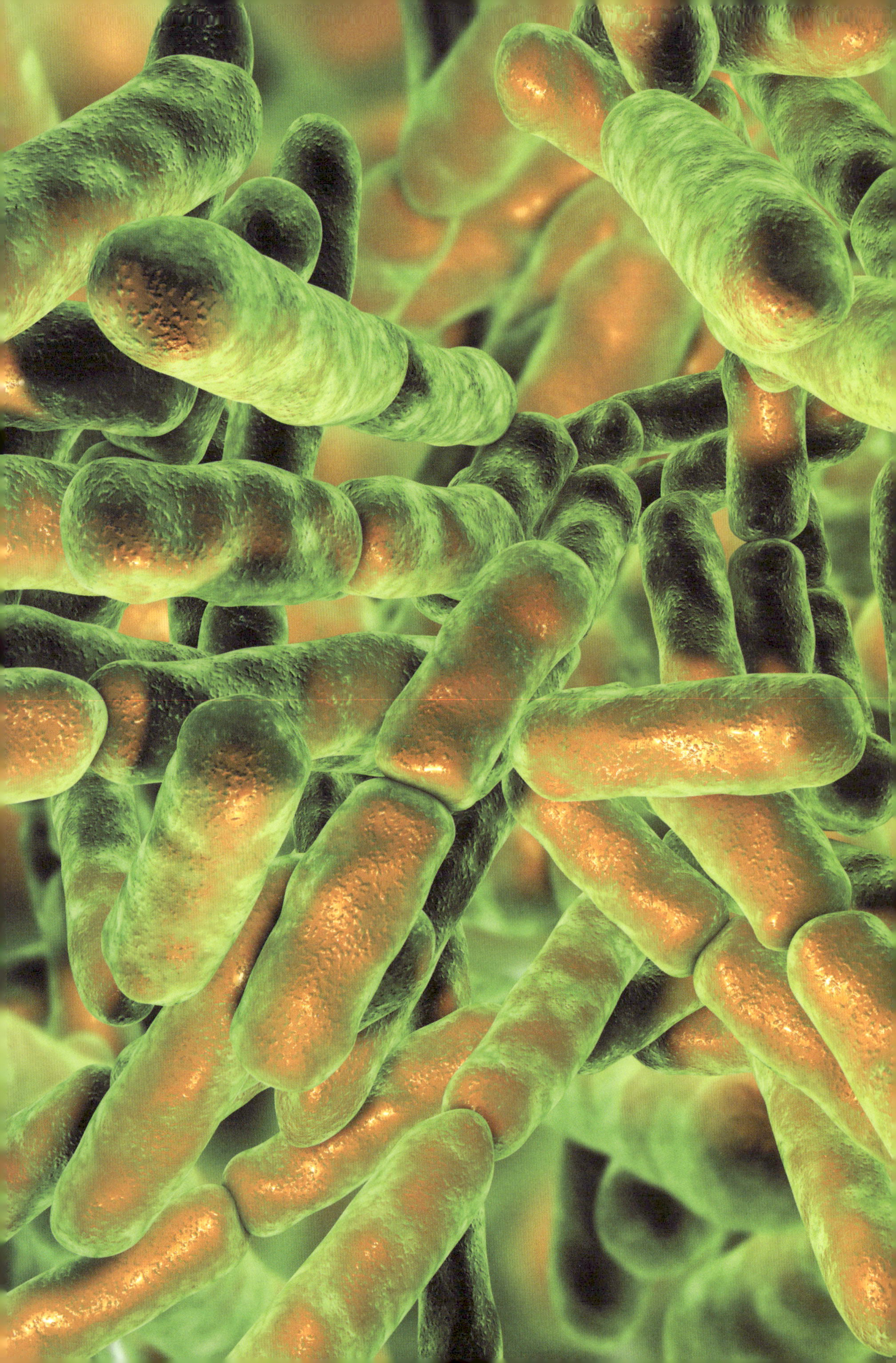

这种诡计对细菌和我们都有好处。但虚假宣传并不总是带来好处。在我们看来，夏夜晚风中，萤火虫的点点微光，是一道惬意风景。但在萤火虫的世界里，却是暗藏杀机。通常，萤火虫在求爱时会发出微光信号，同一种属的雌雄两性对特定的闪光信号模式发出回应。然而，妖扫萤属（Photuris）的雌性萤火虫却会使诈。

这些雌性萤火虫通过模仿另一种北斗萤火虫（Photinus）的光信号模式设下圈套，等待体型较小的雄性北斗萤火虫落网。后者一出现，就会被吃掉。在这个过程中，雌性妖扫萤属萤火虫不止美餐了一顿，也收获了一种类固醇物质（lucibufagin）。这种类固醇能让跳蛛——萤火虫的天敌——望而却步。有时，恶有善报。

**萤火虫中有一种妖扫萤属（Photuris）的雌性萤火虫，会模仿北斗萤火虫（Photinus）中雌性的求爱信号。雄性的北斗萤火虫寻光而来，即被这些“红颜祸水”的妖扫萤属萤火虫捕食。**

**对页：据估计，有 100 万亿细菌待在我们的大肠里。人体内有 40 多万亿的细胞，数量上远不及与我们共生的细菌，而后者已经学会了如何骗过我们身体里的免疫系统。**

或许动物世界中最出名的欺诈案例，就是鸟类中非常典型的“巢寄生”（brood parasitism）。这一现象在五种不同的鸟类家族中都能独立发现，而最具代表性的就是欧洲杜鹃（European cuckoo）。雌杜鹃会把蛋产在别的鸟巢中，让它混同在原先主人的蛋中。令人惊奇的是，有七种不同的欧洲杜鹃，会产下不同颜色的蛋，只是为了把蛋寄生到七种不同的宿主巢中，从莺鸟（warblers）到鹡鸰（wagtails）。

有时，雄杜鹃会试着引诱目标受害者，把她引离自己的鸟巢，这样雌杜鹃就能溜进去产蛋了。如果这枚蛋没有当即被驱除出宿主巢，它会比其他的蛋孵化得更快一些，杜鹃雏鸟也会长得比巢里的其他鸟快。一旦孵化出来，雏鸟会全身心投入生存竞争，霸占毫无戒心的养父母提供的食物。与此同时，杜鹃父母则逍遥快活，免除自己抚养后代的责任。

如果连细菌和鸟类都惯于欺诈，那么灵长类动物使诈也就不足为奇了。的确，在狐猴和懒猴这些所谓的低级灵长类动物中，确实还没发现欺骗行为。但是在我们的近亲——高级灵长类动物中，误导性行为异常猖獗。例如，黑猩猩以隐藏自己的真实意图出名，尤其当一个地位较低的雄性黑猩猩想要在雄性头领的眼皮底下追求一个颇具魅力的雌性时，就会使用伪装。

最近有报道称，一只黑猩猩试图对人类隐瞒自己的意图。这只叫桑蒂诺（Santino）的雄性黑猩猩住在瑞典的菲吕维克动物园，它现在显然已经养成了一个习惯，把石头藏在原木和干草堆后面，而后突然抓起一颗扔向毫无防备的游客。

最后，几年前的一项研究表明，灵长类动物个体欺骗他人的频率，可以通过其大脑新皮质（neocortex）的大小来准确预判。以此为标准，我们人类远远领先于大猩猩。这算是提前给你一个警告。

约有百分之一（约 100 种）的鸟类采取“巢寄生”的手段，将蛋偷偷产在宿主的鸟巢里。如果这枚蛋没有当即被驱除出宿主巢，它会比其他的蛋孵化得更快一些，杜鹃雏鸟也会长得比巢里的其他鸟快。有些宿主学会了通过口腔内的斑点来辨别“领养”雏鸟的方法，即所谓的“裂隙模式识别”，它们会给自己的亲生骨肉多喂一些食物。作为应对之道，寄生的针尾维达雀（pin-tailed whydah）雏鸟（左）演化出了和宿主横斑梅花雀（common waxbill）雏鸟（右）高度相似的斑点。

Prop. 1. The 2300 prophetick days did not commence before the rise of the little horn of the He Goat.

2 Those day did not commence after the destruction of Jerusalem & ye Temple by the Romans A.D. 70.

3 The time times & half a time did not commence before the year 800 in wch the Popes supremacy commenced

4 They did not commence after the reigne of Gregory the 7th. 1084

5 The 1290 days did not commence before the year 842.

6 They did not commence after the reign of Pope Greg. 7th. 1084

7 The diffence between the 1290 & 1335 days are a parts of the seven weeks.

Therefore the 2300 years do not end before ye year 2132 nor after 2370.

The time times & half time do not end before 2060 nor after

The 1290 days do not begin before 2090 nor after 1374

# 我们已知世界的终结

\ 2 /

如果你有和我们一样的经历，那你可能看到过很多漫画里的人物，手举写着“末日临近，快忏悔吧”的告示牌，而在实际生活中很少见到这类人。然而类似的末日幻想在人类的文化经验中却是根深蒂固的，显然，当有人第一次记录下他们对周遭世界的看法、记录下他们对自己和全体人类命运的未知与恐惧时，这种幻想就扎根了。一块公元前 2800 年的亚述泥板文书上阴郁地刻着：“我们的土地近来衰败了。有迹象显示世界正在加速走向终点。”

早期基督徒也热切地接受了这种预感，他们牢牢抓住耶稣不断重复的宣言，说眼前的世界将要终结，取而代之的是天国的来临。最初，基督徒似乎期盼着末日即刻到来，然而到了 1 世纪末，怀疑渐渐露出了苗头：“但那日子，那时辰，没有人知道，连天上的使者也不知道，子也不知道，唯独父知道。”（《马太福音 24:36》ESV）

后来，神学家把这种动摇当作挑战。公元 365 年，神学家普瓦捷的希拉流（Hilary）回到了最初的说法，即世界末日迫在眼前。他的追随者

**对页：艾萨克·牛顿的亲笔信，他在信中预言世界将在 2060 年毁灭。**

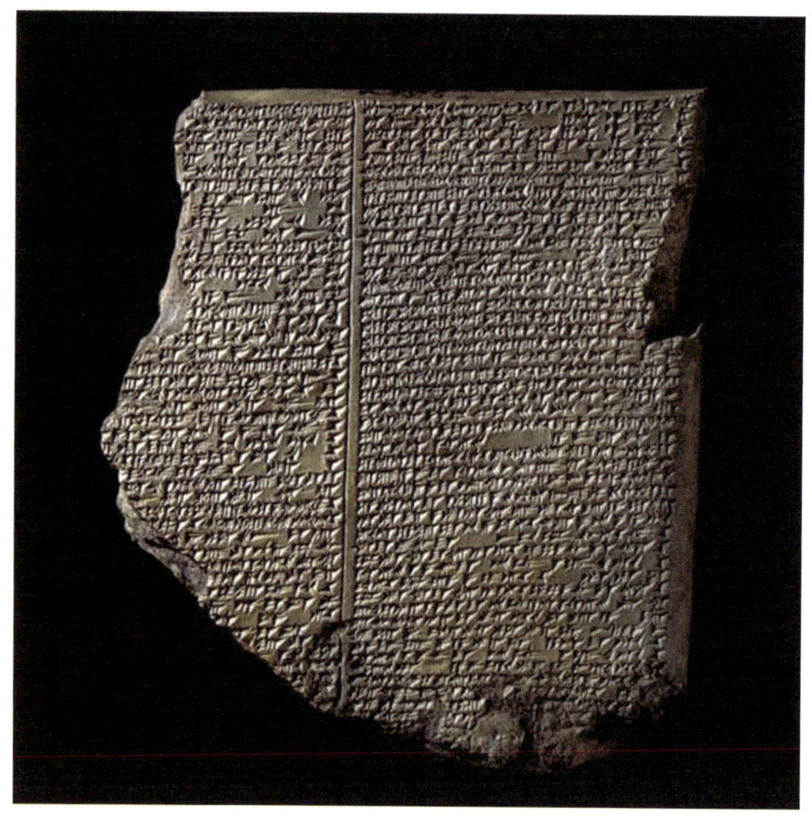

**这块亚述泥板文书名为《吉尔伽美什史诗》（*Epic of Gilgamesh*），公元前2800年，部分文字为："我们的土地近来衰败了。有迹象显示世界正在加速走向终点。贪污腐败盛行；儿女不再遵从双亲；每个人都想写他自己的书，而世界的终点近在眼前。"**

也立即采取了行动，预言整个世界将在未来一个特定的日期终结：公元1000年1月1日，基督教的第一个千年。即便当这个神奇的日子平安无事地度过时，众人如梦初醒，但特定日期成了潮流。

即使是打破传统的马丁·路德——他不承认《启示录》，说它"既非使徒的，也非先知的"，但像"被提"（the Rapture）这样的末日论最喜欢援引它——也预期世界会在1538年10月9日终结。当终结并未发生时，路德把日期修正到了1600年，那时他已安然作古，可以高枕无忧了。

一想到人们愿意去相信那么多奇奇怪怪的事情，那么古代亚述人和中世纪神学家着迷于末日预言，也就并不那么令人惊讶了。谁敢肯定呢？他们归根到底或许是对的，尽管我们得等上一阵子。令人不安的或许是艾萨克·牛顿爵士，这位理性时代的化身，这位见证了现代科学兴起的人，也站在他们那边。似乎这位天体力学和微积分的发明者，威风凛凛的《自然哲学的数学原理》的作者，也成了缺乏想象力的信徒，认为《圣经》预言“无关冷漠与否，而是至伟时刻的义务”。

对牛顿来说，经文中的预言是“既来之物的历史”，只不过用象征性的神秘预言写出，需要专家来诠释。而他本人正乐于从命。经过多年努力，他计算出世界将会在神圣罗马帝国建立1260年之后，直到公元2060年终结。他在1704年写道：“世界可能之后会终结，但我看不到它提前结束的理由。”所以，经由史上最杰出科学家的计算结果来看，我们中的大多数人至少可以喘口气了。

**哈罗德·康平在其“家庭电台”广播网上预言，耶稣会在2011年5月21日重返人间，接着会有5个月的天火、硫黄之火和瘟疫蔓延，直至2011年10月21日随着整个宇宙的终结而一同止歇。康平在92岁时碰上了自己生命的终结，当时是2013年12月15日，地球仍完好无损。**

有意思的是，牛顿做这番预言“并不是要断言末日的时间，而是为了止住空想家们的一大堆预言，他们频繁地预言世界末日，这样一来，反倒把神圣预言和他们失败的预言归为一类了”。

这个神圣的目标并未实现。拿我们的时代来说，广播布道者哈罗德·康平在1992年预言，“被提”（届时，大约在耶稣第二次降临的时候，在世和去世的信众皆能加入云端上的主，而我们这些剩下的人只能耗在地震和瘟疫里：再次谴责《启示录》）很可能会在1994年9月6日发生。他没有被这件事未能如期发生所吓倒，而是把自己的预言调整到2011年5月21日，不过他又说实际的世界末日是在5个月之后，即10月21日。

事情的进展，或者说没有进展，最终迫使康平“谦卑地承认我们错误估计了时间”。但与此同时，他和他的同事进账了数百万美元，

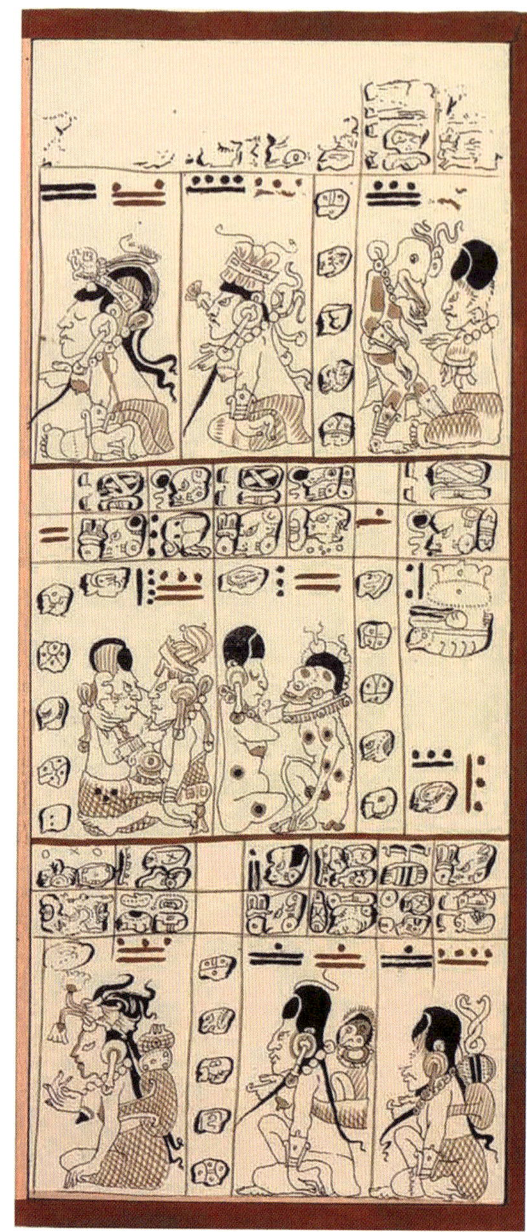

**数百万人登上互联网上的阴谋论网站，这些网站警告人们，根据一个5126年的玛雅循环历法，2012年12月23日将是我们已知世界的终结。这里展示了数页《德累斯顿古抄本》（*The Dresden Codex*）的内容，包含用以计算玛雅循环的天文学和占星术内容。这份抄本是仅存的三份玛雅古抄本之一，而据估计，原来的抄本数量有五千之巨。其余那些抄本在16世纪毁于西班牙宗教当局之手。**

都是捐赠给他的“家庭电台”的钱款。在他的预言并未如期兑现的情况下，康平拒绝退还这些捐款。据说他这么讲：“我们还没到最后关头，为什么要归还这些钱？”可惜的是，面向他希望拯救的2亿灵魂的大肆宣传超支巨大，最终迫使他关闭电台、解散员工。

这段令人沮丧的经历并未让类似的预言刹车，尤其在这样一个时代，互联网极易崩溃，潜在地引发更多人类文明的灾难性后果，远胜过天启四骑士。然而，在这么多次失望之后，为什么还会有那么多人仍旧吃这一套？

神学家洛伦佐·迪托马索（Lorenzo DiTommaso）提示我们，此类信念通常在物质世界突现问题时才会冒出来，而且几乎一贯如此。人们感受到了周遭境况的压力。他提醒我们，这些预言源自想要协调两种对立信念的欲望：一方面，现代人的生存中有一些烦扰人心的错误，另一方面，即便如此却仍有希望的空间。我们正奔向某种“巨大修正”（cosmic correction）的想法，恰好和救赎的承诺相互平衡，于是“末世论的神是秩序之神，而非混沌之神”。如果迪托马索是对的，对末世论的信念就成了认知失调的一个极好例证，这种认知失调似乎深刻刻画了人类的状况。

# 彩虹尽头的方舟

\ 3 /

人类的经验是有限的，因此随着历史的展开，同样的事情会反复重演。西方传统中最普遍的隐喻之一，就是《圣经》中对诺亚洪水的描述，毫不避讳地告诉人们，招惹更强大的力量是不明智的。然而，尽管大多数人会把这个故事和《创世记》以及基督教上帝联系到一起，其中的一些元素实际上可以追溯到圣经时代之前，直至古巴比伦甚至可能更早，尽管更早的书面记录付诸阙如。

根据《吉尔伽美什史诗》——写于《旧约》时期前约1500年——的记载，神祇被人类的愚行惹恼，决计把他们全部淹死。但有一个人，乌塔那匹兹姆（Utnapishtim），在梦中得到了警告。他被告知要建造一艘特定尺寸的带顶棚的船，船内须装满“所有生物的种子”。

这个故事和《圣经》中描述的诺亚与大洪水诡异地如出一辙，当然不得不承认，主角的名字有点拗口。事实上，这两个湿漉漉的传说完全相同，足以表明它们有一个共同的源头。或者说，后一个传说直接照搬了前一个。无论怎样，这个故事显然有足够的持久力，反复激发着人类心中两个或多或少有点矛盾的方面。

一方面，人类愿意相信由更强力量揭示出来的真理。另一方面——

**16 854 英尺（约 5 056 米）高的亚拉腊山（Mount Ararat），位于土耳其东部靠近伊朗、亚美尼亚和阿塞拜疆的边界。根据《旧约》的记载，这里是诺亚方舟最后停靠的地方。早在公元前 275 年，巴比伦历史学家贝罗索斯（Berossus）就记载了亚美尼亚的一艘方舟，“有人从船上刮下沥青，当作护身符来用”。**

既是基于潜在信仰，也至少带有怀疑的成分——人类又渴望能够找到某种实物证据来支持这种信念。因此媒体经常会报道，有人发现了诺亚方舟的确凿证据，且恰如《创世记》所言，高踞于“亚拉腊山”某处。今天的亚拉腊山坐落在土耳其的远东地区，尽管它在古代曾一度位于大亚美尼亚（Greater Armenia）境内。

“方舟考古学”，即对方舟行迹的实地考察，有一段悠久的历史。回到公元前 275 年，巴比伦历史学家贝罗索斯曾记录下：“（方舟的）有些部分仍在亚美尼亚，有人从船上刮下沥青，当作护身符来用。”自那时起，众多无畏的勇士前往那里搜寻遗迹，尽管一艘搁浅的木船极有可能熬不过在 16854 英尺（约 5056 米）的高山上上千年的风吹雨打。然而随着电视机的出现及其对轰动题材的渴求，调查的频率似乎也迅速攀升。

1949 年，一位圣经学院的教授阿龙 · J. 史密斯（Aaron J. Smith）痛感于亲眼所见的对于《圣经》的普遍怀疑，组织了一次对亚拉腊山的大规模考察，并公开宣称其目的是要证明《圣经》的真实性。可惜的是，在追踪了几处当地传说之后，他并没有发现方舟的踪迹。在接下来的六十余年时间里，人们仍组织了不少于一百次的探索考察，可谓不屈不挠。其中很多是受到航拍图或卫星图的启发，它们都拍到了山坡上的“船形”特征。探索的成果微不足道（很多报告事后证明是当地库尔德人唯利是

**《吉尔伽美什史诗》描述了神祇如何引发洪水毁灭地球，却指示那唯一的人——乌塔那匹兹姆，去建造一艘船来拯救他自己、他的家人以及飞禽走兽。六天过后，洪水退却，大船着岸。在《创世记》中，上帝决定在地上降下洪水，却指示诺亚建造方舟拯救他自己、他的家人以及每种活物各两只。四十天过后，洪水退却，方舟着岸。**

**在肯塔基州威廉斯敦的遭遇方舟主题公园（Ark Encounter theme park），按照《创世记》中描述的尺寸建造的方舟。无休无止而又徒劳无功地寻找方舟，背后的动机到底是什么？又或者是大脚怪、不老泉、黄金城……我们到底在追寻什么？**

图的骗局），以至于一些学者将其焦点转移到了伊朗的苏莱曼山（Mount Suleiman），位于里海南岸。又一次，毫无所获。

不过最终发生了一件事，让电视台的人可以拿来大书特书一番。1993 年，哥伦比亚广播电视台（CBS network）播出了一部所谓的纪录片《诺亚方舟的惊奇发现之旅》（*The Incredible Discovery of Noah's Ark*）。乔治·贾马尔（George Jammal），一个失业的演员，在片中告诉全国观众，他造访了三次亚拉腊山，去追寻方舟的踪迹，最终发现它位于山顶斜坡的一处冰窟中。根据贾马尔的描述，这艘冰封着的大木船内部分为不同的畜栏，他还劈了一段木头回来，用以证明方舟的存在。另一个证据则是照片。但可惜的是，贾马尔的摄影师在他们发现方舟后不久就失足落入了冰隙，而他的尸体（和相机）也再没有找到过。这个故事怎么都显得单薄，节目制作人或许光顾着仔细听辨贾马尔的亚美尼亚当地向导的名字了：“阿斯霍利安先生”和“阿里斯·布歇蒂安先生”。[1]

尽管如此，贾马尔仍是黄金档节目的座上宾，他夸张地向观众展示那块“珍贵的、上帝赠予的”木头。他的精彩表演还有一群“专家”助阵，一个比一个信誓旦旦，一个比一个信口开河。一旁是毕恭毕敬的主持人达伦·麦加文，他用一句话总结了整整两个小时的闹剧，“在每个细节上都印证了《圣经》对洪水的描述”。基督徒鼓掌欢庆，怀疑者嗤之以鼻。

节目播了一年，贾马尔公开宣布，整个关于亚拉腊山的故事都是编造的。他从未去过亚拉腊山及其周边，所谓的古代木头也只不过是一块当地的松木，他加入了厨房里所有能找到的调料，把这块木头蒸煮烹饪了一番。据报道，它闻上去有股照烧酱的味道，但电视制作人拒绝把它拿去做年代测试，就像他们没有验证其他任何一件事一样。

用贾马尔自己的话来说，他是想要揭露“宗教极右分子”的“虚张声势”。而在他这番言行之后，哥伦比亚广播电视台忙不迭厚着脸皮把节目从“纪录片”改为“娱乐节目”。但教训已经摆在眼前：纸上得来终觉浅，眼见为实亦非真。

诺亚方舟仍是一个幻想。但《吉尔伽美什史诗》和《创世记》中所记载的洪水可能确有其事。大约在公元前 5600 年，地中海的海水倒灌入内陆低地以及原先孤立的黑海盆地，亚拉腊山就在不远处。想象一下盆地原住农民的震惊之情，当他们看到原先的淡水湖水位上升，淹过了熟悉的风景，也无疑淹没了他们中的很多人。这一震惊之情至今仍在回荡。

1. 译注：两人姓名原文为 Mr. Asholian 和 Mr. Allis Buls Hittian，谐音分别对应 Asshole 和 Bullshit，即“浑蛋”和“胡扯”。作者在此暗示贾马尔通过加上“ian”后缀，杜撰了两位虚构向导的名字，一个精通糊弄，一个擅长胡扯。

# 角斗士和专业摔跤手

\ 4 /

下次，当你置身宏伟的罗马竞技场，想象着这座盛气凌人的建筑中，满座皆是欢呼雀跃的疯狂人群，全神贯注于嗜血杀欲；环形场地的正中央，角斗士挥舞着刀剑匕首刺向对方，基督徒则被狂野的兽类撕扯成碎片……想一想巨蛋体育场的夜晚，“世界摔跤娱乐”[2]（WWE）的比赛在这里举办。这两项娱乐形式乍看之下，不乏相似之处。

正如它的名字所显示的，尽管摔跤场上你死我活、险象环生，“世界摔跤娱乐”纯粹是娱乐。拳击运动员一心想要打倒对手，WWE的摔跤手则不是。实际上，即便是他们互相把对方扣摔倒地，然后冲着所谓对手的脑袋重踩下去，他们一心想着的也是不要伤到对方——这不是件容易的事，当他们试图给人营造出一种极端暴力的印象时。

摔跤手们竭尽全力营造这种暴力印象。不久前流传的一段视频里，WWE冠军“摧伯H”（Triple H）把对手罗曼·莱恩斯的脑袋猛摔到播报员的桌子上，一旁的评论员拜伦·萨克斯顿——从前也是个摔跤手——似乎偷摸着给了莱恩斯一剂人造血浆。视频的最后，莱恩斯满头是血，与此同时，人声如预料中一般鼎沸。顺便提一句，根据WWE的规则，真血是违规的，这是严格遵照电视节目分级的规定——尽管很难想象在莱恩

2. 译注：World Wrestling Enterta-inment，即WWE，又译“美国职业摔跤”，是美国最受欢迎的体育节目之一。

**“世界摔跤娱乐”（WWE）的表演不是真实竞赛，而是纯粹的娱乐，比如摔跤明星约翰·塞纳参与的比赛。这些比赛由剧情主导，按脚本发展，经过精心编排，经常也包含一些危险动作，表演者如果动作不正确就会受伤。**

斯的脸一次次撞向桌面时，如何避免流血。但由于一些完全无法理解的原因，即便没有真血，“世界摔跤娱乐”的比赛仍被归到 TV-PG 级别[3]。

于是，电视版的摔跤比赛完全是造假——虽然从业者不喜欢“造假”这个词，更喜欢把这项运动（就摔跤被严格定义为一项运动而言）描述为“预决的”（predetermined）。尽管如此，职业摔跤作为一种娱乐形式，要求高超的特技技巧、戏剧效果和即兴发挥，因而也不全然是假的。事实上，它要求很高。在摔跤场上闪转腾挪而不伤人伤己，需要具备大量专业技巧和注意力。但这也是值得的。据报道，一位职业摔跤教练曾经说过：“摔跤场上没有输家。”

3. 译注：美国电视节目分级制度中的一个级别，共有 7 个级别，TV-PG 是指“建议家长提供指引”的电视节目，节目中可能包含少量暴力、性及不当行为的内容。

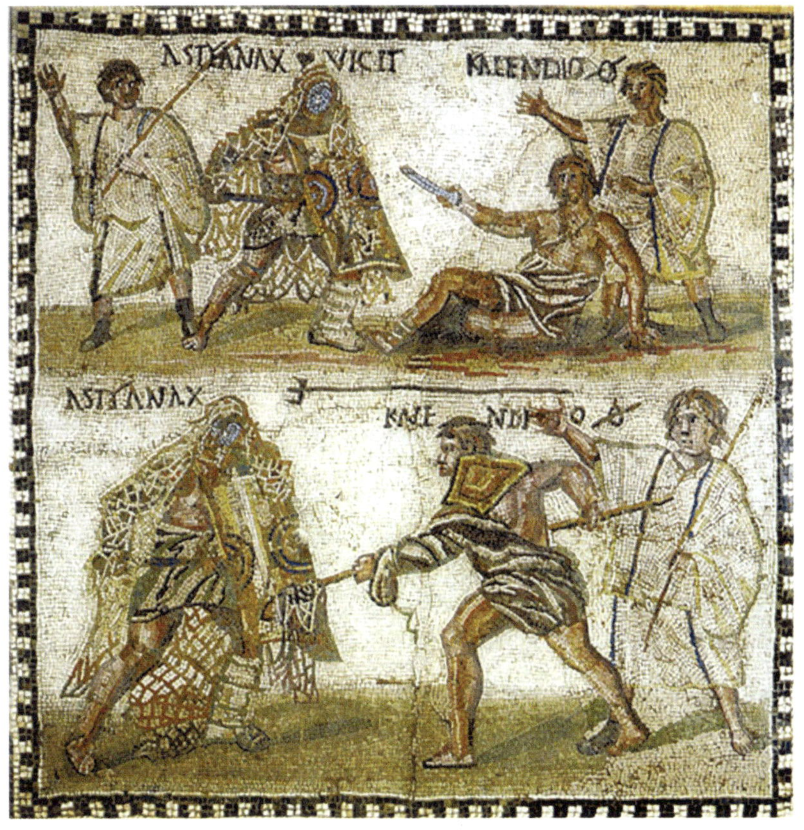


**在这幅 14 世纪马赛克饰板的下半部分，一位名为卡伦蒂欧（Kalendio）的网斗士（retiatius）用负重网兜住了身着重甲的追击斗士（chaser）阿斯坦丽（Astyanax）。在饰板的上半部分，卡伦蒂欧负伤倒地，举起匕首以示投降。他头上的铭文记下了他的名字以及一个代表“消灭”的符号（ø），表示他被杀死了。**

当然，观众们也很清楚地意识到，这只是舞台表演。藏身于人群中，很多人显然乐于沉浸在这种暴力的幻觉里。不过当然，如果有人在场上真的身受重伤甚至死亡，现场观众也会立即陷入震惊和沉默。抑或不会？毕竟，历史经验告诉我们，竞技场里的观众见到血之后的反应是欢呼雀跃。

不过，最近的研究表明，发生在罗马的事情并没有那么简单。对角斗的标准解释，把它看作大约公元前30年罗马帝国统治之下和平时期(Pax Romana）形成的一种仪式性作战。整整两个世纪之久，罗马军团深陷于

**罗马竞技场于公元80年建造完毕，可以容纳八万名观众。这里是角斗竞技、大规模狩猎、陆海战模拟、魔术表演以及公开处决的现场。**

持续不断的战争之中，当和平降临时，战争技巧在角斗传统中得以保留下来。有人认为，为了保持技艺娴熟，类似的搏斗对抗有必要跟实战一样残酷。但这就忘记了在舞台上、在自知安全无虞的观众面前，角斗所具有的娱乐性价值。

尽管在竞技场和其他一些地方上演的这番景象的确和历史描绘的一样骇人听闻，尤其当盛大场面中包括战俘、罪犯、基督徒、野兽等，就更是如此。但我们不该低估人类根深蒂固的需求——崇拜名人。确实有一些角斗士成了名人，因其徒手搏斗的技艺出名，也因其令年轻女士神魂颠倒而出名。

比方说，弗拉玛（Flamma）就是古罗马最有名的角斗士之一。凭借一把短剑和一面盾牌以及半身护甲，他在 34 场角斗中令对手闻风丧胆，吸引了大量观众。然而由于好莱坞电影的关系，我们今日最熟知的角斗士是斯巴达克斯（Spartacus），他率领的奴隶起义六次击败罗马军队，最终才败下阵来。角斗士通常都是明星。今时今日和古罗马帝国的情形惊人地近似：古罗马儿童也会拿着黏土的角斗士人偶玩耍。

一流的角斗士显然不能随意牺牲。要训练出这样的搏斗行家花费不菲，除此之外，著名角斗士的名声对他们的官方或贵族赞助人来说也具有相当大的价值。尽管大多数角斗士名义上只是奴隶，我们也能从行业顶尖者的报酬中一窥他们的价值。据说，罗马皇帝提比略觉得自己的角斗士花费巨大，于是不得不限制他的比赛场次来避免破产。一个半世纪之后，提比略的继任者马可·奥勒留皇帝被迫试行报酬上限。或许还真有这个必要，因为此时角斗士甚至已经有代理人了：被称为“教练”(lanistae)的经理人，负责为角斗士介绍由皇帝和富人举办的角斗赛事。一个真正有名的角斗士和一个优秀的代理人搭档，一年可能只要比上几场，就能在短时间内凑够钱，在乡间买一处地产。

在这种环境下，顶尖的角斗士几乎不会拼上命去打，甚至也不会冒险受伤。取而代之的是他们往往着眼于自己长久以来习得的搏斗技巧，用精湛的表演来调动观众的激情。根据迈阿密大学的史蒂文·塔克（Steven Tuck）的研究，很多角斗比赛都可以分为三个阶段。第一阶段，全副武装的参赛者互相逼近；第二阶段，当一方受伤时（或者如传言那般，假装受伤，甚至使用假血），他会重整自己并和对手保持距离；第三阶段，双方都会丢弃盾牌和武器，上前扭打到一起，或许也如现代 WWE 摔跤手那般假模假式。

虽然大多数这样的比赛都有输赢，但有格斗巨星参与的赛事，其理想结果是交战双方打成平手，各自保持荣誉，活到下一场比赛。这即便不是“没有输家”，也差得不远了。

# 尤里安的买卖

## 5

买任何东西之前，都要确保卖家对货物拥有实际所有权。在房产交易中，这是你能得到的最货真价实的建议。第二好的建议是给卖家的，要确保买家有支付能力。这两条铁律放到罗马帝国时期也完全适用，当时史上最大宗的地产拍卖正在进行。

罗马禁卫军成立于公元前275年，很快就成了专职保卫皇帝安全的军事单位。禁卫军成员最初大部分驻扎在罗马城外，这意味着他们可以火速赶来保护皇帝，却不能直接控制皇帝。但到了公元23年，禁卫军军营搬到紧邻城墙的地方，皇宫于是便处于守卫的持续监视之下。这种做法为皇帝提供了更有效的安全保护，同时也让禁卫军对统治者的威胁不再仅仅停留在理论上。于是到了公元41年，禁卫军在刺杀卡利古拉皇帝（Caligula）的行动中扮演了积极的角色。此后，随着不同皇帝间歇性地试图控制和利用禁卫军，后者的力量也时消时长。

**对页：尤里安皇帝登基伊始，即刻将罗马货币贬值6%，由此减少了他支付给禁卫军的军饷。但军士和罗马人民并不买账，每次尤里安公开露面，人们都用石头回敬他。**

**罗马帝国“西至细雨绵绵的北英格兰哈德良长城，东至叙利亚烈日炎炎下的幼发拉底河河岸，北至庞大的莱茵-多瑙河河系（蜿蜒于自低地国家至黑海之间丰饶、平坦的欧洲大地），南至北非海岸的富饶平原与狭长丰茂的埃及尼罗河流域。罗马帝国把地中海整个围了起来……帝国的征服者称之为‘我们的海’（mare nostrum）”。**

**——克里斯托弗·凯利，《罗马帝国简史》，牛津大学出版社，2007年。**

然而，即便禁卫军由此潜在地掌控着每一位皇帝的命运，它却从未变作更大的罗马行政机构的一部分。因此，禁卫军保留了政治上的相对独立性。这种独立性在公元193年表现得尤为明显。这一年被称为“五帝之年”，始于权柄欲坠的康茂德皇帝（Commodus）在禁卫军的默许下遇刺身亡，佩蒂纳克斯将军（Pertinax）被推举为新皇帝。佩蒂纳克斯皇帝上台后的首要发现就是康茂德已然耗尽了国库财富，这让他囊中羞涩，没钱付给禁卫军。尽管佩蒂纳克斯合情理地想要加强对禁卫军的掌控，但他开不出工资，双方关系因此搞得剑拔弩张。这让佩蒂纳克斯愈发难堪。结果便是，在他仅仅掌权三个月之后，一小队禁卫军冲进皇宫大门抗议薪水，并把他杀了。

剧情至此偏离了常轨。经费不足同时又在政治上独立的禁卫军并没有安插自己人做新皇帝——或至少是同谋者，而是将整个罗马帝国拿出来拍卖。事后看来，这件事标志着著名的罗马帝国衰亡的开端。尽管在那时，帝国实际控制着广袤的地域，不止囊括了整个环地中海地区，也包括近东以及欧洲中北部的大部分区域。据估计，在公元 193 年时，整个帝国占地约 14 亿英亩 。

起初，禁卫军还担心元老院和罗马人民的报复。但当两者都没有报复时（尽管有不少抱怨），他们宣布帝国将出售给竞价最高的人。大多数有能力的购买者要么忽略了这个提议，要么急匆匆计划着离开罗马。然而，著名的战士和管理者狄第乌斯 · 尤里安（Didius Julianus）在一次晚午餐的痛饮狂欢中，受到妻子和“一伙寄生虫”的怂恿，急匆匆赶到禁卫军兵营中开出了价码。其他竞价者包括佩蒂纳克斯的岳父蒂图斯 · 苏尔庇西亚努斯（Titus Sulpicianus），他是罗马的市政官，已然受元老院派遣来与禁卫军讲和。

竞价大战拉开了序幕，苏尔庇西亚努斯在禁卫军军营内，而尤里安在营盘高墙外高声还价。当尤里安获知苏尔庇西亚努斯提议给每个士兵诱人的 20 000 塞斯特斯来换取帝国时，他提价到 25 000 塞斯特斯。同时，由于禁卫军自觉不能完全信任自己的刀下冤魂佩蒂纳克斯的任何亲戚，他们便欣然接受了尤里安的慷慨报价。这笔钱相当于现在的 10 亿美元，或者说，帝国的每一英亩土地卖出了 1.4 美元的价格。

当然，问题在于禁卫军实际上并不拥有帝国——或者说，尽管他们控制了皇宫，却没有帝国的实际领导权。此外，尽管他们成功地让元老院宣布了尤里安的继位，存有二心的也大有人在。其中之一就是塞普蒂米乌斯 · 塞维鲁（Septimius Severus），他是佩蒂纳克斯的亲密盟友，此时正在加紧调动麾下的军队从中欧赶来罗马。

与此同时，新任皇帝尤里安由于缺乏足够的资金来安抚日益不满的禁卫军，便将货币贬值，此举进一步激怒了已然炽盛的民愤。人群在罗马竞技场内聚集，叫嚣着让叙利亚执政官佩西尼乌斯·尼格尔（Pescennius Niger）来当皇帝。尼格尔自封为皇帝，并将麾下的军队开到了宫城外。让事态更为复杂的是，不列颠和伊比利亚的罗马军队也自说自话地把他们的头领——克劳狄乌斯·阿尔比努斯（Clodius Albinus），最初是塞维鲁的盟友——推举为皇帝。内战一触即发。最终，尼格尔和一直处于边缘的阿尔比努斯都在与塞维鲁军队的交锋中丧生，为战事画上了句号。

随着事态的发展，愈发绝望的尤里安竭尽一切努力想要化解塞维鲁对自己的威胁。他宣布塞维鲁是人民公敌；他雇佣人去刺杀塞维鲁；他命令禁卫军反对塞维鲁；他甚至提议与塞维鲁一起做皇帝。这一切都是徒劳。塞维鲁击败了一队禁卫军，赦免了其余的禁卫军守卫，处决了杀害佩蒂纳克斯的人，最终进入了罗马。在这里，在他手下的士兵杀死尤里安皇帝之前，战战兢兢的元老院已经承认他为合法的皇帝了。

此时正是公元193年6月初，距离尤里安买到皇帝头衔仅仅过去了9个月的时间。据说，尤里安临终时说：“我到底作了什么孽？我杀

**尤里安死了，塞普蒂米乌斯·塞维鲁称帝，苏尔庇西亚努斯苟活了下来。但由于他曾支持过皇位竞争者克劳狄乌斯·阿尔比努斯，苏尔庇西亚努斯在公元197年还是接受了审判并被处决。**

的人是谁？”考虑到他的军旅背景，在这个不幸的故事里，尤里安确实远不及其他几个主角嗜血。实际上，历史——当然是由朴素无华的胜利者塞维鲁所书写的历史——将尤里安描绘成沉湎酒色而非嗜权如命之徒。

于是乎，史上最壮观的房产交易以悲剧收场。不仅对尤里安来说是悲剧，对禁卫军来说亦然。塞维鲁遣散了他们。以每英亩 1.4 美元的价格出售整个罗马帝国，在当时的交易双方看来都是一桩好买卖。毕竟，禁卫军有理由不信任出价较低的苏尔庇西亚努斯，是他们杀害了他的女婿；而尤里安在美餐之后的余味中，也想不到等待着他的是空空如也的国库，以及塞维鲁势如破竹般的进军。然而，事物的真正代价往往要比乍看之下高出许多。

# 尼斯湖水怪

\ 6 /

尼斯湖水怪是刻意制造的骗局，还是对真相的误解？是吸引游客的手段，抑或是迷信？事到如今，上面这些说法都对，或许还不止于此。然而，尼斯湖水怪已经成为人类迷恋怪力乱神的标志之一，值得对它进行一番回顾，以此来认识一个经典迷思的发展过程。

尼斯湖位于将苏格兰由东北到西南一分为二的大峡谷断层线上，是一个狭长的淡水深湖。因为其所在流域的土质属于泥炭土，所以尼斯湖水体浑浊，谁都不知道湖面之下潜伏着什么东西。

第一个报告尼斯湖里有“怪物”的人是圣徒克伦巴（Saint Columba），一位 6 世纪的爱尔兰僧侣，也是将基督教带到苏格兰的人。根据 7 世纪的《克伦巴传记》作者——伊奥那的艾多曼（Adomnàn of Iona）的说法，克伦巴当时正在穿越尼斯湖，他看见人们正在埋葬一个“不久前刚被湖里的怪物捉住并严重咬伤致死”的人。不久之后，他的一名同伴在湖里被怪物攻击，圣徒本人平静地赶走了怪物。艾多曼这么写道：“在圣徒的劝诫下，怪物心生恐惧，闻声而逃。”当地的皮克特人（Picts）对此印象深刻，感谢上帝创造了这个奇迹。克伦巴是否就此成功地让当地人转变信仰，并没有留下记录。不过他在整个苏格兰都还做得不错。

**12 世纪晚期手稿《苏格兰游记》(*Itinerarium Scotiae*)中，一幅严重褪色的页边插画，刻画了圣徒克伦巴遭逢尼斯湖水怪。基于对中世纪绘画颜料的细致研究，画作的颜色得到了修复。**

在和令人敬畏的克伦巴短暂遭遇之后，受到惊吓的尼斯湖水怪整整有一千年没有露面。事实上，塑造了我们今日所知的传奇故事的一系列目击事件，只能追溯到 1933 年。根据那一年 5 月 2 日《因弗内斯快递报》(*Inverness Courier*)上的一篇报道，来自德拉姆纳德罗希特(Drumnadrochit)的约翰 · 麦凯夫妇看见一只像鲸一样的生物在湖中嬉游。7 月 22 日，一名叫作乔治 · 斯派塞(George Spicer)的男子报告说，他和妻子看到"一只令人匪夷所思的动物"穿过道路，沿着湖岸行进。这个生物有着笨重的身形和细长的脖颈。因为斯派塞没有看到它的四肢，所以它是怎么移动的还不清楚。8 月，一名叫作亚瑟 · 格兰特(Arthur Grant)的兽医学生，从自己的摩托车上摔下来，可能还得了脑震荡，也声称他看到一只头小颈长的动物进到湖里。

有关这一神秘怪物的第一张照片摄于 1933 年 11 月。此后，目击事件逐渐增多，时至今日有一千多人声称见过这个怪物，模糊的照片更是比比皆是。后来的许多照片被明确揭露为骗局。最近的一张是在 2011 年，一名游船船长拍摄的模糊失真的背峰照片(居然还被认为是"史上最佳"

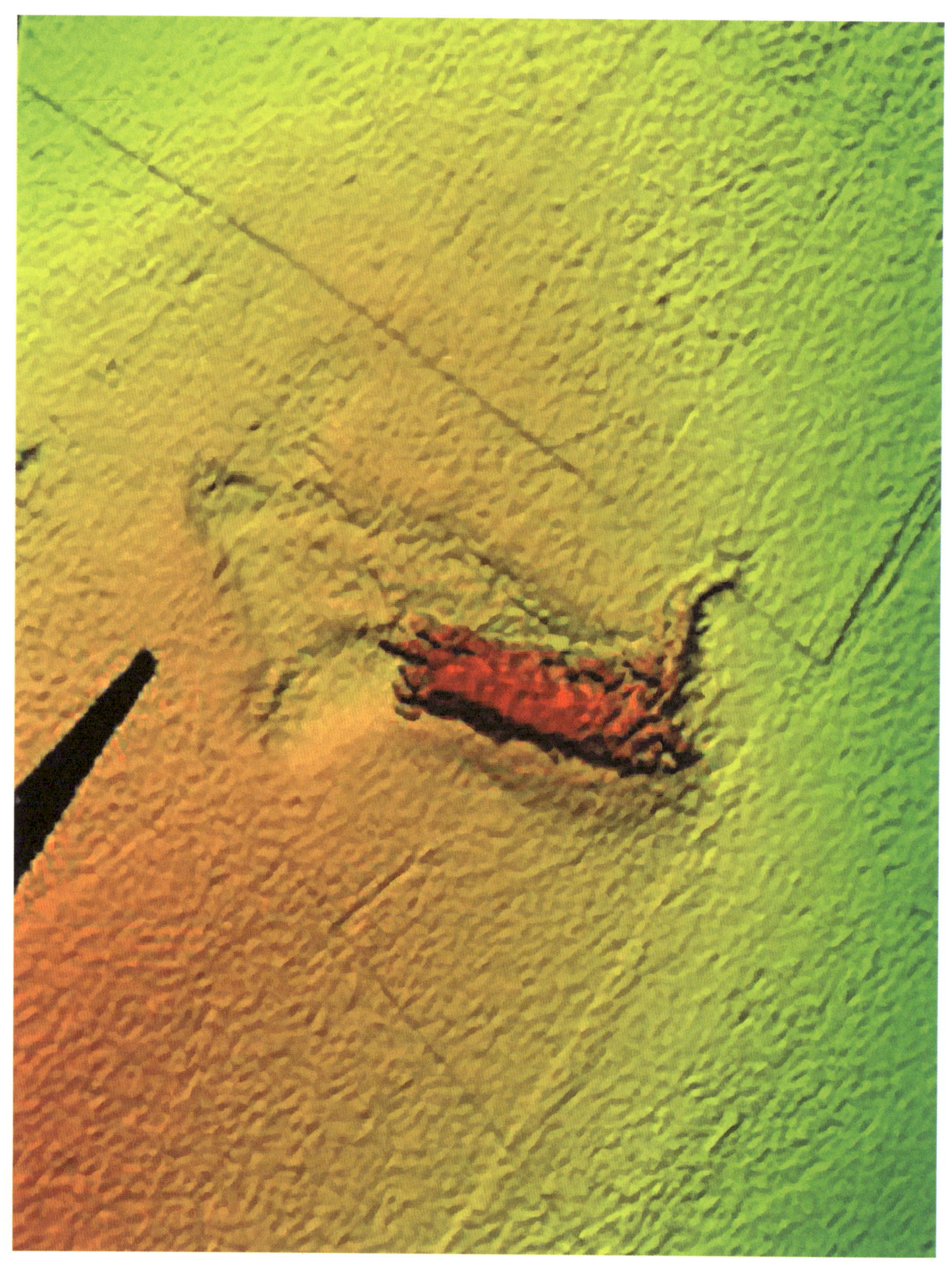

尼斯湖水怪照片之一），他后来承认此举是为了招徕生意。

对尼斯湖水怪的第一次系统性调查始于首次目击后不久，最终却以苏格兰特有的“证据不足”（not proven）收场。第二次世界大战打断了调查，但随后在1962年至1972年的十年间，“尼斯湖怪象调查处”（Loch Ness Phenomena Investigation Bureau）采取了声呐和其他研究方法，却也无果而终。

此后，美国律师罗伯特·H.赖恩斯（Robert H.Rines）率队投入调查。最终，一幅令人迷惑的声呐影像以及一组相关的照片得到证实。在把影像交由帕萨迪纳的喷气推进实验室进行计算机增强之后，赖恩斯与著名的英国鸟类学家和环保主义者彼得·斯科特爵士（Sir Peter Scott）分析

**在比利·怀尔德1970年的电影《福尔摩斯秘史》（*The Private Life of Sherlock Holmes*）中，大侦探碰上了尼斯湖水怪。30英尺高的怪物模型包括脖子和两个背峰。怀尔德不喜欢背峰的造型，于是不顾会影响浮力的警告，把它们去掉了。结果模型真的沉了底。**

**对页：在电影道具沉没近50年后，研究人员使用搭载声呐成像的海上无人机搜寻尼斯湖水怪的踪迹，在590英尺深的湖底发现了这个模型。**

**世界范围内，至少有 65 个湖据说有怪物出没。以下试举数例（包含怪物昵称）：加拿大阿尔伯塔省冷湖里的 Kinosoo；阿根廷纳韦尔瓦皮湖里的 Nahuelito；日本池田湖里的 Issie；纽约塞涅加湖里的“大蛇”（the Serpent）；乌克兰索姆湖里的 Som；津巴布韦卡里巴湖里的 Nyami Nyami；苏格兰莫勒湖里的 Morag。**

了这些极度模糊的照片，后者是著名的南极探险家罗伯特·法尔肯·斯科特（Robert Falcon Scott）之子。尽管两人都缺乏对相关动物的丰富知识，他们最后得出结论，照片上是一种水栖爬行动物的后肢或桨状肢体。

在权威科学期刊《自然》1975 年 12 月 11 日的一则报道中，两人为这个动物创造了一个新的属种：Nessiteras rhombopteryx。他们认为自己看见它的桨状鳍，伦敦自然历史博物馆的专家认为他们看到的不过是水里的气泡。这个名称的大概意思是“具备菱形鳍的尼斯巨兽”。在相当严肃的分类学界，我们很少能如此开怀大笑。在一场称得上是 18 世纪风格的学术讨论会上，赖恩斯和斯科特一本正经地辩称他们发现的新物种可以被归为哪种爬行动物。不过最终，他们十分负责地拒绝给出确定结论。顺便提一句，尼斯湖水怪爱好者认为，最有可能的是蛇颈龙，一种 6 600 万年前已经灭绝了的长颈海洋爬行动物。

证据如此薄弱却仍要继续为尼斯湖水怪命名的理由是（分类学界的惯例是在手头拥有实际标本之前不要给任何东西命名），不论它会是什么，它肯定是某种濒危物种。并且，除非濒危物种有一个恰当的动物学名称，否则你就无从保护它。

那么，好吧。对我们来说，整个故事的精髓在于，就像一个填字游戏迷指出的那样，“Nessiteras rhombopteryx”易位构词之后就是“monster hoax by Sir Peter S.”（彼得 · S. 爵士的怪物骗局）。

当然，故事并未就此结束。尼斯湖水怪爱好者最近使用一种机器人潜水艇来绘制尼斯湖湖底的图像，试图找到水怪的巢穴。尽管一队 BBC（英国广播公司）摄制组在 2003 年就得出结论：经过一番彻底的声呐搜查，湖底除了少许船舶残骸之外别无一物。令人惊喜的是，在 2016 年，机器人潜水艇真的在湖底深处找到了一个怪物。只是这个怪物最终被证实是一个 30 英尺长的尼斯湖水怪模型，长着粗短的犄角和隆起的眼睛。它曾是 1970 年比利 · 怀尔德拍摄电影《福尔摩斯秘史》时的道具，拖到湖水里之后便意外沉没了。

如果即便是福尔摩斯也没能找到尼斯湖水怪的踪迹（并且实际上是有意为之），我们其余这些人又能有什么希望呢？这是个很好的问题。但即便如此，我们还是可以自信满满地说，尼斯湖水怪的传说尚未终结。只要我们想让湖底有一个怪物，湖底就会有一个怪物——即便只是一个电影道具。

# 珍贵的包皮

\ 7 /

人们总是满怀病态的好奇之心，但很少有人像中世纪人那般公然表露这一癖好。对基督教殉道者遗物的狂热爱好是其顶峰。基督教信仰最初依靠的是奇迹，而随着教会将自己的统治范围扩张到西方世界的大部分地区，对可怖的肉身奇迹及其施展者的需求空前庞大。哪里有需求，哪里就有供给。这一基本事实对基督教的事业来说也是一样（除此之外，见第9章，都灵裹尸布研究）。

早在16世纪，就连新教神学家约翰·加尔文也止不住抱怨道，如果把散落在欧洲各处教堂和修道院里的所谓真十字架残迹归拢到一起，可以填满一艘巨船。讽刺不是加尔文的强项，他随后补充道："福音书里却说，单单一人就能把十字架扛起。"

**对页：真十字架残迹（Kreuzpartikel）。"没有一家修道院会落魄到无法置办一件样品。有些地方的十字架残迹很大，比如巴黎的圣礼拜堂，又比如在普瓦捷和罗马，它们的大号耶稣受难像据说就是由十字架碎片制成的。长话短说，如果把能找到的所有残迹归拢起来，能装满一艘巨船。福音书里却说，单单一人就能把十字架扛起。"**

**——约翰·加尔文，《遗物索引》（*Traité des Reliques*）。**

当然，不苟言笑的加尔文讲这番话不是为了挖苦，而是有其政治用意的。同样，罗马天主教也是出于政治意图，才不辞辛劳地用圣物来填塞数目庞大的宗教机构，以此加强其对盲从信众的控制。显而易见的是，在政治环境的推波助澜之下，最荒谬的圣物之一闪亮登场：婴儿耶稣的包皮，据说自打遵照传统割礼仪式将之从它满不乐意的主人身上分离下来之后，它就一直被保存在一个灌满油脂的雪花石膏匣中。

这件古怪的物品首次出现在公元 2 世纪时杜撰的有关婴儿耶稣的第一福音书中。再次出现是 9 世纪，不再是文字，而成了实物。当时，加洛林王朝的统帅查理曼受教皇加冕为神圣罗马帝国皇帝。据说，包皮是由一位天使带给查理曼的赠礼，它在罗马的圣若望拉特朗大殿（Basilica of St. John Lateran）找到了自己的归宿。

至此，有关包皮的故事变得多样化，但都想解释为何最终它会出现在至少 8 个（也有说 18 个）四散分布的宗教机构中。大部分神秘冒出来的包皮在法国大革命的动乱中消失了。但它们中的最后一个——很多人相信它是罗马的那个正牌货，在 1527 年波旁军队的大肆劫掠中销踪匿迹——幸存了下来，直到 1984 年遭窃。一位意大利的教区牧师说他此前把这件圣物放在了床底的鞋盒里。

此事必然引发诸多争议。尽管当时四下里有流言说，天主教当局对最后一块包皮的失踪也不是全然不悦。或许，这种解脱感源于很多天主教神学家的坚持，他们认为成年后的耶稣完整无缺地升入了天堂，因此必然带着他的包皮。事实上，这个丢失了的组织对一些复杂的天主教宇宙论而言至关重要。例如，17 世纪晚期的神学家莱奥·奥拉提乌斯（Leo Allatius）曾相当详细地解释了救世主身体组织中这一充满争议、可有可无的部分，是如何变化成为新近发现的土星星环的。

对很多现代人而言，对于星体现象的这番解释可能比对神圣身体部位本身的崇敬更怪异。然而，圣物的实物是数百万中世纪欧洲人精神生活的内在组成部分，填补了不到几个世纪前基督教大获全胜、扫荡了异教神和异教偶像之后留下的空白。19 世纪杰出的人类学家詹姆斯·弗雷泽用“接

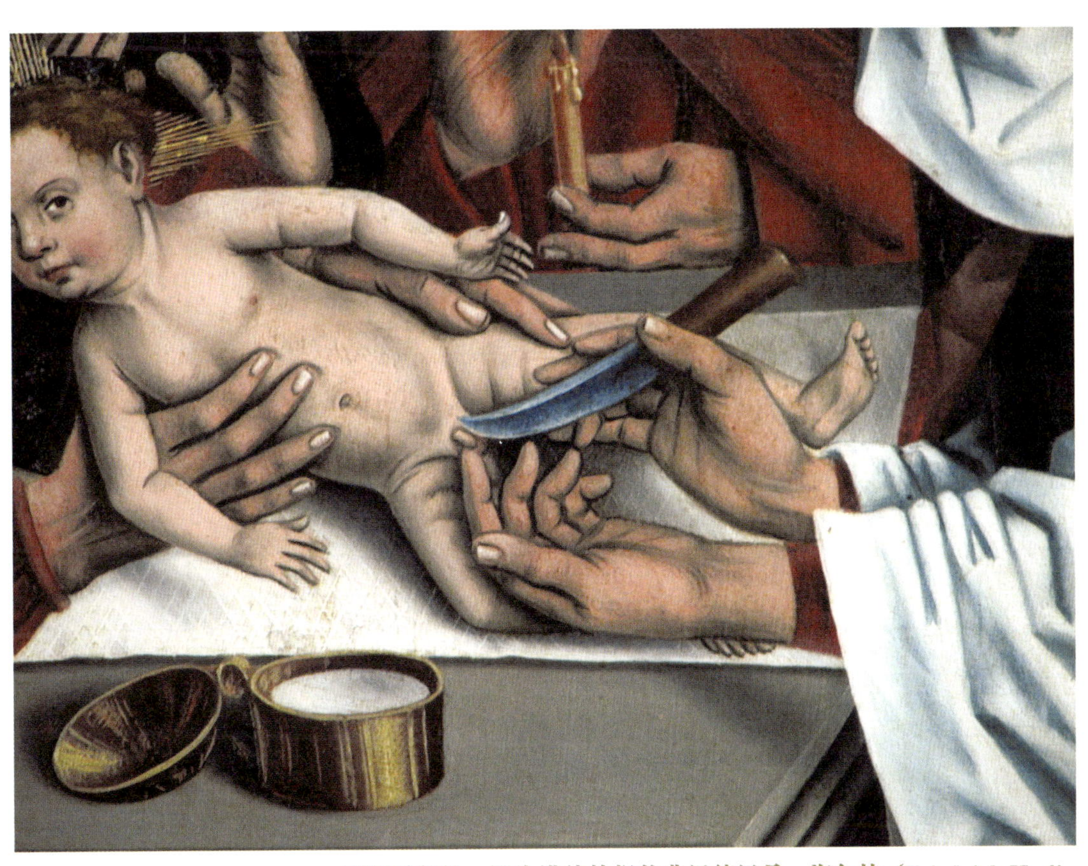

**耶稣受割礼，图为诺德林根的弗里德里希·海尔林（Friedrich Herlin of Nördlingen）创作于1466年的《十二使徒祭坛》（*Zwölf-Boten-Altar*）细部。**

触巫术”（contagious magic）来解释圣物的重要性：圣物将想象中的神圣性由过去传递到当下。它们体现了凡人无法直接体验到的精神品质，并且在天堂和喧嚣尘世之间建立起了有形的关联。

和圣典仅仅提供了抽象的满足感不同，对实际物体的崇敬心涉及物理感官：中世纪时，在展出圣物的神圣日子里，咬啮和抚摸圣物的行为并不罕见。通过这些亲密接触，以及隔着些距离的崇敬感，它们为超自然信仰赋予了一种有形形式，令团体产生凝聚力。相应地，由于掌握了这些常常是令人发怵的物品，神职人员对信众也有了直接的影响力。

让加尔文、马丁·路德以及其他16世纪宗教改革家反感的，不只是圣物的政治意味，还包括它的神学意涵。他们坚持认为“生于尘土、归于尘土”是更符合自然的物质过程。在信仰新教的北欧，改革家持续不断的劝诫立即引发了一场砸毁雕像和破坏圣物的狂热运动。而在信仰天主教的南欧，对圣物的崇拜在几个世纪里持续不退，却在17世纪末也日渐式微。并非巧合的是，这一切发生在科学开始崛起的时代，它用理性解释代替了对物理现象的超验解释，而理性解释可以由对自然的实际观察来检验。

不过，我们仍然生活在一个充满意象的世界里。我们也许不会公开地崇拜这些意象，或是赋予它们超自然的力量。但我们仍然准备付出不必要的高昂代价来拥有它们。说到这里，今时今日我们所看重的一些东西，并没有提供多少证据来证明，人类的基本欲求自中世纪至今发生了显著变化。签了名的棒球——无论其真假——从很多方面来看，都是新的圣人手指。

# 琼安教皇

\ 8 /

尽管近来出名的女性 CEO 和全职奶爸的数量激增，但仍然很难说，在我们的社会中女性已经与男性平起平坐了。不过在大多数发达国家中，女性现如今的境遇要比她们在中世纪时好得多，那时候欧洲的女性命运多舛，她们的遭遇现在只能在一些最落后的社会中见到。

所以，对任何一个中世纪女性来说，想要脱颖而出都是一件非常了不起的事情。一个野心勃勃的英国女人可能会想起几乎成了传奇的凯尔特女王布狄卡，她在公元 60 年的时候勇敢地起身反抗罗马人入侵。那些从古代世界寻找灵感的人或许会钦慕哈特谢普苏特，她在公元前 1478 年成为埃及第十八王朝的第五位法老。哈特谢普苏特是底比斯西部德尔巴哈里（Deir el-Bahari）的宏伟神庙的建造者，被誉为是古代埃及最有成就的统治者之一。不过令人感到意味深长的是，很多哈特谢普苏特的法老肖像都将她描绘成留着标志性的法老胡须的样子。

在早期的天主教中，女性被尊为母亲和殉道者，但也就仅此而已。一个突出的例外是非凡的宾根的希德嘉（Hildegard of Bingen），她大约在 1098 年时出生于德国的莱茵兰地区。凭借纯粹的人格力量，希德嘉先是设法建立了自己的修道院，之后又成了有影响、有远见的神学家和圣

乐作曲家。虽然在今天，她更多是作为自然史研究的先驱和医疗实践的记录者而被人铭记的。

另一个例外便是琼安教皇。父权制的天主教会历史中并没有关于这位神秘人物的记录。但在中世纪和文艺复兴时期的天主教著作中，有大量关于她的内容。首次提及这位女教皇的是公元1250年的编年史家让·德马伊（Jean de Mailly）。德马伊讲述了一个令人悲伤的故事：

一个……女教皇……未被载入教皇的花名册……因为她女扮男装，并且通过自己的秉性和天赋，先是担任教会文书，后成为主教，最后当上了教皇。有一天，当她骑在马上的时候，诞下一子。当即……她被拖行了半里路，一路乱石加身，死后被就地掩埋。

德马伊的这个故事被其他人重拾起来，其中最有名的是时隔不久的教皇历史学家奥帕瓦的马丁（Martin of Opava）。马丁为故事添加了丰富的细节，包括这位神秘教皇的姓名（约翰·安格里卡斯，John Anglicus）；她曾在雅典接受教育，在那里曾跟随过一个情人，装扮成男人的样子；以及她的死亡地点（罗马竞技场和圣克莱门特大教堂之间的一条小巷子里）。马丁还把这件事发生的时间从12世纪早期前移到了9世纪中期。

这个故事给人的冲击很大，且从一开始就具有传奇性，尤其是它发生的年代——如果真实发生的话——正是教皇制度混乱不堪的时候。在这一时期，教皇和反对教皇的人忙于互相残杀。1309年，整个教廷从罗马迁往阿维尼翁，并在那里建立了新的权力中心。尽管如此，只有极少数的独立证据暗示了琼安教皇身后的这段秘史。

这些证据中的第一件，是一个奇特的马桶状的红色大理石王座，现藏

**对页：哈特谢普苏特的花岗岩雕像，她执掌了埃及的权柄，可说是位高权重。她被描绘成跪姿，并且留着仪式性的胡须。**

namen zenobia/von der künigin behielte/bÿ dem pa-
laſt diui adriani / allda endet ſie ir leben .

IOHANNES·PAPA

Von johañe anglica der bäbſtin das xcvj capl .

Ohañes wie wol der nam ains mañes iſt/
ſo ward doch ain wÿb alſo geneñet . Ain
junkfrölin ze mencz (als etlich ſagen) gili-
berta gehaiſſen / lernet in vätterlicher

15 世纪手工上色的木版画，描绘了琼安教皇产子的场景。载于乔万尼·薄伽丘的《著名女性》（*De Mulieribus Claris*）。

Sedes marmorea Pontificis in Basilicâ Lateranensi.

授衔仪式上，一位神父在查验教皇候选者的睾丸。

于梵蒂冈的一座博物馆里。1199 年到 1513 年的历任教皇都在这个座位上接受加冕（新兴的富裕新教徒们对此嗤之以鼻）。这件奇特的什具在坐板上有一个洞，据说在授衔仪式上，主持的官员会伸手去检查教皇的睾丸是否存在。在独自验证了这个事实之后，这位神职人员显然要将其公之于众："他有睾丸，完整无缺（Testiculos habet et bene pendentes）！"在场的其他人会愉快地回应他："吾皇真汉子（Habe ova noster Papa）！"按理说，教皇是独身禁欲的。人们不禁会想，搞这么一套仪式的用意何在——除非是"一朝被蛇咬，十年怕井绳"。

另一件怪事是：14 世纪时，锡耶纳的大教堂制作了大约 170 件描绘各位教皇的半身像。300 年后，梵蒂冈的一个图书管理员报告说，其中一件描绘的是一位女性，附着的标签是"约翰尼斯八世，英格兰女子"——

换句话说，这就是琼安。教皇下令销毁这座塑像，但锡耶纳那些节省的人只是简单抹去了塑像上的名字，代之以扎卡里教皇的名字。

最后一件证据是，中世纪晚期的教皇都严格避开据说是琼安产子的地方。这似乎是确有其事的。今天在那里伫立着一座神龛，官方称之为圣母礼拜堂，但一般俗称为帕佩萨礼拜堂（Chapel of La Papessa）。不久之前，著名的内分泌学家玛丽亚·纽（Maria New）声称在那里见到一个孕妇正在祈祷。当问其原因时，这位准妈妈说："我在向琼安教皇祈祷，让我生一个健康的宝宝。"不管是不是传说，琼安教皇都拒绝离开，并在现代文学以及信众的日常生活中一再露面。

或许，让人好奇的是纽博士的观点。她认为如果琼安真的存在过，她严格说来确实是女性——并且生了一个小孩——却同时具有男人的外表。甚至琼安自己都觉得自己是一个男人，因此在准备出行时意外地诞下一子让她也吃了一惊。

如果琼安属于医学上说的女性假两性人——拥有雌性染色体和内部生殖器官，却有着男性的外表——的话，那么这种事情的确有可能发生。这是一种极其罕见的病症。但在内分泌学家这里，它以"先天性肾上腺素增生"（congenital adrenal hyper-plasia）的名字为人所知。如果这能用来恰当描述琼安教皇，那么她可能和一个男人有过同性恋关系，随后怀孕并生下了一个孩子。略去这段故事的第一部分，代之以人工授精的过程，纽博士有一个男性外表的病人最近就做到了和琼安教皇一样的事情。

# 都灵裹尸布

\ 9 /

并不是每个人都信仰宗教，但宗教信仰在每一个人类社会中都成了典型特征。我们大多数人似乎都渴望相信比自己更大的存在，许多宗教满足了人们的这一需求。然而，宗教需要一个全面的世界观，这个世界是复杂的，充满了细节。在一些宗教中，细节由圣物来呈现：实体象征物，既象征了伟大信仰本身，也象征着那些用一生来证道的最优异的人——有些已经成了神话。从很多方面来看，圣物都是用来充实更大的宗教图景的马赛克瓷砖，对某些人来说它们具备了更重要的意义：圣物是将一切结合在一起的黏合剂。

最著名的圣物大概就要属都灵裹尸布了。这是一块粗麻布，长约14英尺，宽约4英尺，上面留有真人大小的朦胧泛黄的印迹，是一个高个子、光着身、蓄须长发的男子的正反面形象。男子的腕部和胸部似乎被刺伤了，印迹上的红棕色污渍以及前额处的小伤口证实了这一点。很多人相信这是埋葬耶稣时候用的裹尸布——上面的男子形象就是耶稣本人。

这块裹尸布据说是1346年由法兰西十字军战士若弗鲁瓦·德沙尔尼（Geoffroi de Charny）从土耳其带回来的，他后来战死在普瓦捷战役中。有关它的第一份文献记录显示，裹尸布在1390年之前藏于若弗鲁瓦位于

耶稣的形象。6世纪的叙利亚学者埃瓦格里斯·斯克拉斯蒂克（Evagrius Scholasticus）记录道，奥斯若恩（Osroene）王国（现土耳其东南部）的统治者阿卜加(Abgar)有一块布，上面印着耶稣的脸。544年，这块布奇迹般地帮助奥斯若恩首府埃德萨抵御住了波斯人的进攻。

对页：在14世纪的法国和德国传说中，维罗妮卡是《路加福音23：27》中追随耶稣行在苦路（Via Dolorosa）上的女性之一。当她用面纱为耶稣拭去脸上的汗水时，后者的面容印在了面纱上。据称这条面纱的圣物现藏于圣彼得大教堂，1907年，耶稣会艺术史学家约瑟夫·威尔珀特（Joseph Wilpert）对它进行了细致检查。威尔珀特写道，他看到的只是“一块正方形的浅色布料，随着岁月的流逝显得有些褪色，上面有两块模糊的锈棕色斑迹，彼此相连”。

雷内（Lirey）的家庭教堂里。虽然这份文献本身是当地主教写给教皇的一封信，上面说这块裹尸布是一件赝品。

因此从一开始，裹尸布就蒙上了一层阴影。然而在 1453 年，它被转手给了萨伏伊公爵，之后在 1578 年，它又辗转到了萨伏伊首府都灵的大教堂里，直到现在。每年有成千上万的朝圣者蜂拥而至，一睹其风采。然而，尽管裹尸布作为历史文物和精神信物都极具重要性，但是梵蒂冈从来没有就其真实性发表过官方声明。

保存在都灵的裹尸布实际上是 40 多块大小不一的布片中的一块，中世纪时，它们都被吹嘘成曾用来包裹过被钉死的耶稣的尸身。这些稀罕宝贝中的很多件在法国大革命的时候遗失了（法国人显然特别热衷于收集这类东西）。但在都灵之外，罗马、热那亚、西班牙奥维耶多和法国卡杜因的教会机构目前也都声称藏有部分裹尸布。所有这些纺织品都被认为曾经盖在耶稣的脸上，当然，其中只有一件——最多也只有一件——是真的。

1988 年，经由梵蒂冈批准，都灵裹尸布的样本被提交给三个独立实验室，进行放射性碳

**都灵教区的科学顾问路易吉·戈内拉（Luigi Gonella）承认，他缺乏“科学上的理由”来认定对都灵裹尸布的碳年代测定不准确。“然而，”他补充道，“即便是万有引力定律有天也可能会被推翻。”**

年代测试。测试得到的年份集中在公元 1260 年到 1390 年之间，意味着这件纺织品肯定是在13世纪中期和14世纪末期之间的某一段时间内制造的。事实上，科学家在 1989 年公布他们的发现时，斩钉截铁地宣称他们的年代测定结果“提供了确凿的证据，证明都灵裹尸布的亚麻布成分是中世纪的”。具体的日期范围与若弗鲁瓦取得战利品的时间极为接近，这一时间上的重合再怎么看也令人浮想联翩。

手头的客观证据强烈支持如下结论：《圣经》中记载的耶稣受难早在布匹织成前 1300 年就已经发生了（极可能是在土耳其）。布上的形象本身十分古怪——没有其他与之类似的东西——并且奇怪的是，它们具有相片底片的一些特征。虽然不能十分确定，但它们很可能是将亚麻布压在涂有颜料的浅浮雕模具上制作出来的。可以确定的是，留存在亚麻布上的印迹本身比布料的年代要短。

免不了会有人对检测出来的日期表示怀疑：检测本身动了手脚，是在暗中偷换的亚麻布样本上进行的。样本被细菌或是晚近的碳元素污染了，比如受到了烟熏。又或者，样本是从中世纪时经过修复的裹尸布上取下来的。各种说法不一而足。但就这件事而言，没有一项指责是站得住脚的。

更重要的是，还有一大堆理由让人对裹尸布的真实性提出怀疑。它和《新约》上的记载不符；布上的形象本身缺乏应有的弧面褶皱，更像是中世纪人对耶稣像的刻板印象，而非实实在在的罗马时代遗物；身体正反面的印迹并不能完全匹配；“血迹”的成分里没有血等。

到了这个份上，很难不得出以下这样的结论：都灵裹尸布是假的，尽管它本身也是一件古董。在当时，收集圣物成了一时的风尚（见第 7 章，“圣物”）。裹尸布或许就是为了迎合十字军消费者而制造的。不过，伪造行为本身或许并不是重点。有时，保持信仰比坚持事实更重要。即便裹尸布并不能追溯到耶稣的时代，它也是可被用来崇敬的信仰体系的象征，这对体系的信徒来说是至关重要的。那个体系本身恰巧也强调了信仰的重要性。当然，信仰必然得是盲目的。

# 米开朗琪罗的丘比特

\ 10 /

在文艺复兴时期，古董的价值要远远高于当时创作出来的艺术品。于是和现在一样，苦苦挣扎着的年轻雕塑家发现自己很难出头。米开朗琪罗·迪·洛多维科·博纳罗蒂·西莫尼（Michelangelo di Lodovico Buonarroti Simoni）就是这样一个心怀抱负的艺术家，人们或许更熟悉他的名字，而非其冗长的姓氏。

米开朗琪罗的出身算不上十分卑微。但是在他出生前，他父亲继承的一家佛罗伦萨小银行倒闭了，到他13岁给当地艺术家多梅尼哥·基尔兰达约（Domenico Ghirlandaio）当学徒时，父母手头已经十分拮据了。然而，米开朗琪罗很快就成了一个有钱人，而且，尽管他的才华很快就得到了人们的认可，但他事业早期财富增长的速度很难由他那时得到的佣金来解释。因此，毫不奇怪的是，米开朗琪

**这尊公元前2世纪或公元前3世纪的希腊青铜爱神雕像，可能是米开朗琪罗作品《沉睡中的丘比特》的灵感来源。**

罗年轻时候的富足偶尔会让人怀疑，认为他的大部分钱可能是通过制造和出售假古董赚来的。

毫无疑问，此类赝品中最大胆（也最具争议）的是著名的《拉奥孔和他的儿子们》，现存于梵蒂冈，被尊为古典艺术的杰作之一。有关这尊杰作的官方说法是（很可能是真的），它是工人在埃斯奎里山——著名的罗马七丘之一——上的“七殿”（Seven Halls）附近挖掘时发现的（同时保存得相当好）。

根据公元 79 年在维苏威火山喷发中去世的历史学家老普林尼（Pliny the Elder）的描述，当时的专家认为，在众多表现拉奥孔（阿波罗的特洛伊祭司）和他的两个儿子被两条大蛇袭击的作品中，这座雕塑是最为杰出的。老普林尼最初在提图斯皇帝的宫殿里看到的那座雕塑，是由三名雕塑家哈格桑德罗斯（Hagesandros）、阿塔诺多罗斯（Athenodoros）和波利多罗斯（Polydoros）于公元前 1 世纪初在罗德岛共同创作的。

当梵蒂冈的拉奥孔雕塑 1506 年在一座葡萄园里被发现时，主体部分的右臂不见了——对于一件 1500 多年前的东西来说这并不令人吃惊。教皇朱利叶斯二世（Pope Julius Ⅱ）购得这座雕像后，补上了伸直的右臂，将其修复完整。然而米开朗琪罗认为雕像的肘部应该是弯曲的——仅仅看一眼受损的肩部，其实远不能让人得出这样的结论。

1957 年，也就是 550 年之后，缺失的右臂在一个建筑工地上突然被人找到了。结果证明米开朗琪罗是对的。那他是怎么提前知道手臂是弯的呢？

是否有足够的理由说米开朗琪罗之所以知道，是因为他伪造了梵蒂冈的拉奥孔雕像——毕竟他显然也有这个本事，这一点要留给观看和研究雕像的人自己去判断。不过在当时，这位艺术家以复制旧画而闻名（据说有时他会留下真迹，把复制品交还给主人），并且在早期潦倒的日子里，他肯定至少伪造过一件古典雕塑作品。

正如乔治·瓦萨里（Giorgio Vasari）在 1550 年的经典著作《艺苑名人传》（*Lives of the Most Excellent Painters, Sculptors, and*

*Architects*）中所提到的，1496 年时，21 岁的米开朗琪罗以古典风格雕刻了一个沉睡中的丘比特像，所有看到过它的人都为其精致而赞叹不已。洛伦佐 · 迪 · 皮尔弗兰切斯科（Lorenzo di Pierfrancesco）是最早看过这座雕塑的人之一，他说："如果你把它埋起来，让它看上去很旧，再把它送去罗马，我敢保证，他们会当它是一件古董，你得到的钱也会比在这里得到的多得多。"

米开朗琪罗适度地把雕像做旧，然后通过交易商转手，这件作品最终落到主教圣乔治的里亚里奥（Riario of San Giorgio）手中。当主教大人被人告知自己上当了时，他要求米开朗琪罗退还自己的钱。不过，艺术家的才华还是给主教留下了深刻印象，他允许米开朗琪罗保留自己的作品。于是，到了赝品古董大行其道的时期，《沉睡中的丘比特》着实为米开朗琪罗赢得了美名。

瓦萨里记述道，这座雕像最终成了瓦伦蒂诺公爵的财产，公爵又将其呈献给了曼图亚的马尔基翁夫人（Marchioness of Mantua）。在曼图亚，它成了传说中的贡扎加家族收藏品——那里汇聚了所有种类的艺术珍品，不过遗憾的是，其两万多件藏品从未被编纂过一份完整的藏品目录。

随着贡扎加家族财富的减少，大多数藏品都在 1626 年到 1630 年转卖给了英国国王查理一世，他也是一位狂热的艺术收藏家。丘比特雕像一到伦敦，就和其他许多杰作一起被送进了白厅，这座皇宫一百多年来一直都是英国国王的主要居所。

关于米开朗琪罗的丘比特雕像的最后一份有据可查的文献，是塞缪尔 · 佩皮斯（Samuel Pepys）的日记。在 1665 年 12 月 6 日的条目下，他写道：

> 早起，斋戒日，取水道至阿尔伯马尔公爵处，他昨日自牛津回城。

**对页：《拉奥孔和他的儿子们》这座雕像，到底是古典雕塑中的杰作，还是由米开朗琪罗所创作的有史以来最杰出的赝品？**

他甚是健谈，待我也甚为友好，桩桩件件事情都询问了我的意见。他还向我展示了一件罕有的沉睡爱神雕像，由米开朗琪罗所作。因其在海军部主事，白厅特意奖呈给他。随后我又取水道返回，在礼拜堂稍歇片刻。

自此以后，再也没有米开朗琪罗的丘比特雕像的记载了。如果它仍旧在阿尔伯马尔公爵那栋俯瞰舰队河（Fleet River）的住所里，那必然是在次年的伦敦大火中烧毁了。又或者它藏于白厅，但结局也是一样的。1698 年，白厅被一场熊熊大火吞没。用日记作家约翰·伊夫林（John Evelyn）的话来说，大火“只留下了断壁残垣”，却带走了无数贡扎加藏品中的杰作，包括汉斯·荷尔拜因（Hans Holbein）的《亨利八世》肖像壁画。

或许值得庆幸的是，虽然丘比特在大火中消失了踪影，却并不意味着米开朗琪罗赝品的消亡。不久前，《纽约每日新闻》引述哥伦比亚大学艺术史学者琳恩·卡特森（Lynn Catterson）的话说：“在希腊和罗马的画廊里，可能还有一些我们毫不知晓的米开朗琪罗作品，被当成古董在展示。”

**米开朗琪罗的艺术成就犹如普罗米修斯一般，勇于盗取火种来普惠人间。**

# 撒玛纳扎

\ 11 /

在 18 世纪早期，伦敦人对即将被自己祖国征服的广袤世界仍然没什么概念。在大英帝国的首都，黑皮肤的非洲人已经不再稀奇，但对非洲大陆的了解很大程度上仍然只能从零星几份充斥着幻想的旅行报告中得来。此外，人们普遍相信，非洲人黝黑的肤色要直接归因于他们所生活的热带地区的炎炎烈日。毕竟，欧洲人自己在热带纬度地区肤色也晒黑了。

由于伦敦人对远东地区及其属民也是同样的无知，无怪乎在 1703 年，一个蓝眼睛白皮肤、通晓多国语言、自称乔治·撒玛纳扎（George

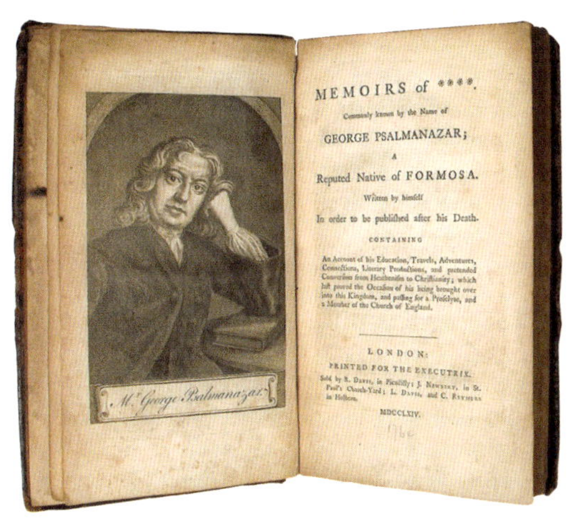

MEMOIRS of ****.
Commonly known by the Name of
GEORGE PSALMANAZAR;
A
Reputed Native of FORMOSA.
Written by himself
In order to be published after his Death.
CONTAINING
An Account of his Education, Travels, Adventures, Connections, Literary Productions, and pretended Conversion from Heathenism to Christianity; which last proved the Occasion of his being brought over into this Kingdom, and passing for a Proselyte, and a Member of the Church of England.

LONDON:
PRINTED FOR THE EXECUTRIX.
Sold by R. Davis, in Piccadilly; J. Newbery, in St. Paul's Church-Yard; L. Davis, and C. Reymers in Holborn.
MDCCLXIV.

**在其身后出版的回忆录中，乔治·撒玛纳扎承认编造了自己的悲惨身世：天真无邪的中国台湾岛民，被耶稣会士拐骗，遭加尔文教徒囚禁，最终在圣公会的英格兰靠岸登陆，受到款待。这一伪装身份之所以能成功，主要是因为撒玛纳扎为圣公会的听众量身定制了整个故事，他们对加尔文派疑心已久，也对天主教会充满了偏恨。**

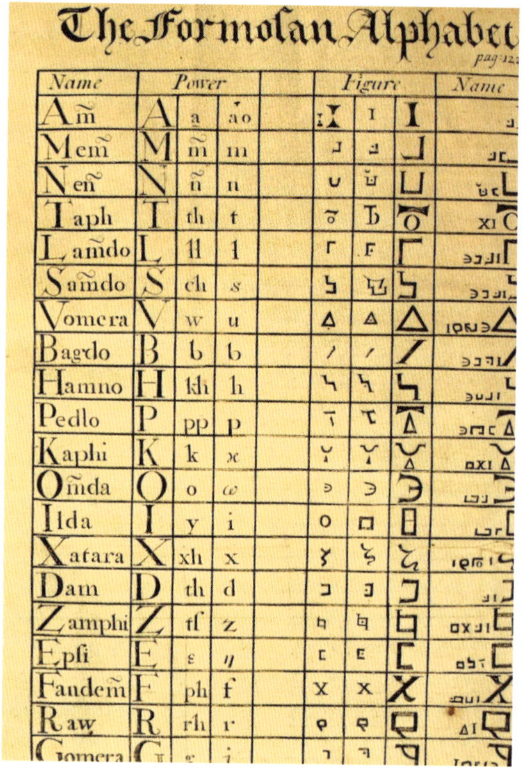

**"中国台湾字母表"，包含从右至左书写的20个字母，糅杂了希伯来和希腊字母，外加一些无意义的符号。**

Psalmanazar）的人，发现自己作为一个中国台湾人，在伦敦社会广受欢迎。

一名圣公会传教士在阿姆斯特丹遇见了撒玛纳扎，并将他带到伦敦。这个充满异国情调的陌生人很快就成了时髦社交圈子里不可或缺的人物。在一次次的社交晚宴上，同伴们惊惧地看着他吞下一盘盘生肉（显然中国台湾岛民是茹毛饮血的），并用一种他们从未听到过的语言喃喃自语。

毫无疑问，撒玛纳扎如此迅速地被伦敦上流阶层接受，不只是因为他自己讲述的悲惨故事，也和他讲述的场合有关。他自称生于中国台湾岛，是一名异教徒。不久之后他被一名耶稣会士拐骗到了欧洲，后者还试着让他改宗天主教。他讲到自己是如何反抗皈依，并在经历各种冒险旅途之后逃到了荷兰，在那里，他又毫不犹豫地拒绝了同样令人厌恶的加尔文派的皈依要求。听到这里，圣公会教徒们的热情被点燃了。在一个封闭的社交圈子里，供人消遣的事物本就十分有限，再加上对于刚刚发现的巨大未知世界充满了好奇心，神秘莫测的撒玛纳扎一下子就获得了摇滚明星般的追崇。

受到了社交上成功的鼓舞，撒玛纳扎在1704年出版了《中国台湾史地考》。这本书他仅仅写了两个月。撒玛纳扎对当时的民族志文献显然相当熟悉，他在自己的这本畅销书中详尽叙述了中国台湾的生活习俗。显而易见，中国台湾岛民光着身子到处跑，只在私密处挡着一块银盘或金盘。他们主要以蛇为食，但如果有不忠行为，丈夫可能会吃掉妻子。岛民最初崇拜的是太阳、月亮和十颗星辰；但之后一神教入侵，因此每年年初都要献祭 18 000 名男孩给新的神祇，将他们的心放在金属盘上炙烤。

在现代人听来，这些事情可能都太过分了。然而对于那些追求异域新知、而对印加和阿兹特克类似仪式熟悉有加的人来说，这些都不过尔尔。不过撒玛纳扎最大的成就是他提供了对中国台湾口语和书面语的令人十分信服的描述——虽然他的发音让人无法记述下来。撒玛纳扎编造的这一整套说法非常有说服力，以至于牛津大学邀请他去给心怀抱负的传教士们上课传授这门语言。而且直到 18 世纪中叶，德国的语言学家还在引用撒玛纳扎的“中国台湾字母表”。

但时代精神也鼓励怀疑主义，伦敦有很多人都对这个所谓的中国台湾岛民心怀顾虑。在一次英国皇家学会的会议上，怀疑集中爆发了。在会上，面对天文学家埃德蒙·哈雷及其同僚的质问，撒玛纳扎应对自如。（有关哈雷的轶事，见第 13 章，伪行星学。）

比如，当哈雷询问在中国台湾，烟囱接受日照的时长时（可以以此来对照天文学观测），撒玛纳扎回应道，中国台湾的烟囱都是按照一定角度建造的，所以太阳无法直射到上面。另一个提问者问道，为什么他是白皮肤，撒玛纳扎解释说自己所属的中国台湾上层阶级都住在“荫庇处，或是地下的居所中”，因而保留了

**根据撒玛纳扎的说法，中国台湾岛民放弃了偶像崇拜的传统，转而献身于一位强大的神。为了纪念这位神，他们建造了一座巨大的庙宇，每年的第一天，“18 000 名 9 岁以下男孩的心脏”都要在这里被献祭给神。**

浅色的肤色。一位到访的法国牧师认为撒玛纳扎是中国人而非日本人。对此撒玛纳扎回应道，对方搞混了中国台湾和另一个岛台窝湾（Tayowan）。

皇家学会的质询看上去或许打成了平局。但随着时间的推移，越来越多有关中国台湾的可靠消息传到了英国，撒玛纳扎的说法显得愈发站不住脚。他的传教士赞助者也去了葡萄牙成了一名随军牧师。撒玛纳扎渐渐淡出了人们的视线，最终沦为格拉布街（Grub Street）上的潦倒文人，此地是伦敦新兴的手册出版业的中心。

撒玛纳扎最后写下了一本回忆录，在其身后出版。在这本回忆录中，他隐瞒了自己的真实身份，但承认对中国台湾和自身身世的叙述都是编造出来的。他的真实出身仍旧不清楚，但最有可能是在法国南部乡村的一个天主教家庭。在那里，他凭借语言天赋脱颖而出，最终被他的圣公会赞助者发现。

撒玛纳扎的本事在于，他能够不动声色地给人留下深刻印象，回避掉令人难堪的问题，并且始终维持着他那漏洞百出的中国台湾岛民伪装。然而最令人感到诧异的或许是他与后来的文学巨擘塞缪尔·约翰逊（Samuel Johnson）的友谊。两人相遇时，约翰逊还只是格拉布街上一位默默无名的作家，而撒玛纳扎也早已成了明日黄花。当约翰逊的好友海斯特·瑟勒（Hester Thrale）问他，遇到过的最完美的人是谁，约翰逊毫不犹豫地回答说是“撒玛纳扎”。这两个怪人会在霍尔本或伦敦旧城的小酒馆里促膝长谈。真希望能够听听这两个人都聊了些什么。

# 托马斯·查特顿

\ 12 /

1752 年，当托马斯·查特顿（Thomas Chatterton）出生在布里斯托尔附近一个乡村学校校长的家庭里时，在即将踏入工业革命的英国，男性的预期寿命只有 35 岁出头一点。世事艰难，除了一小部分特权阶级之外。托马斯的父亲没等到儿子出生便去世了，撇下他做裁缝的妻子带着两个孩子和婆婆勉强维持生计。于是，幼年的查特顿只接受了相当于中等职业学校阶段的正规教育。

托马斯的叔叔是教堂司事，灌输给他的尽是历史知识。对于一个热爱艺术和诗歌的男孩来说，这样的早年教育可谓出师不利。更糟的是，托马斯 14 岁时给布里斯托尔当地的一名律师当了学徒。律师出于正当权利，把托马斯利用零星闲暇时间写下的诗歌撕毁丢弃，并命令他不得再写任何这类东西。

在这样的环境里，早熟却不善交际的查特顿不得不偷偷地写诗，他在学校读书时也是这么做的。查特顿留存下来最早的诗篇作于他 11 岁时，而他首部公开发表的诗作刊登在一份名为《菲力克斯·法雷的布里斯托尔日报》（*Felix Farley's Bristol Journal*）的报纸上，当时他还不满 16 岁。这首少年老成的诗描绘了全然虚构的有关塞文河上的布里斯托尔老桥落成

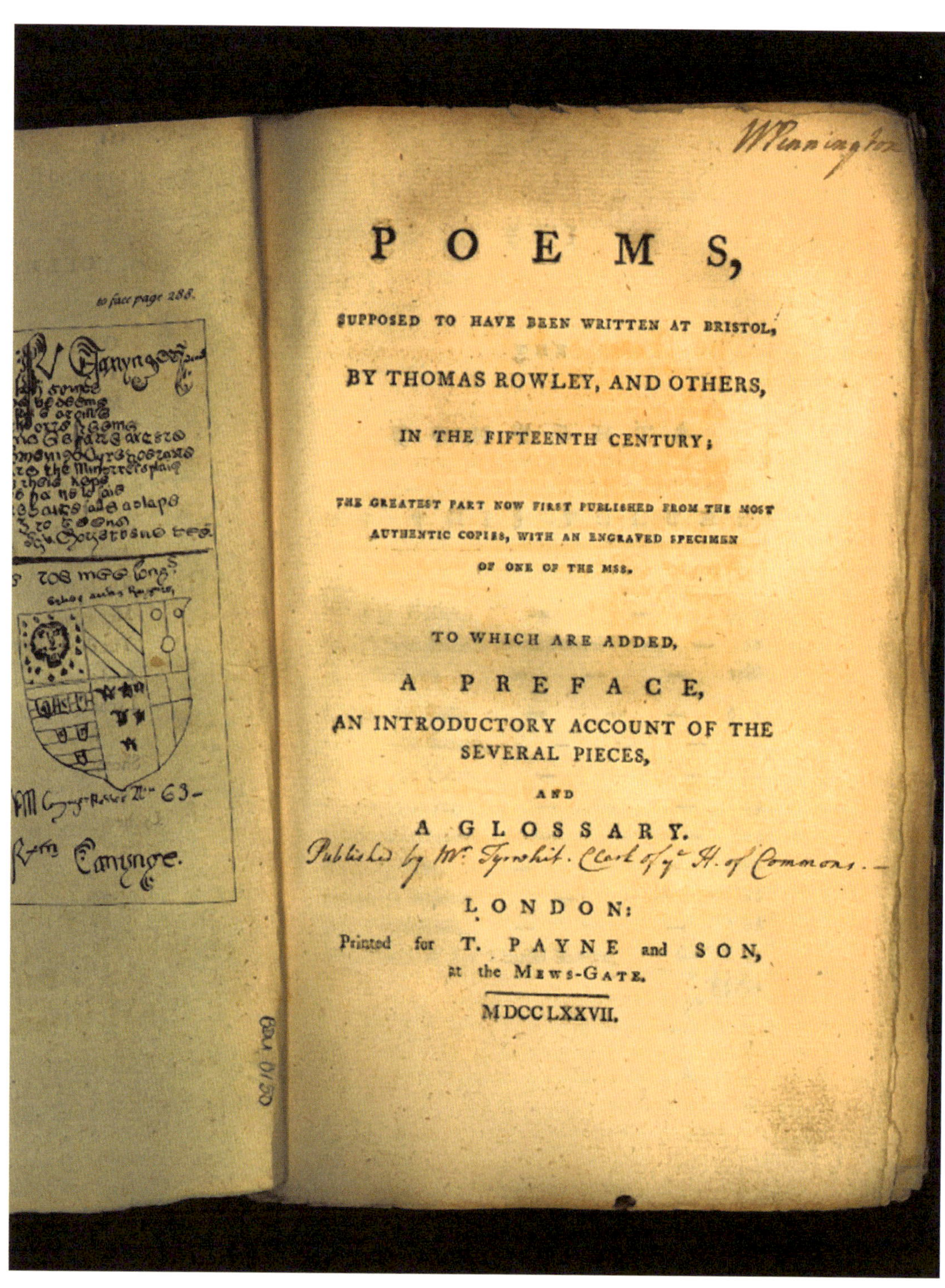

to face page 288.

POEMS,

SUPPOSED TO HAVE BEEN WRITTEN AT BRISTOL,

BY THOMAS ROWLEY, AND OTHERS,

IN THE FIFTEENTH CENTURY;

THE GREATEST PART NOW FIRST PUBLISHED FROM THE MOST AUTHENTIC COPIES, WITH AN ENGRAVED SPECIMEN OF ONE OF THE MSS.

TO WHICH ARE ADDED,

A PREFACE,

AN INTRODUCTORY ACCOUNT OF THE SEVERAL PIECES,

AND

A GLOSSARY.

LONDON:

Printed for T. PAYNE and SON, at the MEWS-GATE.

MDCCLXXVII.

这本集子是查特顿虚构的罗利诗篇首次出版。

的故事，而诗歌创作的时间恰逢1768年新桥开通的日子。

不过，查特顿当时的主要伎俩，是将诗歌写在从叔叔教堂里捡来的羊皮纸上，然后假托托马斯·罗利（Thomas Rowley）之名，呈献给潜在的赞助人和出版商看。这位虚构出来的罗利是15世纪时布里斯托尔的僧侣，擅长用古体诗和抒情诗来讴歌自己家乡富足而神秘的过往。

在查特顿生活的世界里，社会纽带为那些满怀文学抱负却明显缺乏资源的人提供了唯一的发展机会。威廉·巴雷特（William Barrett），布里斯托尔的一位外科医生和古董商，是罗利的早期赞助者。他在不知情的情况下，将罗利的一些手稿——得自1768年——收录进他自己于1789年出版的《布里斯托尔的历史与古迹》（*History and Antiquities of the*

**对于那个物欲横流、多愁善感的社会而言，查特顿的贫穷及其不合时宜的自杀行为，象征着诗人的浪漫殉难。亨利·沃利斯这幅1856年的绘画很好地表现了这一点。**

*City of Bristol*）一书中。其他人就没这么慷慨了。其中有一位唯美主义者霍勒斯·沃波尔（Horace Walpole）一开始表现出了兴趣，但看了手稿之后认为它们是伪作，而将其拒之门外。或许这就是所谓的“半斤对八两”。沃波尔自己就曾试图将他创作的处女作《奥特兰托城堡》（*The Castle of Otranto*）冒充为中世纪的作品。

1770年，查特顿从学徒生涯中解脱出来，逃到了伦敦。在那里他以自己的名义发表了各式各样的文章——打油诗、讽刺诗、韵诗、政论等。但他发现自己并未得到吝啬的编辑们的垂青。于是，蜗居在霍尔本阁楼上的查特顿转而打起了罗利的主意。可惜的是，这招毫无用处。即便是延付稿酬的《汉密尔顿城乡杂志》（*Hamilton's Town and Country Magazine*）也拒绝了日后广受赞誉的《一首美妙的善歌》（*An Excelente Balade of Charitie*）。这家杂志曾经刊载过罗利的诗作《埃利诺与尤加》（*Elinor and Juga*）——这也是查特顿唯一一首生前出版的诗歌。

此时的查特顿日渐消沉。他不仅没能获得让家族摆脱贫困的诗人美名，自己还在伦敦的一个小阁楼上忍饥挨饿，看不到哪怕一星半点的希望。他动起了做医生的念头，甚至给老家的巴雷特去信，为一份商船助理医师的工作寻求帮助。然而1770年8月，正在教堂墓地漫步的心事重重的诗人不小心跌进了一座敞开着的墓穴中。在被同伴搭救出来后，查特顿说：“我和坟墓交锋已经有一阵子了。”三天后，他在自己的阁楼里喝下砒霜而亡。此时离他18岁生日还有三个月。

在他短暂的一生中，查特顿只发表了一首诗歌。并且在当时，他的死并没有人在意。然而过了没多久，罗利获得了新生。乔叟研究者托马斯·蒂尔维特（Thomas Tyrwhitt）出版了一部罗利诗歌的选集，并且坚信这些诗歌是中世纪的真迹。不过在后一年出版第二部诗集的时候，他对诗的真实性略表怀疑。这些都无关紧要了。无论评论家怎么看待查特顿诗作的真实性——这的确引起了很大的争议——它们都已经广为流传了。

查特顿去世那年出生的威廉·华兹华斯（William Wordsworth），

**诗人约翰·济慈的墓碑，济慈同样在25岁的年纪英年早逝——尽管是死于肺结核而非自杀。《恩底弥翁》是济慈献给查特顿的诗作，第一句是“凡美的事物即是永恒的喜悦”。**

以及和他同时代的英国浪漫主义运动发起者之一的塞缪尔·泰勒·柯勒律治（Samuel Taylor Coleridge），都深受查特顿作品的影响。无论罗利诗歌中的古体风格是否与它们应属的时代相符，诗歌本身都是精雕细琢的，抒发了对神秘过往的强烈慕古之情。约翰·济慈（John Keats）在他的诗作《恩底弥翁》（*Endymion*）中表达了对查特顿的认同。而珀西·比希·雪莱（Percy Bysshe Shelley）在《阿童尼》（*Adonais: An Elegy on the Death of John Keats*）中间接向查特顿表达了崇敬之情。华兹华斯写下了“查特顿，奇妙的男孩”这样的诗句。

于是，浪漫传说诞生了，奋斗中的艺术家在陋室中终结了自己的生命。由此，这份辛酸赋予了他戛然而止的生命和作品以不同寻常的意义。关于经济不平等的问题，以及原创性被扼杀的问题，也进入了对查特顿之死如火如荼的讨论之中。有人提出了更为平淡无奇的看法，认为诗人是在使用砒霜治疗自己的隐疾时，不慎用药过量而死。

但随着时间流逝，最持久的解释——也是人人都愿意相信的解释——是最浪漫的那个。于是，19世纪最有名的对查特顿的想象是由画家亨利·沃利斯创作的一幅画。在画中，死一般苍白的诗人在一扇阁楼小窗的亮光照耀下优雅地逝去。或许不无恰当的是，这一哀婉场景中坐着——更有可能是躺着——的模特，是诗人兼小说家乔治·梅瑞狄斯（George Meredith）。他后来写下了不朽的诗句：“呵，灵魂只得黯淡的回应／当在此生此世期求确定！”

# 托马斯·杰弗逊的拉菲葡萄酒

\ 13 /





好酒不仅能极大地提升文明生活的品质，酒本身的卓著声名有时也是身份和处世能力的象征。不过，即便是伊甸园里也藏着一条蛇。只要有一种酒的价值高于另一种酒，葡萄酒欺诈行为就会一直存在。公元前 18 世纪美索不达米亚的《汉穆拉比法典》中就包含了数则与葡萄酒销售商相关的条款，其中一则规定，对酒品价格造假将会受到惩罚。而在公元前 1 世纪，老普林尼和其他许多人抱怨说，古罗马的酒馆中充斥着大量假酒，尤其是他最喜爱的产自著名坎帕尼亚（Campania）山区酒庄的琥珀色费勒年（Falernian）白葡萄酒。

离我们稍近一些的时代，也有一桩葡萄酒造假事件尤其引人注目。当托马斯·杰弗逊于 1785 年至 1789 年在巴黎出任美利坚合众国大使时，身为品酒行家的他很快便对葡萄酒经销商不再信任，转而直接从生产商那边购买葡萄酒。于是，近代最臭名昭著的葡萄酒丑闻，便是据说与杰弗逊相关的号称有一百多年历史的那批酒。

这些酒是一位名叫哈迪·罗登斯托克（Hardy Rodenstock）的德国葡萄酒收藏家的财产。20 世纪 80 年代，它们开始出现在拍卖会和高级品酒会上。这批酒不仅因其年份而引人注目——手工制作的酒瓶镌刻着

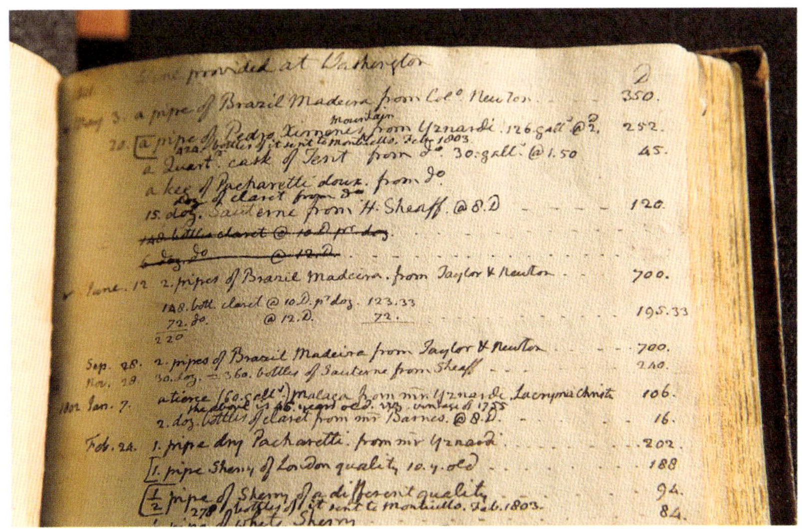
Wine provided at Washington 2
May 3. a pipe of Brazil Madeira from Col.o Newton . . . 350.
20. a pipe of Pedro Ximenes from Yznardi. 126 gall. @ 2. 252.
a quarter cask of Tent from do. 30 gall. @ 1.50 45.
a keg of Pacharetti doux. from do
15. doz. Sauterne from H. Sheaff. @ 8.D - - - - 120.
June. 12 2. pipes of Brazil Madeira. from Taylor & Newton . . 700.
148. bott. claret @ 10.D. pr doz. 123.33
72. do. @ 12.D. 72.
220 195.33
Sep. 28. 2. pipes of Brazil Madeira from Taylor & Newton . . . 700.
Nov. 29. 30. doz. = 360. bottles of Sauterne from Sheaff - - - 240.
1802. Jan. 7. a tierce (60. gall.) Malaga from mr Yznardi. Lacryma Christi 106.
2. doz. bottles of claret from mr Barnes. @ 8.D. - - 16.
Feb. 24. 1. pipe dry Pacharetti. from mr Yznardi . . . 202.
1. pipe Sherry of London quality 10. y. old - - - 188
½ pipe of Sherry of a different quality - - 94.
84.

**托马斯·杰弗逊详细记录下了自己购买的酒，其中并没有提到罗登斯托克声称自己发现的1787年的拉菲葡萄酒。在最近由纽约公立图书馆数字化录入的杰弗逊笔记，以及蒙蒂塞洛（Monticello）的托马斯·杰弗逊基金会档案中，也都没有发现相关记录。**

1784或1787的年份字样——也因为带有“Th. J.”的首字母标识。据说，这些酒是在巴黎一座新近拆除的房屋地窖中发现的，而瓶身镌刻的首字母标识强烈暗示着，它们曾属于托马斯·杰弗逊（Thomas Jefferson），但未能在杰弗逊回到新生的美利坚合众国之前送达。

1985年，第一瓶杰弗逊葡萄酒在伦敦拍出。这是一瓶1787年的拉菲葡萄酒，是杰弗逊最喜欢的一款酒。这瓶酒拍出了156 000美元的天价，是之前葡萄酒拍品最高成交价的4倍。不幸的是，当其买主——出版大亨马尔科姆·福布斯（Malcolm Forbes）把它放到聚光灯下公开展示的时候，软木塞收缩掉进了酒瓶里。葡萄酒——尤其是上了年份的酒——遇见空气后氧化得很快。所以现在无人知晓这瓶脆弱的淡琥珀色液体（白葡萄酒随年月流逝，颜色会变深，而像拉菲这种红葡萄酒颜色会变浅）还能放多久。

在随后几年的品酒会上，同一批酒令人费解地拍出了不同的价格。但这并没有阻止罗登斯托克私下里以高价兜售他的私藏。其中的另一瓶

1787 年拉菲葡萄酒最终被送到实验室进行化学成分检测。结果发现，尽管瓶壁附着物有两百多年的历史，但酒体本身并没有那么久的历史。

在富有的美国收藏家比尔 · 科赫（Bill Koch）从各种渠道购得了四瓶所谓的杰弗逊葡萄酒之后，这场游戏才进入了残局阶段。科赫计划要公开展示这些酒，他的代理人布拉德 · 戈尔茨坦（Brad Goldstein）联系了杰弗逊弗吉尼亚州家乡蒙蒂塞洛的专家，然而，尽管这位日后的总统是一个细心的记录者，但在一番彻底的搜索之后，人们还是没有找到相关酒的购买记录。也没有其他 1787 年的购酒记录。这一点其实早在 1985 年第一瓶杰弗逊葡萄酒被拍出之前，就已经为人所知了。

科赫嗅到了欺骗的气味，便即刻找了一名私家侦探，利用高科技手段来鉴别这些酒的真伪。如今，所有的瓶装葡萄酒都含有铯 -137 元素，这是一种由于核武器试爆和类似 1986 年切尔诺贝利核泄漏事故而弥漫在大气层中的放射性同位素。而由于铯 -137 在 1945 年第一次核试爆之前并不存在，所以 18 世纪的葡萄酒里是不会检测出它的。检测结果无疑令科赫大失所望。当酒被放到伽马射线探测仪中时，酒瓶产生了不确定的读数，没有显示出明显的含铯量。瓶中的葡萄酒即便没有两百年历史，也的确有一些年头了。

科赫和他的专家团迎难而上，继续进行调查。他们检测了更多罗登斯托克的藏酒，包括早先由福布斯购得的那瓶酒，还有其他一些拉菲酒庄和滴金酒庄的酒。利用先进的显微镜设备，他们检测到瓶身上镌刻的“Th.J.”是由现代的牙科钻头刻上去的，而非 18 世纪的手锉或切割轮。日期和首字母镌刻显然都是赝造的。调查继续深入，两位德国技术人员出具了口供，承认是他们在瓶身上刻的字。于是，无论酒瓶和酒体本身有多古老，它们都和杰弗逊没有关系。

大多数饮酒者都是收入平平的人，也不太能理解那些出高价赌酒的人——毕竟葡萄酒是容易变质的商品，需要尽快喝完。这一点科赫近来深有体会，据报道说他将自己酒窖中的半数藏品拿去拍卖。可悲的是，其中的大部分酒都会被那些认为葡萄酒是用来展示和谈论而非饮用的人买去。

但最令人担忧的事情是，作为一个普通的饮酒者，你也面临着和高价收藏者一样的风险，因为在我们大多数人的消费市场中，造假行为更加猖獗。2012 年，作为勃艮第地区最大的葡萄酒生产商和发货商之一，备受尊敬的拉布雷国王酒庄（Labour é -Roi）被指控欺诈，涉及 150 万瓶销往世界各地的葡萄酒。造假行为涉及方方面面，从贴假标（最简单和普遍的造假手段），到将劣质酒和优质酒混合以高价出售。在拉布雷国王酒庄的老板被捕之后，公司被卖给了另一家葡萄酒生产商，事件最终告一段落。

在 2008 年著名的意大利布鲁奈罗（Brunellopoli）丑闻中，高价的蒙塔奇诺·布鲁奈罗葡萄酒被掺进了其他地方运来的廉价餐酒。而在 2016 年，有报道说意大利小镇塞尔瓦扎诺 · 丹特罗（Selvazzano Dentro）的制假者把便宜的普洛赛克气泡酒贴上了一家大型香槟酒厂的标签。酒类造假行为层出不穷，而鉴于市场监管的不力，此类欺诈事件似乎也看不到尽头。

只要有些酒卖得比另一些贵，并且只要消费者无从查证自己的所见即所得，欺诈的诱惑就总是会存在。而如果你就此得出结论说，对葡萄酒消费者而言要远离欺诈，最保险的做法就是一直只喝廉价酒，那么你很可能是对的。但话说回来，谁又会乐意呢？

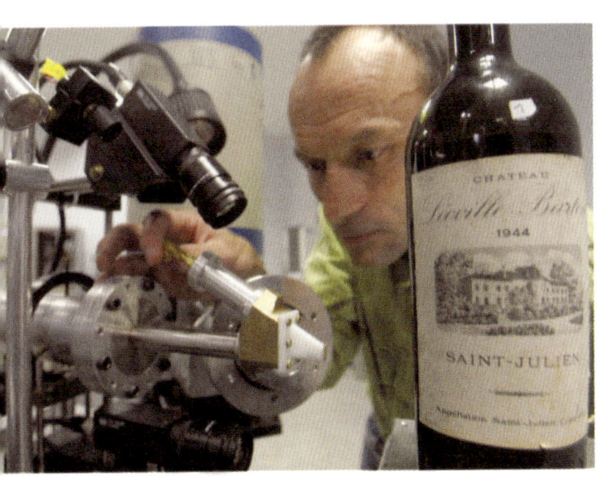


**和其他放射性同位素不同，铯 -137 是人工形成的，是原子弹爆炸后的人工制品。在 1945 年 7 月 16 日第一次核弹试爆后，微量的这种同位素进入了大气层。比尔 · 科赫雇用了法国物理学家菲利普 · 休伯特（Philippe Hubert）对他购得的所谓杰弗逊葡萄酒进行铯 -137 测定。如果其中包含了这一元素，那么将证明葡萄酒并非是 18 世纪的。测试结果是无法确定。**

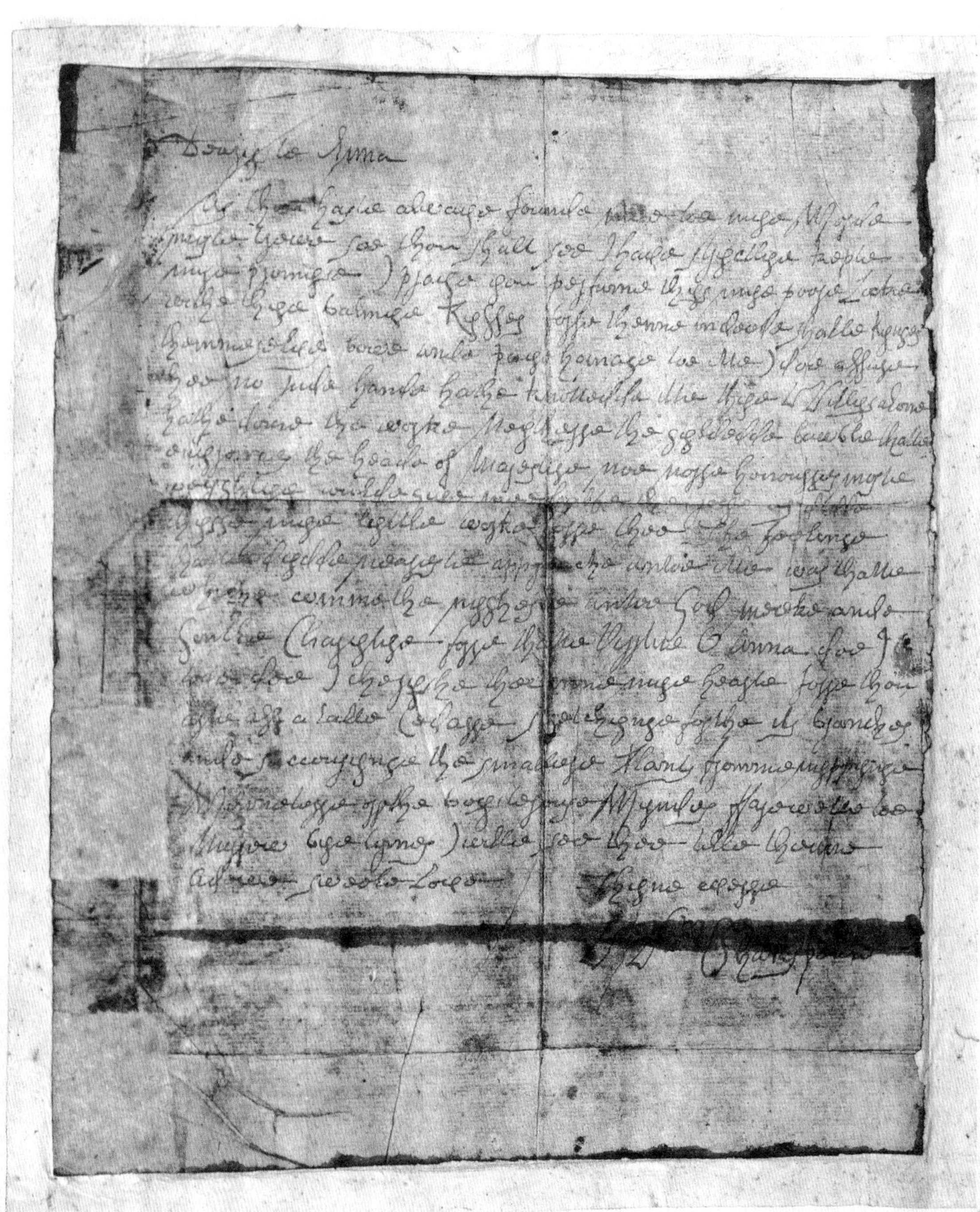

Dearesste Anna

As thou haste alwaye founde mee toe mye Worde moste trewe soe thou shalt see I have stryctlye kepte mye promyse I praye you perfume thys mye poore Locke withe thye balmye Kysses forre thenne indeede shalle Kynges themmeselves bowe and paye homage toe itte I doe assure thee no rude hande hathe knottedde itte thye Willys alone hathe done the worke Neytherre the gyldedde bawble thatte envyronnes the heade of Majestye noe norre honourres moste weyghtye wulde give mee halfe the joye as didde thysse mye lyttle worke forre thee The feelinge thatte dydde neareste approache untoe itte was thatte whiche commethe nygheste untoe God meeke and gentle Charytye forre thatte Virrtue O Anna doe I love doe I cheryshe thee inne mye hearte forre thou arte ass a talle Cedarre stretchynge forthe its branches and succourynge the smallere Plants fromme nyppynge Winneterre orr the boysterouse Wyndes Farewelle toe Morrowe bye tymes I wille see thee tille thenne Adewe sweete Love

Thyne everre

Wm Shakspeare

# 成为诗人的男孩

14

撇开最近冒出来的那些以威廉·莎士比亚为主题的文学改编作品，你仍会觉得这位传奇剧作家几乎成了无法忽视的文化符号。毕竟又有哪个凡夫俗子会妄自尊大到想要和这位艾芬河畔的游吟诗人比肩呢？你这么想也完全情有可原。但如果你真的这么想的话，你就错了。

关于莎士比亚，最神秘的事之一是——毕竟他是吃文字饭的——在一个人们大多依靠手写的时代，他留下的手迹少得可怜。他的剧作都是在其身后发表在二手来源上，也没有实物证据显示他和谁保持了通信交往。仅有的几件签名样本来自法律文书。自荷马以来，再没有谁在馈赠人类如此丰富的文学宝藏之后，却几乎没有留下任何有关自己日常生活的真实记录。当然，在任何时代，只要存在着虚空，就一定会有人出来填补它。

生于 1775 年的威廉·亨利·艾尔兰（William Herry Ireland）是个忧郁的小男孩，在学校里，老师不重视他，同学们经常欺负他。而在家里，也没人搭理他。他的母亲未婚生子，与他关系疏远，在他父亲家里算是个

**对页：威廉·亨利·艾尔兰最大胆的伪作之一，一封据说是莎士比亚写给妻子安妮·海瑟维的信。**

家庭佣人。而他的父亲塞缪尔，是一个富有的作家，专门写一些带插图的游记，有不少读者。考虑到这样一个不同寻常的家庭环境，塞缪尔对孩子疏于管教或许也就不足为奇了。然而，父亲无意间也确实为他提供了一所充满各种新奇事物的居所，最重要的是培养了他对于有关莎士比亚的一切事物的热情。“只要能得到任何一件诗人的手迹，”塞缪尔告诉自己的儿子，“都会被看作无价之宝。”

年轻的威廉·亨利急于得到父亲的认可，便在浩瀚藏书中如饥似渴地阅读。在塞缪尔写的一本书中，他找到了莎士比亚签名的摹本。此外，他不仅沉迷于托马斯·查特顿——死于威廉出生前5年——的诗歌伪作（见第12章，“浪漫主义者的自别”），而且几乎可以肯定的是，他也对詹姆斯·麦克弗森（James Macpherson）自1760年起出版的一系列据说是古盖尔语的“莪相”[4]诗歌深感痴迷。文学伪作在那个时候盛极一时，显而易见的是，威廉·亨利将其视为得到父亲赏识的可能途径。

年轻的艾尔兰曾给一位律师当学徒。律师的办公室里有大量古旧的羊皮纸文件，他也从熟人那里偶然学会了如何使用特制墨水和加热工序来做旧文件。占尽了这些地利人和的优势后，威廉·亨利在1794年的某个时间，开始动手伪造旧文件，当时他18岁。这其中包括一份有莎士比亚签名的契约。他得意扬扬地把这些珍贵文件拿给父亲看，说是在朋友阁楼里的一个箱子里找到的。正如他所希望的那样，塞缪尔为拥有这些“无价之宝”而欣喜若狂。

但威廉·亨利并不满足于此。更多莎士比亚的文件接踵而至，包括致妻子安妮·海瑟维的情书、做了边注的书籍、新教信仰的宣誓书、《哈姆雷特》的部分手稿，以及整部《李尔王》的原稿。塞缪尔·艾尔兰难掩自己内心的喜悦之情，邀来众多专家鉴定这些发现。在收到了他们的确认书之后——令威廉·亨利感到意外的是，有一名学者居然找到一枚印章，能将莎士比亚与其中一份文件关联到一起——塞缪尔将这些文件结集出版，名为《威廉·莎士比亚签署盖章之函件及法律文书集》（*Miscellaneous Papers and Legal Instruments Under the Hand and Seal of William*

4. 译注：莪相（Ossian），也译作奥伊辛或奥西恩，是凯尔特神话中的英雄人物，传说他也是一位优秀的诗人。

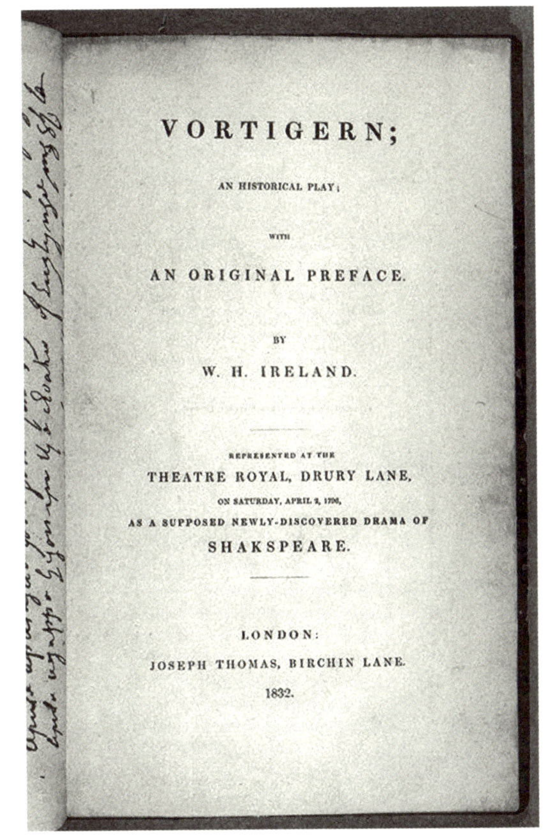
VORTIGERN;

AN HISTORICAL PLAY;

WITH

AN ORIGINAL PREFACE.

BY

W. H. IRELAND.

REPRESENTED AT THE

THEATRE ROYAL, DRURY LANE,

ON SATURDAY, APRIL 2, 1796,

AS A SUPPOSED NEWLY-DISCOVERED DRAMA OF

SHAKSPEARE.

LONDON:

JOSEPH THOMAS, BIRCHIN LANE.

1832.

*Shakespeare*）。

这令威廉·亨利越发有恃无恐，他壮着胆子伪造了一整部莎士比亚的未刊戏剧手稿《沃蒂根》（*Vortigern*）。随之而来的是对这部戏剧的首演权，最终由著名编剧理查德·布林斯利·谢里丹（Richard Brinsley Sheridan）夺得。然而与此同时，随着越来越多的人读到《函件及法律文书集》，怀疑的声音也随之而来。尤其是在爱尔兰莎士比亚专家埃德蒙·马龙（Edmond Malone）那里。

有关这些手稿真实性的争论愈演愈烈，马龙在1796年3月31日，即《沃蒂根》公演日（4月2日）的前两天，发表了一份长篇大论的调查报告。《沃蒂根》讲述了一个中世纪背景下有关背信弃义、父亲不悦的灾难故事。据说塞缪尔·艾尔兰曾投票支持将演出提前到4月1日。尽管仍有人潮涌入艾尔兰宅邸以求一睹莎士比亚原始手稿的风采（塞缪尔感到有必要限定开放时间），谢里丹此时也渐渐生出了怀疑，因为他虽不是莎士比亚的忠实拥趸，却也觉得《沃蒂根》这出戏里太少“诗意”。而最终令他信服的，是手稿所用的羊皮纸的古旧程度。

特鲁里街上新扩建的皇家剧院里，随着《沃蒂根》首演的帷幕拉开，观众的情绪也随之紧张起来。据说，观众们一开始彬彬有礼，一次次地辨识出了属于（剽窃自）莎士比亚的桥段。但当扮演沃蒂根的演员约翰·菲利普·肯布尔（John Philip Kemble）因为怀疑剧作真实性而开始乱演

**《沃蒂根》之所以得到人们的认可，是因为年轻的艾尔兰此前已经成功伪造了大量有关莎士比亚的契约、信件和其他文件，而所有这些东西的真实性都得到了专家学者的认可。**

ANNO, DÑI ÆTATIS SVÆ 21
1585
QVOD ME NVTRIT
ME DESTRVIT

的时候，嬉笑声此起彼伏，人群渐渐躁动起来。演出落下帷幕后，那些认为自己刚刚看了一部莎翁新剧的人，和那些认为自己上当受骗的人，互相之间起了争执。在肯布尔宣布取消《沃蒂根》之后的演出，代之以谢里丹自己的《造谣学校》之后（再合适也没有了），人群才恢复了平静。

尽管第二天，大多数的评论都在厉声谴责，艾尔兰却感到自己肩上的一副重担落地了。数月之后，他发表了一份完整的供述，为他父亲开脱，将这一蠢行归咎于自己的少不更事。同时他也暗示，那些诋毁他的人尤其恶毒，因为他们突然意识到自己被一个孩子欺骗了。

相比之下，塞缪尔·艾尔兰则无法让自己面对这个可怕的事实。即便他的书销量锐减，他仍旧否认这一切都是编造的，直至四年之后去世。威廉·亨利当初只是想给父亲留下深刻印象，却在两人之间造成了永久的裂痕。

故事到这里还没结束。尽管《沃蒂根》从未在莎士比亚的经典作品中占有一席之地——并且如果把今时今日的文学批评标准和技术分析手段应用到18世纪的作品中，它在当时也不会有机会——作为文学佳作，但它却并没有被遗忘。2008年11月19日，也就是写下它的两个多世纪之后，《沃蒂根》在剑桥的彭布罗克学院第二次公演。

**对页：莎士比亚（左）没有写过《沃蒂根》。然而最近有一组国际学者利用计算机文本分析，认为克里斯托弗·马洛（Christopher Marlowe）（右）与莎士比亚合写了《亨利六世》，而且马洛可能是第二部分的主要作者。**

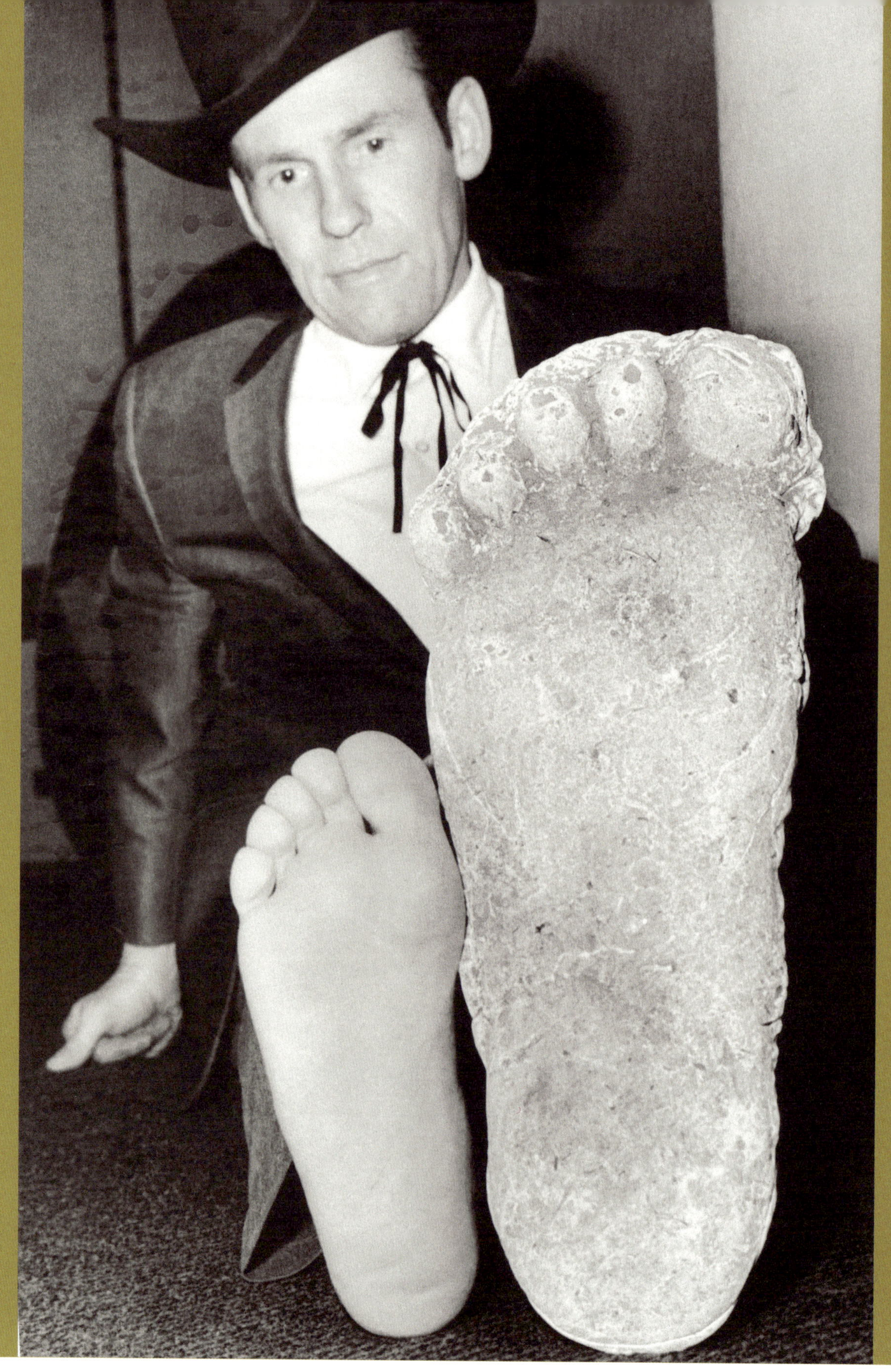

# 大脚怪传奇

15

美国人钟爱自己国家的传奇故事，不惜一切代价地保存它们。而大脚怪（又名野人，Sasquatch）的故事或许是所有美国传奇中最历久弥新的一个。这个半人半猿的神秘生物最早于 1811 年在加拿大落基山脉由一个皮毛商人发现并报道。自那以后，根据“大脚怪田野调查组织”（BFRO）的记录，在除了夏威夷之外的美国各州，有近 5 000 起“可信”的报告号称目击到了这些难以置信的类人猿。另外在加拿大还有数百起报告。据此推算，每年有几十个大脚怪出没在美国各地。如此说来，至少在美国民众的心目中，这些奇怪的人形怪物远比想象中要常见得多。

此外，自从两百多年前在加拿大阿尔伯塔省首次露面之后，大脚怪

**对页：电影制作人罗杰·帕特森（Roger Patterson）将自己的脚和一个大脚怪的脚模放在一起对比。他说 1967 年自己曾在加利福尼亚州尤里卡（Eureka）附近的森林里追踪大脚怪，并制作了这个脚模。在一次《科学周末》（*Science Friday*）节目的访谈中，珍妮·古道尔（Jane Goodall）被问到对大脚怪的看法。“我确定它们存在，”她说道，但加了一句，“不过我是一个浪漫主义者，所以我总希望它们会存在。”**

被背包客、猎人、伐木工、自然爱好者、植物学家、逃犯、登山客一次又一次地目击，数量骤增，却没有人绊到过一具大脚怪的尸体。典型的目击场景是一个阴影蹒跚走过林间小道，或在树木间一跃而过，还没能让人拍下一张模糊的照片，就已消失无踪影。偶尔会有目击者报告说，听到咕哝、怒吼或是尖叫声回荡在四周的密林中，时不时还有人说自己看到了整个大脚怪群。但不知为何，可以被科学家接受的实际物证却始终得不到。

有很多科学家迫切地想要寻找大脚怪存在的证据。华盛顿州立大学的人类学家格罗弗·克兰茨（Grover Krantz）便是其中之一——他自己的骨架现在保存在史密森学会（Smithsonian Institution），证明他曾存在过。格罗弗将自己的整个职业生涯用于寻找大脚怪的遗骸。最终，他相信自己之所以一无所获，仅仅是因为森林里的酸性土壤不利于尸骨的保存。他的理由是，毕竟他也从来没有在森林深处发现过熊的遗骸，而熊出没于此间，数量上也要比大脚怪多得多。

很多年以来，可以确定的是，除了目击者混乱不清的故事之外，唯一能够证明森林中这些怪异生物存在的实际物证基本上就是一些模糊不清的照片，以及奇怪的脚印和无法辨认的毛发。然而在2008年，这一切在一瞬间发生了变化。

那年的8月份，两位佐治亚州的居民马修·惠顿（Matthew Whitton）和里克·戴

科罗拉多州的科罗拉多泉市，山道旁立着的路牌。

尔(Rick Dyer)报告说在他们家乡的北部森林中发现了一具大脚怪尸体。他们一人是治安官副手，另一人是二手车经销商，但两人同时也是一家带游客探寻大脚怪踪迹的公司的合伙人。在加利福尼亚州的一场记者招待会上——焦点是大脚怪——惠顿面对一屋子迷惑的媒体人，讲述了他们两人在深山老林里的溪流岸边找到大脚怪尸体的过程。当戴尔去开卡车时，他为尸体站岗放哨了几个小时。

随后，好戏开场了。当两人拖着巨大的尸体穿过树丛走向卡车时，三个怒气冲冲的活野人出现了，跟着他们一路来到卡车旁。这一定是令人十分惊恐的场面，因为根据惠顿和戴尔的形容，大脚怪的尸体（成年雄性）高 7 英尺 7 英寸（231.14 厘米），重 500 磅（约 227 千克）。它的手就有 1 英尺（30.48 厘米）长，它的脚则更大。追在身后的这些直立奔走着的野人一定吓坏了拖着重担的惠顿和戴尔两人。但最后，两人还是设法把尸体抬上车，开回家冷冻了起来。

这篇报道成了头条新闻，在全国电视上随处可见。不过惠顿、戴尔和他们的合伙人汤姆 · 比斯卡迪（Tom Biscardi）在记者招待会上提供的物证无非只是一些模糊的照片和关于 DNA 的模棱两可的说法。的确有一个与会者对这些所谓的物证表达了深切的失望，尤其是在现场没有见到那具大脚怪的尸体。不过比斯卡迪也注意到了，媒体对这个故事照单全收：没有尖锐的问题，也没有人提出要看一看大脚怪的尸体。看起来似乎每个人都希望这个故事是真实的。

但好景不长。最初的热情退却后，理智占据了上风。DNA 样本检测出来是人类和负鼠的混合血迹；此外，当 BFRO 的“大脚怪专家”将尸体解冻后，呈现在公众面前的不过是一具套着假发的橡胶猩猩。很快，整个事件就被披露是捏造的。

为什么要编故事？除了虚名之外，三个人从中得到了什么好处？况且随之而来的是圈外人的嘲讽和圈内人的指责。好吧，看来最直接的目的，尤其是在比斯卡迪这个案例中，是想招徕更多的大脚怪观光客。这是 BFRO 向来十分擅长的事情。比斯卡迪希望通过记者招待会上的虚张声势，

**经常被刊登出来的帕特森—吉姆林电影中的第 352 帧画面，据说描绘的是一只雌性大脚怪。罗杰·帕特森和罗伯特·吉姆林在 1967 年合拍的这部短片，一直是有关大脚怪真实性争论的焦点。几年之后，帕特森和吉姆林放言，他们或许应该击杀并保存这个生物，好让反对者闭嘴。**

让自己成为世界上首个大脚怪猎人，那些想要一睹大脚怪风采的游客因此都会慕名前来找他做向导。

这就把我们带到了问题的关键所在。人们总是只看眼前而不顾长远。这并不足为奇。但是那些游客又是什么心态？为何会有人被无法捕捉的渺茫希望所吸引，要去找寻徘徊在北美洲密林深处的极不真实的半人半猿怪物。这片大陆从未庇护过任何类人猿生物，直到我们这个智人种族在两到三万年前踏足其上（见第 38 章，“误人的考古学”）。

或许，这种对大脚怪的迷恋与一种隐晦的返祖情怀有关，毕竟智人并非一直都是人属生物家族在地球上的唯一代表。实际上有证据显示，就在四万年前，至少有四种不同的人类物种在旧大陆上共存。并且几乎可以肯定的是，是我们这个物种造成了其余三个物种的消亡。会不会是作为自相残杀的唯一幸存者，让我们产生了一种隐秘难解的负罪感，从而驱使我们希望野人和它的喜马拉雅表亲雪人都还活着？

# 波亚斯

16

人是非常健忘的。如果人类最终找到一条自取灭亡的道路，那很可能是他们曾经一再踏上过的那条。

18 世纪初，法国宣布，在现为美国的土地上，它拥有比英国更多的领土。同时，一位名叫约翰·劳（John Law）的苏格兰金融家成立了西

一幅 1827 年的版画，据说描绘了并不存在的波亚斯领土上的黑河港。

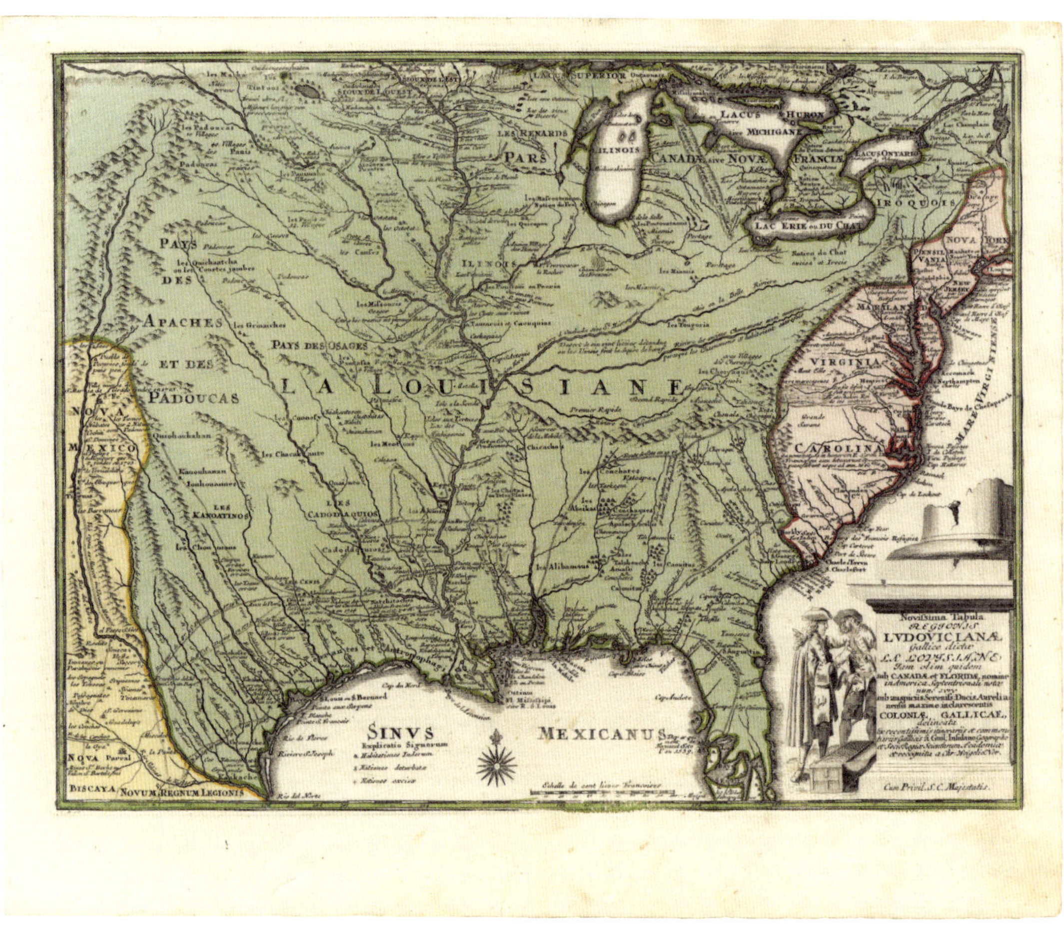


一幅 1791 年的地图，用于在德国宣传约翰·劳的密西西比公司。

方公司（Compagnie d’Occident），利用皇家垄断权，开发广袤的密西西比的大片领土。约翰将这一大片未知的土地包装宣传成拥有丰富矿藏和无限前景的富饶之地，从而带动自己公司和其他公司的股价在法国证券交易市场上飙升，最后酝酿出后人所知的“密西西比泡沫”。法国公民被鼓励移民，巴黎监狱里的囚犯都被放了出来，只要他们愿意娶妓女为妻，漂洋过海去到路易斯安那（锁在一起）。

这些不幸的移民发现，等待他们的只有一大片虫灾泛滥的沼泽地，上面生活着不甚友善的原住民。很多人死去。然而在法国，约翰却同时控制了法国的货币流通及其所有对外贸易。到了 1720 年，当泡沫最终不可避免地破裂时，本已十分脆弱的法国经济坠到了谷底，为六十多年之后的大革命铺平了道路。约翰本人则逃离了法国，终其余生作为一名职业赌徒勉强度日。

快进一个世纪，在苏格兰出现了一个名叫格雷戈尔·麦格雷戈(Gregor MacGregor)的鼓吹家。他是著名英雄罗布·罗伊(Rob Roy)的家族后裔，而在南美洲摆脱西班牙殖民枷锁的斗争中取得的军功，也早已让他声名鹊起。

麦格雷戈不仅拥有显赫的身世和军功，据他自己说，他还是波亚斯国（Poyais）的酋长（cazique），坐拥洪都拉斯蚊子海岸黑河岸边的一大片领土。这个地方紧邻达伦计划（Darien scheme）的选址，所以在苏格兰人的心目中已然处在一个特殊的位置上。1698 年，达伦公司计划在巴拿马海峡的大西洋和太平洋两岸建立苏格兰的殖民地，最终将触角伸向巴拿马运河。这个计划被那群讨厌的英国佬“兰”[5]住了——如果可以这么说的话。 英国人随后建立起了史上最大的世界帝国。

魅力四射的麦格雷戈登上了时代的舞台。这是一个靠传统储蓄回报

5. 译注：原文为scotch（挫败、阻止），也有“苏格兰（人、语）的”的意思。为作者的一语双关。

**波亚斯银行发行的“美元”，在苏格兰印制。格雷戈尔·麦格雷戈把这些一文不值的纸币出售给了他的潜在定居者，得到的是货真价实的英镑。**

Is the Bail come?
No your Highness I've only brought your Dinner!!!
Give us our Money
Code of Laws Poyais
Loan
The Army of Poyais
POYAIS ROYALTY in QUAD, or the Cacique waiting for BAIL
8 Sep. 1827

甚低、人人都愿意冒一点儿道德风险的时代——这意味着为了寻求高风险高收益而不择手段。苏格兰人就这样热切地听着麦格雷戈给他们画饼，许给他们一片年收三季玉米的沃土。佳果满园，野味遍地，河床上流淌的不是金粒而是金块。万事俱备，只缺启动的资金和人力（虽然当地住着一些原住民，麦格雷戈保证他们很友善）。

不屈不挠的麦格雷戈是一位卓越的推销员，或许让人不那么意外的是，在当时相对成熟的苏格兰金融市场上（约翰·劳是个苏格兰人，并不是没有原因的），恰逢经济扩张期，他成功募集了 20 万英镑（约合现在的 40 亿美元）的资金，用来开发波亚斯。更难理解的是他成功说服了满满 7 船的苏格兰人，移民到一个官方——甚至非官方——上并不存在的国家。

1822 年 9 月，首批两艘船只从伦敦启程前往洪都拉斯，载有约 250 名乘客。两个月后到达时，翘首以盼的开拓者们发现自己到了一片不毛之地。正如《卫报》在 10 月的报道中所说："当移民们到达圣约瑟夫（San Josef）时，让他们至为痛苦的是发现当初期盼中拥有近 2 000 居民的繁荣小镇，不过是三两间破败的屋舍。"大多数信心满满的开拓者相信自己只是跑错了地方，但他们还是砥砺前行，在贫瘠的沙地上造房种地，生活了下来。

毫无疑问，疾病和贫困很快消磨掉了他们的希望，夺去了他们的生命。尤其是当地方首领出现，收回了他三年前赠与麦格雷戈的一小块土地之后。开拓者们绝望了，据《卫报》报道："一名叫赫利的鞋匠，之前曾得到波亚斯御用鞋匠的任命，在吊床上病得奄奄一息，吞枪自杀了。"

试图想象这一令人心酸的场景是非常痛苦的。然而更糟糕的是，在抵达后的一年内，大多数开拓者都随着赫利一起被遗忘了。最终，一艘过

**对页：一幅描绘格雷戈尔·麦格雷戈的 19 世纪漫画，"波亚斯王子"因出售伪造的土地股份证书而被关押在法国等待审判。经过多轮庭审辩论，他被宣告无罪。**

路的木船将幸存者带到了现在的伯利兹（Belize）。而当不幸的消息传回苏格兰时，英国海军被派去取回另外5艘运送开拓者的船只。

麦格雷戈的骗局被认为是有史以来最雄心勃勃的一场欺诈，而他本人则是主导这场成功骗局的骗术原则的完美典范。他利用苏格兰人对他的信任空手套白狼；他充分发掘了自己在军事上的声望；他身着饰以外国装饰的完美制服；他散发着不容置疑的权威光环；他向投资者承诺，在一个诚信得不到回报的时代，他将给予他们声望和财富；凡此种种之外，他给了人们一个化解历史积怨的机会。不管怎么看，虚幻的波亚斯都是不可信的，但魅力十足又冷酷无情的麦格雷戈踏准了成功的每一步。

骗局本身得到了完美的执行，但仍留下了一些疑问。当麦格雷戈可以轻松地取出巨额苏格兰债券收益跑路时，为什么仍要等到去法国故技重演失败之后，才最终逃亡到加拉加斯（在那里竖立着一座他的雕像，纪念他为委内瑞拉独立做出的贡献）？为什么在卖掉手上的债券之后，他仍旧要留在骗局中，营营于这场注定颗粒无收的移民拓荒游戏？毕竟，他一定知道这一切最终只会沦为灾难。

最有可能的是，在某个时刻，麦格雷戈的确对波亚斯产生了真实不虚的幻想，进而开始相信起了他自己的宣传。当然，即便是如此，他的真诚充其量也是虚假的。不过能假装真诚的人，其实已经是真诚的了。

# 伪造照片

17

我们还曾赶上过这样的纯真年代，当时的人可以满怀真诚地说，“照相机不会说谎”。在当下这个见怪不怪的社会里，重提这句旧话——如果还有人提的话——往往是带着强烈的讽刺。但它仍能让人对一个更简单的世界心生向往，在那个世界里，摄影图像的真实性无疑是不言而喻的。直到摄影于 19 世纪初被发明之前，所有对外在世界的视觉表现都必然要经过艺术家的眼睛、心灵和双手。同时众所周知的是，没有哪两个艺术家可以将同一张脸、同一个场景表现得一模一样。作品的最终效果总是会受到人类感知和巧思的影响。而比起视网膜单纯被动地接收光线，将颜料涂抹到画布上无疑是一个更具主观能动性的过程。

相比之下，新的摄影技术似乎为我们的前人提供了一种以前的视觉媒介从未有过的客观表现手段。毕竟，照相机不会自说自话地改变呈现在它面前的场景，而最终的成像完全是由化学反应过程决定的，这是科学法则而非人为作用的结果。的确是这样，但美中不足的是，照相机后面总还是有一个拍照的人。如同詹姆斯 · 鲍德温（James Baldwin）曾经写道的：“据说照相机不会说谎，但人们却总是用它来说谎，因为……照相机只会对准你想让它对准的东西。照相机的语言就是为人们造梦的语言。”

鲍德温的说法是十分公允的。在Photoshop图像处理软件问世之前很久，摄影照片上就经常出现照相机并未拍摄到的东西。实际上在1840年，摄影技术正处于最初的实验阶段时，第一张伪造的照片就出现了。当时，伊波利特·巴亚尔（Hippolyte Bayard）被竞争对手路易·达盖尔（Louis Daguerre）的朋友残忍构陷，令其作为受法国科学院官方认可的摄影奠基人之一的身份受到了怀疑。于是，巴亚尔假装自己自杀了，并以自己溺毙身亡的照片来证明。

巴亚尔这个骇人的小玩笑打开了摄影欺诈的泄洪阀门，尤其是对那些认为摄影比眼见所得更多的人来说，更是如此。在那个对精神世界兴趣浓厚的时代（见第19章，“与亡者交流”），那些声称能够捕捉到鬼魂存在的摄影师生意兴隆。在美国，这门手艺最著名的实践者或许就是威廉·芒勒（William Mumler）。他的第一张照片据说是一张自拍肖像照，上面碰巧或并非碰巧地出现了他死去表亲的模糊形象。

在一个为众多内战死者感到悲痛的国家里，芒勒嗅到了大把商机。很快，他因为能捕捉到亡者的影像而小有名气。芒勒最著名的客户是玛丽·托德·林肯（Mary Todd Lincoln），在林肯遇刺身亡后不久，芒勒就拍到了他。只见林肯夫人端坐在椅子上，蓄着胡须的总统鬼魅一般在她身后若隐若现，双手搭在她的肩膀上。

芒勒用以制造这种复杂图像的技术是双重曝光。当一些目光敏锐的人发现，照片中所谓的超自然鬼魅有些是健在的活人时，双重曝光也让芒勒的骗子身份曝了光。1869年，芒勒被经理人P.T.巴纳姆（P.T.Barnum）

**对页：1920年，摄影专家哈罗德·斯内林（Harold Snelling）被请来验证年轻摄影师弗朗西斯·格里菲斯（Frances Griffiths）和埃尔西·赖特（Elsie Wright）拍摄下来的仙女照片。他宣称两人的照片是“真实不虚的，一次曝光，露天拍摄，捕捉到了仙女影像的全部运动，并且没有任何痕迹显示照片经过卡纸模具、深色背景、彩绘图案等后期处理”。表兄弟两人后来承认，他们使用的正是这些技术手段。**

控告，有人说这是一场出于政治目的的审判。巴纳姆当庭证明了伪造一张灵异照片是多么容易。而最终，尽管芒勒被宣判无罪，但他的摄影生涯也走到了尽头。

而对不可见世界的摄影却仍在继续。即便到了 20 世纪 20 年代，小说家亚瑟 · 柯南 · 道尔（极度理性的夏洛克 · 福尔摩斯的创造者）依然热情洋溢地在广受欢迎的《海滨杂志》（*Strand Magazine*）上撰文，讲述不久之前两个年轻女孩在花园中拍摄肖像照时，拍到了带翅的“小仙女”。柯南 · 道尔随后在 1922 年出版的《仙女下凡》（*The Coming of the Fairies*）中完全引用了这些照片。这些照片之后随着媒体兴趣的消长，不时地出现在公众视野中。直到 1983 年，当初的小女孩——如今的老妇人——才出面承认伪造了它们。

乡村花园里的仙女不会带来什么伤害，但伪造的照片却经常被用来篡改历史。G.P. 戈尔德施泰因（G.P.Goldshtein）在 1920 年拍摄了一张俄国革命的经典照片。照片上的弗拉基米尔 · 列宁正在对启程前往波兰前线的士兵发表演说。在最初公布的照片中，列夫 · 托洛茨基和列甫 · 加米涅夫——列宁在中央委员会的同事和潜在竞争者——坐在发言者边上。随着 7 年后托洛茨基的下台，他和加米涅夫都被从照片中移除了。余下的时期里，列宁都是独自出现在照片中。

宣传照片中抹去的并不总是人。第二次世界大战中最著名的一张照片，是由乔 · 罗森塔尔（Joe Rosenthal）于 1945 年 2 月 23 日拍摄的一组美国海军陆战队在硫磺岛上升起美国国旗的照片。2 个月之后，一位名叫叶夫根尼 · 哈尔杰伊（Yevgeny Khaldei）的红军摄影师携一面临时制作的苏联国旗，追随苏联军队离开莫斯科去往柏林。他想拍摄一张跟罗森塔尔的照片同样有力度的苏联照片。

哈尔杰伊带了三名士兵登上德国国会大厦的顶楼，让他们举着旗子摆好姿势，按下快门，随后立即飞回了莫斯科。他拍摄的照片将成为对这场战争的见证。但在公布之前，哈尔杰伊对底片进行了关键性的修改。他小心翼翼地去掉了其中一名士兵手腕上的两块腕表中的一块，这是从不幸

遇难的平民那里得来的战利品。另外，为了增加一点戏剧效果，哈尔杰伊随后又在天际线上添了一些深色烟云。

照片上的物件可增可减，或者以任意手段进行改变。到了Photoshop图像处理软件的时代，扑面而来的海量照片中，经过“改进”处理的照片可能远比未经处理的原图更加常见。事实上在2015年，世界新闻摄影大赛不得不取消22%的决赛选手的比赛资格，因为专家认为对这些作品的改动和调整“超出了现时行业可接受的标准”。

篡改摄影图像的直接原因跟人的欲望一样无穷无尽，但其背后的深层动机似乎是一贯的：我们都知道自己希望世界是什么样子的，而要让世界变成那个样子，唯一的方法往往就是在照片上做手脚。

**威廉·芒勒最著名的一张照片，玛丽·托德·林肯身后悬浮着亚伯拉罕·林肯的“魂魄”。通过为在内战中痛失亲友的顾客拍摄灵异照片，芒勒积攒了大量财富。P.T.巴纳姆购买了其中的一些，放在他的美国博物馆中作为欺诈行为的展示品。**

**对页上：**斯大林希望，在1945年5月1日劳动节那天，能有一张苏联国旗飘扬在德国国会大楼（"法西斯野兽"的心脏所在）上的照片。然而，等到士兵们完成清理工作，摄影师叶夫根尼·哈尔杰伊登上国会大楼楼顶的时候，已经是5月2日了。他和三个正巧路过的士兵扛着一面三块桌布缝就的大旗，爬上这座破败的建筑物，拍摄了这幅具有历史意义的照片。

**对页下左：**在原始照片中，举着大旗的士兵带了两块腕表。

**对页下右：**为了确保万无一失，哈尔杰伊不仅在照片上增添了具有戏剧效果的浓烟，也去掉了一块腕表，因为戴着两块腕表意味着有一块是战利品。

# 埃德加·爱伦·坡和巨型热气球骗局

18

1844 年 4 月 13 日，周六清晨，《纽约太阳报》的读者被头条新闻的标题惊醒——“号外！……3 天穿越大西洋！”这一在当时难以想象的壮举是由一艘“将阿基米德螺旋应用到航空推进上的……飞行器”达成的。

标题下面的报道包含多到令人发指的细节描述：一艘充气的飞艇形状的热气球，承载了包括英国著名热气球驾驶者托马斯·蒙克·梅森（Thomas Monck Mason）在内的 8 名乘客，在其弹簧驱动的风车状螺旋桨失灵之后，被偶然吹到了大西洋上。据说，这艘飞船随风落到了南卡罗来纳州海岸外的一座偏僻岛屿上，远离新闻界容易核实的所在。

这件事在自认为是美国门户的纽约成了一桩大新闻。纽约对热气球充满狂热。曼哈顿的首次热气球飞行已经是五十多年前的事了（1789 年 8 月 7 日）。对城中的富人来说，乘坐热气球已经成了冒险娱乐的常规项目。

**对页：爱伦·坡的作品在其生前并没有获得广泛好评。他在文学史上的重要性，最初得自其诗歌和短篇小说对 19 世纪末法国象征主义者的影响，尤其是夏尔·波德莱尔受其影响颇多。现在，爱伦·坡被认为是美国现代文学的先驱之一。**

尽管如此，在 1844 年的时候，热气球飞行作为一种实际的交通方式，仍处于初级阶段。当时，热气球飞行的最远距离是 500 英里（约 805 公里），是在 1835 年的时候，飞行员蒙克 · 梅森独自一人从英国多佛港飞行至德国城市魏尔堡。这一次，这位飞行员的最新纪录是原先的 7 倍之多，这让美国门户纽约感到未来可期。

可叹的是，激动的情绪并没有持续很久。4 月 15 日那天，即在报道发出的两天之后，它又被撤回了。据说是因为无法证实其真实性。但私底下流传的说法则是，在报道发出的当天，醉醺醺的作者跑到《纽约太阳报》报社位于曼哈顿市中心的大楼前，对着来往人群大声喊叫，说整件事都出自他的杜撰。显然，并没有什么人把他的话当真。正像他自己后来写道的那样：“《纽约太阳报》大楼真是被围得水泄不通……我从来没见过一份报纸如此供不应求……我试着获得一份报纸，但整整一天，一无所获。”

这位作者并不是普通的造假者。他是正在苦苦挣扎的作家埃德加 · 爱伦 · 坡。一周前，他刚抵达纽约，写信给母亲说身上仅剩下 4.5 美元。据说《纽约太阳报》为这篇文章付给了爱伦 · 坡 50 美元，这可是一个充分的造假理由（或者更准确地说是剽窃，报道的大部分内容是从梅森对多佛－魏尔堡飞行的自述中抄袭的）。爱伦 · 坡急需现金，他本可以拿了钱就走。然而出于什么原因，令他自己站出来揭发自己呢？

部分的原因无疑是作为一个经常由情绪压倒道德原则的人，爱伦 · 坡对《纽约太阳报》及其编辑怀着强烈的怨恨。这份积怨始自这份报纸 9 年前刊登的一系列极度离奇的文章。这些文章声称，利用一种革命性的新型望远镜，英国天文学家约翰 · 赫歇耳（John Herschel）爵士在南非一处新发现的有利位置上，看见长着翅膀的人形生物行走在月球表面，边上还跟着其他怪异生物。这些文章在当时造成了轰动，《纽约太阳报》的发行量从每期 2 500 份跃升至 19 000 份，这在当时创下了世界纪录。

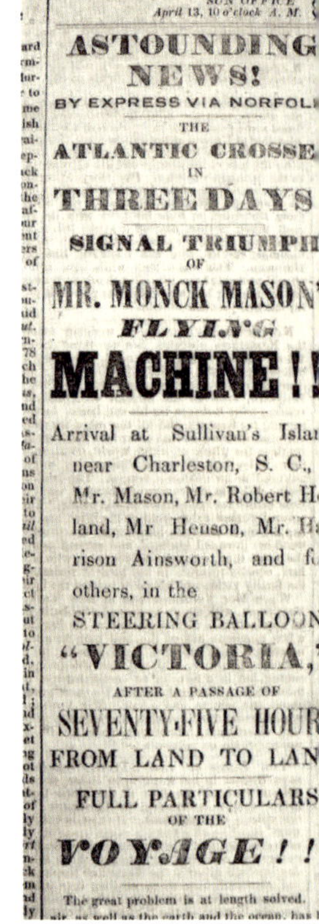

SUN OFFICE
April 13, 10 o'clock A. M.

ASTOUNDING NEWS!

BY EXPRESS VIA NORFOL

THE ATLANTIC CROSSE IN THREE DAYS

SIGNAL TRIUMPH OF MR. MONCK MASON' FLYING MACHINE!!

Arrival at Sullivan's Isla near Charleston, S. C., Mr. Mason, Mr. Robert H land, Mr Henson, Mr. H rison Ainsworth, and f others, in the STEERING BALLOON "VICTORIA," AFTER A PASSAGE OF SEVENTY-FIVE HOUR FROM LAND TO LAN

FULL PARTICULARS OF THE VOYAGE!!

The great problem is at length solved.

**1844 年 4 月 13 日，《纽约太阳报》的头版公告。据标题报道称，欧洲著名热气球驾驶者托马斯 · 蒙克 · 梅森在 75 小时内成功飞越了大西洋。**

《纽约太阳报》刊登的一幅版画，作为“月亮骗局”的一部分，展现了约翰·赫歇耳爵士从他的好望角天文台观测发现的月上人形蝙蝠、独角兽以及其他幻想中的生物。

爱伦·坡所在意的并不是这一系列报道全然是捏造的——尽管报道没有正式撤回，却最终成了著名的“月亮骗局”——而是他深信，这个广开财源的主意是从他这里偷去的，却没有给他任何补偿。仅仅两个月前，他发表了一则短篇小说《汉斯·普法尔历险记》，主体部分是一部自传性手稿，作者是一个设法用热气球造访月球的人。爱伦·坡显然觉得《纽约太阳报》的编辑占了自己的便宜，甚至抢了自己的风头，尽管他在自己的故事里也剽窃了赫歇耳文章里的一些具体细节。

那么，爱伦·坡为什么要等到 9 年之后才来报仇呢？或许我们可以在他 1850 年的短篇小说《反常之魔》里找到一些线索。他在这篇小说里探讨了人类动机的叵测。爱伦·坡小说的主人公用令人吃惊的迂回手法描述了一种有时“完全无法抗拒”的莫名其妙的“极端”“原始”冲动，迫使人“胡作非为”。随着故事的展开，读者渐渐明白，叙述者正在描述的是自己的切身困境，当他“窥视着深渊（越发头晕目眩）”，意识到自己是这种冲动的“无数受害者之一”，他脑海里有一个声音要他坦白多年前犯下的一宗谋杀。然而尽管他知道“我是安全的——我是安全的——对——只要我没有傻到公开自己的罪行”，但最终，在心惊胆战之际，“这个一直以来被压抑囚禁着的秘密从我的灵魂深处喷涌而出”。

爱伦·坡确实触及了人类心理的某个方面。每个骗子都背负着沉重的负担，即便他或她是唯一知道——甚至可能不会再有人知道——骗局存在的人。只有最病态的说谎者才能完全遗忘爱伦·坡所描绘的那种暧昧感。或许“反常之魔”解释了在1844年的那个早晨，爱伦·坡为什么要站在《纽约太阳报》楼下，冲着一心沉醉于谎言的漠不关心的人群，坦白自己的欺诈罪行。或许这也解释了，他为什么是在醉酒之后做了这件事。

# 招魂术与进化论

19

玛格丽塔·福克斯和凯特·福克斯两姐妹显然厌倦了19世纪中叶纽约北部的生活。为了给自己找点乐子，她们骗母亲和姐姐莉亚相信，通过“敲击”，她们能和逝去的亡魂建立联系。这需要将一颗苹果悬在弦上，然后让其不断落到地板上，制造出一种被她们当作编码的神秘声响。两姐妹言之凿凿，人们深信不疑。她们的降灵会如同野火一般，从当地蔓延到全国范围。三姐妹最后都成了职业灵媒，而越来越多花招各异的人也加入了这个队伍中。然而，她们最终又一次厌倦了——抑或心生愧疚——便在1888年将骗局公之于众，坦白了欺骗的手法，并宣称这一切“从头到尾都是完全错误的”。

但没人听得进去，事态已如脱缰野马。在整个维多利亚时代，灵媒都会向那些悲伤的家庭欣然允诺，只要付一点钱，就能联系上已故的配偶或子女。美国人亨利·斯莱德是灵媒中的一员，他在大西洋两岸从事骗人的勾当。斯莱德的绝技是石板书，即只要将一块小石板放到桌子底下去，上面就会奇迹般出现来自另一个世界的文字信息。

斯莱德在纽约被抓了现行。他用脚趾夹着粉笔在石板上涂写，还偷换了石板。1876年，斯莱德来到伦敦碰运气。不幸的是，一些消息灵通

**1848 年，纽约北部的花季少女凯特·福克斯和玛格丽塔·福克斯姐妹（Kate and Margaretta Fox）说服了姐姐莉亚还有其他很多人，让他们相信听到的“敲击”声其实是灵异交流。在莉亚的掌控下，灵媒“罗切斯特叩门者”蜚声海外。直到 1888 年，玛格丽塔和凯特承认“敲击”是个骗局。玛格丽塔稍后反悔了自己的供认，但她们的声誉已经不再。不到 5 年的时间里，三姐妹都陆续死于赤贫。**

**对页：在降灵会上，亨利·斯莱德（Henry Slade）声称鬼魂用粉笔在桌子下面的小石板上写下了信息。而事实是，斯莱德用含在嘴里、捏在手指间或是夹在脚尖的粉笔头，写下了这些“来自死者的信息”。**

的打假者正在这里等着他，其中之一就是著名的自然历史学者查尔斯·达尔文（见第 23 章，“临终皈依”）。达尔文提出了基于自然选择的进化论，奠定了今日生物学的基础。还有一位是达尔文能干的副手，解剖学家托马斯·亨利·赫胥黎，一个非常讲求实事求是的人，自学了很多灵媒的伎俩。其中的一个古怪的诡计，是在鞋子里用脚趾敲击发出不同音量的声响（他建议穿着宽松的鞋子和薄袜子）。

有关达尔文的这个故事众所周知。他潜心研究进化论多年，却在 1858 年收到一份手稿，内容令他哑然。手稿的作者是阿尔弗雷德·华莱士（Alfred Wallace），一位穷困潦倒的生物学家，依靠在印度尼西亚给博物馆收集标本过活。达尔文读完手稿后大吃一惊，因为华莱士的理论从很多方面来看，都和他自己的自然选择理论一模一样。

然而，在通灵术方面，两人的看法却大相径庭。达尔文是彻底的唯物主义者，认为自然选择适用于所有领域。而华莱士认为，人类大脑的尺寸远大于其实际需求，所以自然选择不适用于人类。他写道，智人拥有“某种东西……并非得自其动物祖先——一种精神本质，只能在不可见的精神宇宙中寻找到解释”。

斯莱德到达伦敦后不久，就发现自己落入了赫胥黎门徒埃德温·雷·兰克斯特(Edwin Ray Lankester)的陷阱。兰克斯特收钱参加了一次降灵会，当场发现一块本应是空白的石板上已经提前写好了信息。于是，兰克斯特把斯莱德告上了法庭。这位通灵者发现面对的是欺诈控告。达尔文之前痛失了自己10岁的爱女，他非常反感那些利用受伤家庭牟利的“机灵的坏人”（clever rogues）[6]，于是替兰克斯特凑齐了当时十分可观的10英镑，用作起诉费。

然而在另一边，则是达尔文昔日的科学同伴阿尔弗雷德·华莱士。他如此缺乏自欺欺人的气质，以至于看不到别人在自欺欺人。他欣然同意成为斯莱德辩护方的明星证人。

1876年的这场审判让整个伦敦沸腾了，法庭上座无虚席。这样的场面必定是戏剧化的，而现场也的确如此。达尔文的赞助人为控方找来了职业魔术师约翰·内维尔·马斯基林（John Nevil Maskelyne）——地位犹如今日的詹姆斯·兰迪（见第43章，“顺势疗法”）。马斯基林在法庭上细致地拆穿了通灵者的把戏。而后，他要求斯莱德当庭在上了锁的石板上，留下书写信息。然而斯莱德却顾左右而言他，说自己的亡妻艾莉——据说已经跟他通上了灵——曾让他发下誓言，永远不要做这样的事情。

在为辩方所作的证词中，华莱士作为一个因其正直而广受尊敬的人，拒绝推断石板书是否由亡魂所为。但他仍旧宣称自己相信斯莱德是个高尚的人，并且“无力去行欺诈之事”。

事情还没完。尽管最终法官做出让步，认定通灵术本身是“一种新

6. 译注：语出柏拉图《理想国》第七卷：“有一种通常被说成是机灵的坏人。……他们的视力愈敏锐，恶事就也做得越多。”（商务印书馆，1986年版，郭斌和张竹明译。）

**在其文学声名的顶峰时期，亚瑟·柯南·道尔爵士决定放弃写小说，转而投身对超自然现象的研究。“福尔摩斯已经死了，”他宣布，“我已经和他了断了。”他写了20本书，包括与亡者交流、自动书写、仙女照片、鬼魂、外质[7]、读心术以及两卷本的通灵术历史。**

的宗教信仰”，但他判处斯莱德使用欺骗手段将自己的伎俩伪造成超自然现象，因而犯有欺诈罪，并判了他3个月的苦役惩罚。这项判决后来出于诉讼上的程序性细节原因，被推翻了。斯莱德趁机逃往德国继续他的通灵术把戏。

具有讽刺意味的是，在维多利时代的英国，通灵术的主要倡导者之一是小说家亚瑟·柯南·道尔。事实上，柯南·道尔在离伦敦威斯敏斯特教堂不远处，拥有一家专门的通灵术书店。在其文学声名的顶峰时期，柯南·道尔放弃了福尔摩斯系列小说的写作，转而投身于对超自然现象的研究。他写了20本有关通灵术的书籍，并声称与塞西尔·罗德（Cecil Rhodes）和约瑟夫·康拉德等已故名人的亡魂有过交流。

或许这正是人性矛盾的象征。创造了福尔摩斯这个有史以来最理性的侦探的人，却成了福克斯姐妹见利忘义的后裔的牺牲品。

7. 译注：ectoplasm，据说是一种通灵者身上会渗出的物质，可以令亡魂成形。

# “自信之人”本尊

\ 20 /

8. 译注：后文的con man即confidence man的缩写，由于媒体对汤普森行骗报道的影响，con一词后来就用于指代汤普森这类骗子，专事骗人钱财，或者指使人做事。

9. 译注：又译《骗子》《骗子及其伪装》。

任何一本关于欺骗、冒充和胡说的书，最后总会提到“自信之人”（confidence man）[8]本尊的故事。这个名字得自1849年《纽约先驱报》一则报道的标题。这个骗子（con man）的真名叫作威廉·汤普森。按照今天的标准来看，他的行骗手法朴素到可笑。根据《纽约先驱报》的报道，“他会在街上径直朝一个陌生人走去，装作彬彬有礼的体面人……简短寒暄之后，他会说，‘你对我是否有信心，能把你的手表托付给我，直到明日为止’……这个陌生人……会以为他是某个一时面生的老熟人，便把手表给了他。”

有一名读者对《纽约先驱报》这则题为“自信之人被捕”的报道印象深刻，他就是赫尔曼·梅尔维尔。他于1857年出版的又一本完全失败的小说《自信之人及其假面》[9]，令骗子行当里的这个新名字名载史册。早先在19世纪初，行骗的人通常被称为“diddlers”，出自詹姆斯·肯尼（James Kenney）1803年的滑稽剧《筹钱》（*Raising the Wind*）中一

**对页：威廉·汤普森（William Thompson）的骗术启发《纽约先驱报》（New York Herald）创造了短语“自信之人”来指代骗子。**

个名叫杰里米·迪德勒（Jeremy Diddler）的角色。同时，像埃德加·爱伦·坡这样的作家，也早已经用笔墨把各种骗术剖析过一番。

爱伦·坡清楚意识到，欺骗行为是和人类本性紧密相连的。事实上，他不仅把人定义为"行骗的动物"，还暗示说，柏拉图曾因把人定义为没有羽毛的两足动物而遭人责备，而"如果他碰巧能想到"这一说法（人是行骗的动物），"他就不会受到这些拔毛鸡的侮辱了"。

很难想象今天的人会落入威廉·汤普森粗鄙的行骗伎俩。真是这样吗？或许人生如戏，全凭演技。苍白的报纸文章当然很难捕捉到演技的精彩之处。毕竟这是骗子的工作，把自己的受骗目标嚎进阴谋诡计中，或者说得轻一点，忽悠到某种含蓄不明的双向理解中。多年来，无名小贼讲述的故事变得越来越精巧复杂。但从很多方面来看，故事本身都只是锦上添花，或者只是达到目的所采取的手段。它试图在骗子及其受骗目标之间建立起来的关系，才是真正的关键所在。

爱伦·坡自己并不是一个很高超的骗子（见第18章，"空中壮举"），却深谙此道。在1843年的一篇文章中，他指明了一个成功骗子的必备素质。这篇文章受到肯尼所创作的角色的启发，副标题为"作为精确科学的诈骗"（Diddling Considered as One of the Exact Sciences）。其中包括他所谓的专精（保持小范围小规模——一条屡遭违反而广受遵从的禁令）；

THE

CONFIDENCE-MAN:

HIS MASQUERADE.

BY

HERMAN MELVILLE,

AUTHOR OF "PIAZZA TALES," "OMOO," "TYPEE," ETC., ETC.

NEW YORK:

DIX, EDWARDS & CO., 321 BROADWAY.

1857.

**赫尔曼·梅尔维尔《自信之人及其假面》一书的书名借自1849年《纽约先驱报》关于威廉·汤普森报道的标题。梅尔维尔的最后这部小说将背景设定在愚人节当天的一艘密西西比蒸汽船上，嘲讽了一众19世纪的文化名人，包括亨利·戴维·梭罗、纳撒尼尔·霍桑以及埃德加·爱伦·坡。**

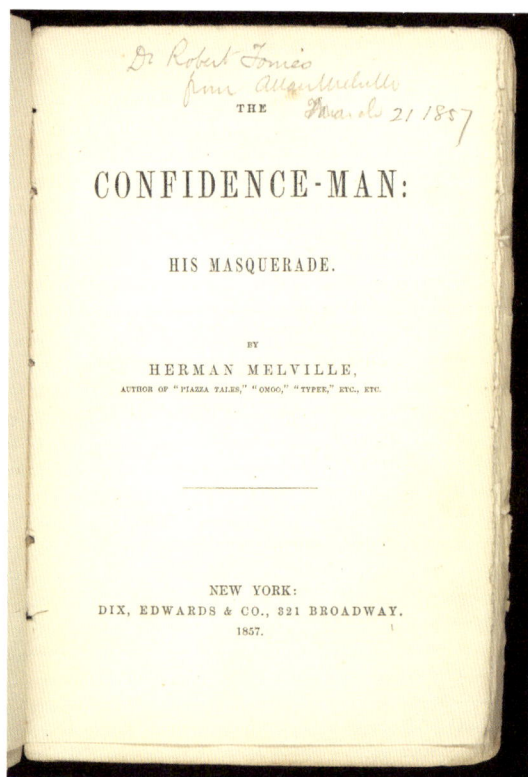

**IDENTIFICATION ORDER NO. 1301**

September 10, 1935.

# FEDERAL BUREAU OF INVESTIGATION
## U. S. DEPARTMENT OF JUSTICE
**WASHINGTON, D. C.**

**Fingerprint Classification**

| 19 27 W II 19 |
|---|
| 26 R I |

# WANTED

**ROBERT V. MILLER, true name** VICTOR LUSTIG, **with aliases:** VIKTOR LUSTIG, COUNT LUSTIG, BERT LUSTIG, VILSTER LUSTIG, BERT LAUSTING, ROBERT LAMAR, ROBERT DUVAL, COUNT DUVAL, GEORGE DUVAL, "THE COUNT", VIKTOR FOSTER, VICTOR FOSTER, CHARLES GROMAR, CHARLES GROMER, CHARLES GRUBER, ALBERT GRAUMAN, VICTOR GROSS, FRANK HERBERT, GEORGE BAKER, EDWARD BAKER, C. H. BAXTER, JOHN R. KANE, R. U. MILLER, VICTOR MILLER, ROBERT MILLER, R. B. MILLER, CHARLES NEVERA, NOVERA, CHARLES NOVERA, ALBERT PHILLIPS, G. R. RICHARD, J. R. RICHARDS, GEORGE SCOBEL, EDWARD SCHAEFFER, EDWARD SCHAFFER, EDWARD SHAFFER, GEORGE SHOBO, GEORGE SHOBOL, GEORGE SCHOBEL, CHARLES TAYLOR, ROBERT G. WAGNER, R. G. WAGNER, ROBERT GEORGE WAGNER, G. R. WERNER, "THE SCARRED".

**FEDERAL ESCAPE ACT**

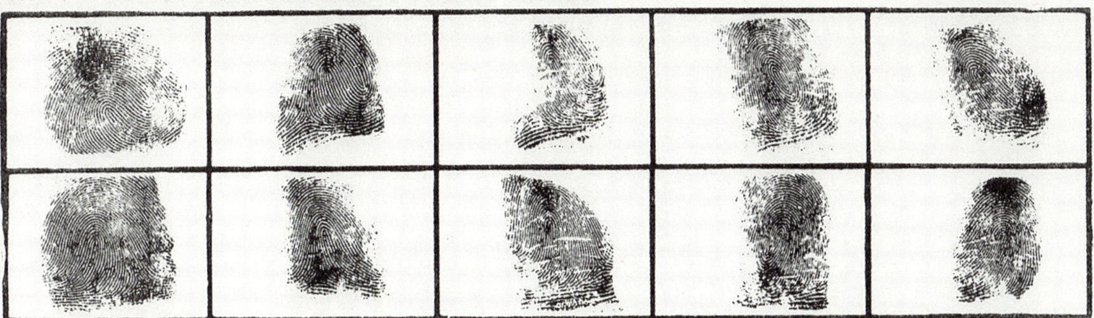

**DESCRIPTION**

Age, 45 years, (Born October 1, 1890, Hostinne, District of Urchlabi, Czechoslovakia); Height, 5 feet 8 inches; Weight, 165 pounds; Build, medium; Hair, brown; Eyes, grey; Complexion, sallow; Scars: 2½ inch scar on left cheek bone. Criminal Specialty, confidence game.

Photograph taken May 10, 1935.

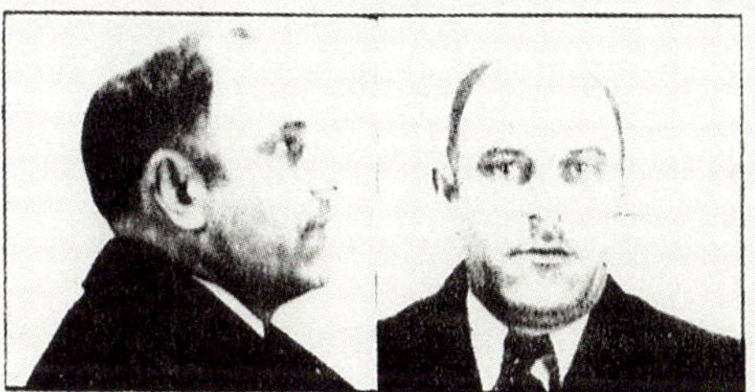

Viktor Lustig

**ARREST NUMBERS**

#6667, P.D. Denver, Colorado.
#5552, P.D. Omaha, Nebraska.
#17454, P.D. St. Louis, Missouri
#21429, P.D. Los Angeles, Calif.
#36959, P.D. San Francisco, Calif.
#26664, P.D. Detroit, Michigan.
#15380, P.D. Indianapolis, Indiana.
#6254, Bureau of Identification, Crown Point, Indiana.
#B-52324, P.D. New York, New York.
#8675, P.D. Oklahoma City, Oklahoma.
#5849, P.D. Ft. Worth, Texas.
#12443, S.O. Miami, Florida.
#—, U.S. Secret Service, New York, New York.
#—, U.S. Marshal, Del Rio, Texas.
#—, Erkennungsamt der Bundespolizeidirektion, Rossauerlaende 7, Wien, IX., Oesterreich.

Robert V. Miller is wanted for escaping from the United States Detention Headquarters, New York City, New York, September 1, 1935 in violation of Public Law No. 233 of the 74th Congress of the United States.

Law enforcement agencies kindly furnish any additional information to the nearest office of the Federal Bureau of Investigation, United States Department of Justice.

If apprehended please notify the Director, Federal Bureau of Investigation, United States Department of Justice, Washington, D. C., or the Special Agent in Charge of the office of the Federal Bureau of Investigation listed on the back hereof which is nearest your city.

Issued by: JOHN EDGAR HOOVER, DIRECTOR.

(over)

这张通缉令是在维克多·“伯爵”·卢斯蒂希从联邦拘留总部逃跑后发布的。他在成百上千名纽约路人的目光之下，利用头尾相系的9条床单，从三楼夺窗而出。

对自身利益的渴望（把良心晾在一边）；厚颜无耻，勇于创新；以及死缠烂打、不卑不亢、目中无人、积极乐观（表演的关键要素）。不看文章副标题的话，爱伦·坡显然认为诈骗本质上是一种戏剧艺术。

最著名的骗术成功学规则是由维克多·卢斯蒂希（Victor Lustig）提出的“骗子十诫”。卢斯蒂希是奥地利人，精通多国语言，显然知道自己在说些什么。他深知对于一次成功的诈骗来说，骗子和受骗目标之间的关系是关键所在。于是卢斯蒂希制定了适用于表演而非结果的规则——而且在他看来，魔术师才需要快言快语，骗子不需要。事实上，卢斯蒂希提出的前两条诫命是要做耐心的倾听者，以及永远不要面露倦怠。他明白任何关系都是一条双向通道，于是后两条诫命包括关注受骗目标的宗教和政治倾向，以及要投其所好。剩下的诫命包括着装和举止的一般意见。

卢斯蒂希以兜售假冒印钞机而出名，他的客户当然也是一些缺斤短两的人。不过毫无疑问的是，卢斯蒂希的最大成就是把埃菲尔铁塔当作废品给卖了。埃菲尔铁塔是专门为 1889 年的巴黎世博会建造的，原计划于 1909 年拆除。然而到了 1925 年，它还杵在那儿，看上去破败不堪。卢斯蒂希冒充行政官员，邀请了 6 名废金属收购商参与投标，价优者得。

当受骗目标的妻子对这桩交易的进度和保密性心生疑窦时，卢斯蒂希“坦言”，公职人员的薪水不够他开销，他想从这票买卖里捞点油水。通常这样的交易都会涉及贿赂，受骗目标因此打消了顾虑，付清了钱款外加贿赂。卢斯蒂希提着到手的一箱子钱潜逃到维也纳。而受骗者此时只能是哑巴吃黄连。顺风顺水的奥地利人于是折返回巴黎故伎重演。不过这一次他落到了警察手里。成功逃脱之后，卢斯蒂希跑到美国试运气。在美国，他在臭名昭著的黑帮头子阿尔·卡彭（Al Capone）身上得手之后，被联邦调查局抓捕。当时在他的手提箱里发现了 51 000 美元假钞。卢斯蒂希被判处 21 年监禁，关押在恶魔岛（Alcatraz）监狱，并最终死在那里。在他的死亡证明上面，卢斯蒂希的职业是“推销员学徒”。细想起来，卢斯蒂希在第二笔埃菲尔铁塔买卖上显然是好高骛远了，假使他能听从爱伦·坡的建议，恪守“专精”，至少在涉及埃菲尔铁塔的任何交易中都保持低调，那么他无疑会做得更好一些。

这把我们带回到了威廉·汤普森的故事。汤普森的确是以最纯粹、最“专精”的形式在实践着诈骗的技艺。因为他什么都没有给予受骗者。他没有编造夸张的故事；他甚至都没有撒谎。他只是要求受骗者给予他信任，一种在几分钟的简短交谈之后建立起来的信任。

W.C. 菲尔兹（Fields）曾说过，“你无法欺骗一个诚实的人”。如果你针对受骗目标的贪婪欲望特别制订了行骗计划，那么这句话的确是至理名言，在许多情形下确实如此。然而，如果你一心一意只想骗取一个人手里的东西，这番话就不适用了。假设——仅仅是假设——你的骗术足够高明，你就能从一个诚实的人眼皮底下骗取他的手表。“自信之人”本尊奉行简单的想法，因此也是最顶尖的骗子之一。

**卢斯蒂希 51 000 美元假钞中的一部分，发现于 42 大道地铁站储物柜中。**

# 达文波特碑

21

人们出于许多不同的原因发明并笃信传说故事，然而并非所有这些原因都是崇高的。在美国独立革命之后的几十年里，当开拓者们向西行进，他们到达的地方是美洲原住民已然休养生息了数千年的土地。这段漫长历史中引人瞩目的遗迹，是数量庞大的人造土堆和丘垒，散布在中西部的大片地区，特别是在密西西比和俄亥俄河谷。开拓者不愿承认这些令人惊奇的建筑是印第安人建造的——因为他们现在经常和印第安人陷入激烈的领土争夺，而显然这些“野蛮人”是没有能力设计建造它们的——便炮制出一个传说故事，说这些土垒建筑是由一个“失落的种族”所建。

这个关于失落文明的虚构故事不仅为开拓者解释了周遭所见，也令被迫流离失所的印第安人成了自己土地上的入侵者。除此之外，传说故事也使开拓者自视为英雄，代表着文明力量来收复土地，并且他们使用的方法也不应受到谴责，因为早先印第安人无疑也是用同样的手段驱逐了和平善良的土垒建造者们。

没有人知道传说中的土垒建造者到底是谁，但在大多数版本中，他们（当然）是来自欧洲或者亚洲，或者是在亚特兰蒂斯大陆被海浪吞没时被迫迁移而来的人们。反正是除印第安人之外的人。这样的信念强化了一种令人释怀的想法，即后来者将土地从现有者那里抢过来时，他们的主张具有古老的根源。

乔赛亚·普里斯特（Josiah Priest）在其1833年的畅销书《美国西部古迹探考》（*American Antiquities and Discoveries in the West*）

**13 000年前的克洛维斯矛头（左），出土于宾夕法尼亚州肖尼-明尼辛克（Shawnee-Minisink）。21 000年前的梭鲁特“月桂叶”矛头（右），出土于法国勃艮第地区。两者间的相似性使一些考古学家认为，冰河期的欧洲人航行到北美洲，带去了梭鲁特文化的技术，为后来的克洛维斯文化提供了工具基础。另一些人把这种解释视为矮化美洲土著文化成就的长久努力的一部分。**

**俄亥俄州玛丽埃塔地区古老的印第安土垒。有人推测是罗马士兵建造的。**

中提出，俄亥俄州玛丽埃塔那些壮观的土垒建筑是由和埃及人、希腊人、斯堪的纳维亚人、苏格兰人一起来到新大陆的罗马士兵建造的。这是最精心编造的流行说法之一。为了寻找证据来支持这类帝国主义式主张，开拓者中的业余嗜古者在遍布中西部的土垒中掘地三尺。在不同的地点，他们发现了刻写着未知文字的石碑。所有这些石碑都以某种方式证明了，土垒建筑并非由美洲原住民建造。“墓穴溪石”（1838 年）、“肯德胡克碑”（1843 年）、“纽瓦克拱顶十诫石”（1860 年）、“蝙蝠溪石”（1889 年），这些石碑很久前就被爆出是骗局，而其中最著名的是“达文波特碑”。

1877 年，刚从瑞士来的雅各布 · 加斯（Jacob Gass）牧师在艾奥瓦州达文波特镇附近的一处土丘中，挖出两块刻着文字和图案的石碑。当地知识圈对此深受触动，将加斯选入他们所谓的达文波特科学院。科学院还成立了一个委员会，专门研究这两块石碑，以及稍后发现的另一块石碑。它们都刻有“土垒建造者象形文字”，以及描绘火葬和狩猎场面的巨大图案。

一名委员会成员不久后宣称这些珍贵的石碑是冒牌货，然而最早达

**石碑之一，发现于艾奥瓦州达文波特镇库克农场的一处土丘中。**

成的共识则是，这些石碑是真的，且证明了土垒建造者不是印第安人。用极具影响力的倡导者查尔斯·普特南（Charles Putnam）1884年发表在《科学》杂志上的话来说："有些人认为建造土垒的人不过是如今印第安人的祖先，他们的文化水平与之相符。但相比于他们的理解，这些遗迹似乎展现了更复杂的社会生活，更丰富多元的艺术作品，以及更高级的文化状态。"

这种说法并不是没有争议的，它引起的争论最终为石碑笼罩上了一层怀疑的阴影。事实上，达文波特科学院的成员们自己在不久之后就认定，石碑是由不明身份的土垒建造者理论的支持者埋在地里的，而这些人的想法与社会上对土垒起源的期待若合符节。

有人认为，制造这一骗局的动机也牵涉个人层面的嫉妒：作为一个外来者，加斯牧师出了名，受到公众的瞩目，他的骄矜自夸令很多科学院成员嫉妒和反感。这种反感并非空穴来风，其中一些是有真凭实据的。后续调查显示加斯在这场骗局中并不是无辜的：他和家人是文物造假的老手，许多年来一直深陷在众多可疑的交易中。

然而，尽管疑点重重，但是达文波特石碑的传说一直屹立不倒。就在 1976 年，一位名叫巴里 · 费尔（Barry Fell）的哈佛大学教授在一本畅销书中提出，巨大石碑上的碑文包含了埃及、伊比利亚半岛迦太基和利比亚的元素。他认为这些石碑证明了“使用伊比利亚和古代迦太基（Punic）语言的人在公元前 9 世纪居住在艾奥瓦州……这些开拓者大概是沿着密西西比河航行至达文波特地区，建立了定居点”。最好永远不要低估一个优秀传说的生命力。故事本身常常比它的准确性重要得多。

因此，要特别注意有关起源的传说，它们是最顽强的。古代印第安文化因其成员善于制造优雅石器（并不是易于掌握的技艺）而闻名，而某些早期北美洲工具与 18 000 到 22 000 年前西欧梭鲁特人制造的工具有相似之处。于是，自然而然地，前些年有一批颇有声望的科学家进一步提出，古代欧洲人在那个时间段航行到了美洲，带来了某些梭鲁特的制器技术，之后为克洛维斯文化的古代印第安人所仿效。先前，美洲原住民没法自己建造土丘；现在，他们甚至没法自己制作石器。

# 呼吸主义

\ 22 /

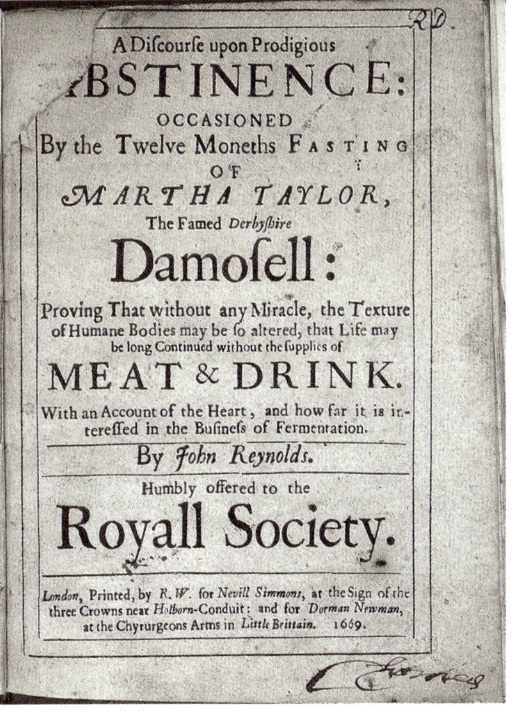
A Discourse upon Prodigious
ABSTINENCE:
OCCASIONED
By the Twelve Moneths FASTING
OF
MARTHA TAYLOR,
The Famed Derbyshire
Damosell:
Proving That without any Miracle, the Texture of Humane Bodies may be so altered, that Life may be long Continued without the supplies of
MEAT & DRINK.
With an Account of the Heart, and how far it is interessed in the Business of Fermentation.
By John Reynolds.
Humbly offered to the
Royall Society.
London, Printed, by R. W. for Nevill Simmons, at the Sign of the three Crowns near Holborn-Conduit: and for Dorman Newman, at the Chyrurgeons Arms in Little Brittain. 1669.

**约翰·雷诺兹（John Reynolds），《奇妙的禁欲》（*A discourse upon prodigious abstinence*…），1669年，扉页。**

发达国家的人热衷于节食，主要是因为我们急着想减轻超标的体重，而这在现代经济中衍生出了许多生意。减肥的过程到底有多困难，从减肥书籍（买回去也不看，看了也不会照做）节节攀升的销量，以及减肥热潮涨落的速度中，就可见一斑了。

遵照特定限制节食的另一个主要动机是担心自己到底吃了什么。担心的理由自然千差万别。有些涉及原则和口味（都是众所周知毫无争议的理由），另一些则涉及生理适应的问题（尽管在饮食上，人类和他们的远古祖先一样都是终极杂食者，并且没人能够给出“最佳人类食谱”这样的东西）。有些人似乎只是急于把体内的“毒素”排出去。在这种情形下，消化道最终产物带来的心神不安，似乎制造出了一种彻底清空消化道的渴望，目的是从身体的神龛中清除任何可能是不纯洁的东西。

于是乎，呼吸主义者登场了。他们是一群（有时带来致命后果的）认为自己不吃不喝也能活下去的人——或者说至少是一群让别人以为他们不吃不喝也能活下去的人。这些年来，呼吸主义者的人数多到有人给他们向往的状态取了个雅号，“辟谷”（inedia），即不靠食物过活的能力。辟谷至少可以回溯到公元前 6 世纪的梵文典籍《妙闻集》（*Sushruta Samhita*），一部印度教的医学基础文献。

这一奇谈怪论在 19 世纪最出名的个案，是出生于 1857 年的威尔士女孩萨拉 · 雅各布（Sarah Jacob）。事情是这样的。年幼的萨拉在 10 岁那年出于健康原因，逐渐没有了食欲，并最终完全放弃了进食。她的双亲极力宣传她不吃不喝的“奇迹般的”能力，这个憔悴的孩子到最后成了一个小小的旅游景点，同时成了家里的一大收入来源。

过了一年左右，专门委员会受托调查此事，因为有传闻说萨拉可能私下偷吃零食。经过两周的严密监视，委员会报告说此事不涉及欺诈。萨拉的名声由此一路飙升，但仍存在大量怀疑之声。于是，1869 年年底，萨拉接受了伦敦盖伊医院的检查，由一组护士连续看护。没过多久，孩子就变得虚弱不堪，父母被催促去喂她进食，但他们拒绝这么做。于是，在仅仅 8 天的禁食之后，可怜的萨拉死了。很自然的，她是死于饥饿。

公众愤怒了。萨拉的父母受到审判，并被

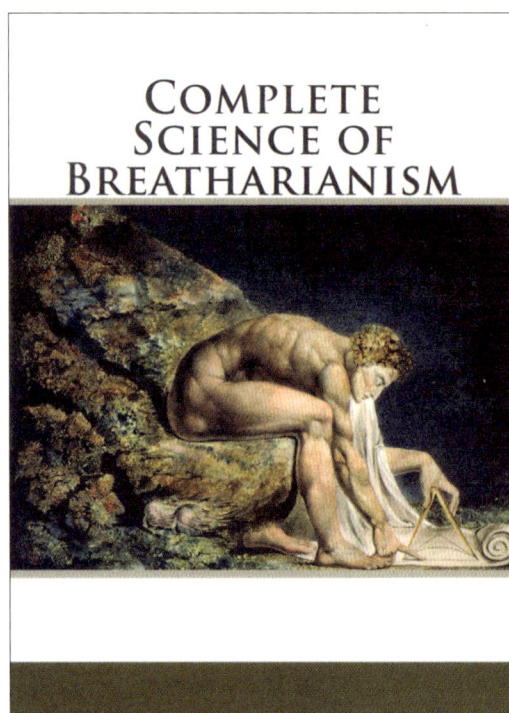



**根据呼吸主义的“科学”，人类利用太阳能，能够制造细胞新陈代谢所必需的化学物质，如同植物通过光合作用吸收能量一般。**

判处过失犯罪，进了监狱。人不吃东西活不下去，这一惊人的事实不仅被科学和常识所证实，最终也得到了法律的认可。并非巧合的是，在这件事过去不久之后的1873年，著名医生威廉·格尔爵士（Sir William Gull）首次将神经性厌食症诊断为一种病理现象。

不过当然，我们在这里讨论的是人类，这个物种最出名的特点是从不会总结经验、吸取教训，尤其是他人的经验。自古以来，彻底绝食就被当作获取宗教启示的一种手段，或者说是一条快速致幻的捷径，时至今日，则早已成为服务于各种奇怪信仰体系的辅助手段。其中最极端的一种表现，即上述呼吸主义。这一名称来自20世纪20年代早期德国天主教修女特蕾莎·诺伊曼（Therese Neumann）的一番话，她说："人仅仅凭靠神圣的呼吸就可以生活。"无论以什么标准来衡量这个说法都是不合理的，它将水和食物一道排除在外了。

特蕾莎修女一直活到1962年心脏病发作才去世，所以人们可能不会去追究她是否严格实践了自己的宣教。然而，根据伦敦《每日邮报》的一篇报道，截至2007年，全球估计有5 000名呼吸主义者和"光合主义者"，后者偶尔会啜取一点稀释过的果汁——严格来说这是出于排毒的要求，你懂的。

近期，最著名的呼吸主义者之一是一名澳大利亚财务顾问，名叫爱伦·格蕾芙（Ellen Greve）——或用她自己喜欢的名字，洁丝慕音（Jasmuheen）。她在全世界做主题演讲，受众广泛。令人尴尬的是，20世纪90年代后期，

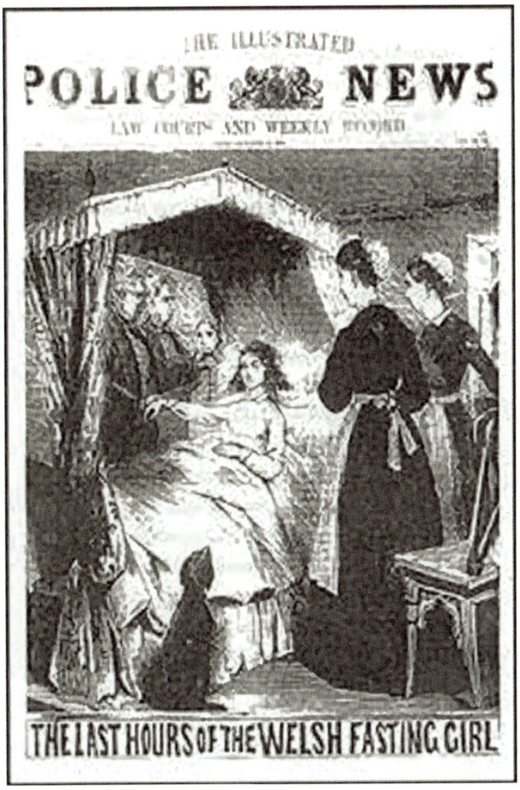

THE ILLUSTRATED
POLICE NEWS
LAW COURTS AND WEEKLY RECORD
THE LAST HOURS OF THE WELSH FASTING GIRL

**为了证实"绝食女孩"萨拉·雅各布的说法，1869年12月9日，她被隔离在伦敦盖伊医院的一间病房里。在8天的禁食之后，她于12月17日死去。不出意料，死因是饥饿。**

10. 译注：precursor，也译作前体，在代谢过程中位于某一化合物的一个或多个代谢步骤之前的化合物。

11. 译注：圣痕（stigmata），据信会出现在某些圣徒身上，与耶稣受钉刑后留下的伤痕相似。

一名记者发现她家的冰箱里塞满了食物（据她说是为被判欺诈罪的丈夫准备的）；于是，澳大利亚电视节目《60 分钟》（*60 Minutes*）向洁丝慕音发出挑战，让她证明自己可以不靠其他营养物质，仅仅依靠空气，生活一个礼拜。

两天之后，在医学监护下，洁丝慕音开始表现出生理应激反应。她把这归咎于附近高速路上被污染的空气，要求把测试地点改到远处的一处山腰上。然而她的身体状况持续恶化，直到电视台的人在四天后出于她的生命安全考虑中断了试验——尽管洁丝慕音宣称，中断试验是因为他们"害怕它会成功"。令人唏嘘的是，不久之后在苏格兰的一处湖岸边，发现了澳大利亚环保主义者维里蒂·林（Verity Linn）因饥饿而消瘦不堪的尸体。她的日记表明，她是洁丝慕音教诲的忠实拥趸。

呼吸主义者时常借助科学的外援，甚至还有一本《完全呼吸主义科学手册》（*Complete Science of Breatharianism*），满是"科学的"胡言乱语，旨在说明你能如何一步步——只要心态正确——仿效植物，仅靠太阳光照中的能量，生成对细胞新陈代谢至关重要的化学物质三磷酸腺苷。就我们这些俗人所知，我们只能从吃下去的食物中所含的前质[10]中，获取这种维持生命所必需的分子。难怪，美国呼吸主义者研究会（Breatharian Institute of America）创始人威利·布鲁克斯（Wiley Brooks）曾被发现带着热狗、健怡可乐和零食走出 7–11 便利店。

**对页：德国天主教修女特蕾莎·诺伊曼，自称仅靠每日一片圣餐饼和一小口水，生活了 39 年。注意她手上的圣痕[11]。**

# 霍普夫人

\ 23 /

让我们面对现实吧。查尔斯·达尔文（见第19章，“与亡者交流”）作为自然选择进化论之父，的确曾入读剑桥大学基督学院，懵懵懂懂地想成为一名牧师，但这并不代表他有强烈的宗教信仰，因为在1828年，教会（或是达尔文可能更为憎恶的军队）对于缺乏职业生涯规划的年轻绅士们来说，几乎是一个默认选择。更重要的是，达尔文漫无目的的游荡并未持续很久，很快他就带着学习地质学和自然史的强烈意愿离开了剑桥。

达尔文的家族是不信奉英国国教的基督教唯一神教派信徒，但达尔文就读于英国教会学校，接受的无疑是十分传统的维多利亚时代宗教观。当他在1831年乘坐单桅帆船踏上传奇般的环球旅程时，满脑子想的还是要在即将踏上的遥远土地上寻找“创世中心”（即基督）。

**对页：艾玛·达尔文和查尔斯·达尔文是嫡亲表兄妹，他们是威基伍德陶器公司创始人乔赛亚·威基伍德（Josiah Wedgwood）的后人。尽管达尔文家族和威基伍德家族都是不信奉英国国教的基督教唯一神教派信徒，但查尔斯·达尔文担心自己对创世说日益渐长的怀疑会冒犯到艾玛。艾玛对来世深信不疑，希望他们两人永生永世“属于彼此”。**

**达尔文夫妇英国故居“唐屋”（Down House）内的会客室。在《物种起源》出版后不久的一封短信中，达尔文陷入沉思：“怀着对神学观点的尊重……我承认我看不到……支持神创和神恩的证据……我倾向于把万事万物都视作源于神创律法，而其细节，无论好坏，则留给了我们称之为偶然的东西来规划……我至为深切地感到，这整个主题对人类的智力而言过于深奥。就像狗也可能会去揣测牛顿的想法。”**

然而，这位善于思考的观察家很快发现自己对《圣经》的信史地位产生了怀疑。待到环球旅程结束时，达尔文已经向艾玛（达尔文未来的妻子）求婚，但他自己在信仰上的犹疑不定似乎会威胁到这段迅速发展的关系。因为艾玛是一名虔诚的基督徒，不愿意嫁给任何一个无法与她共赴永生的人。

随着信仰热情的逐渐消退，达尔文的进化论思想日渐完备，而他对妻子的基督教信仰和情感一直满怀尊重，这让他很难在公开场合发表自己对生命世界的新观点。事实上，这方面的犹豫——同时这个异常腼腆的人也知道自己的进化论思想会在科学界和社会上引起怎样的骚动——通常被认为是阻碍达尔文早期发表《物种起源》的主要因素之一。这部伟大的著

# DARWIN AND CHRISTIANITY

BY LADY HOPE.

It was on one of those glorious autumn afternoons, that we sometimes enjoy in England, when I was asked to go in and sit with the well known professor, Charles Darwin. He was almost bedridden for some months before he died. I used to feel when I saw him that his fine presence would make a grand picture for our Royal Academy; but never did I think so more strongly than on this particular occasion.

He was sitting up in bed, wearing a soft embroidered dressing gown, of rather a rich purple shade.

Propped up by pillows, he was gazing out on a far-stretching scene of woods and cornfields, which glowed in the light of one of those marvelous sunsets which are the beauty of Kent and Surrey. His noble forehead and fine features seemed to be lit up with pleasure as I entered the room.

He waved his hand toward the window as he pointed out the scene beyond, while in the other hand he held an open Bible, which he was always studying.

"What are you reading now?" I asked, as I seated myself by his bedside.

"Hebrews!" he answered—"still Hebrews. 'The Royal Book,' I call it. Isn't it grand?"

Then, placing his finger on certain passages, he commented on them.

I made some allusion to the strong opinions expressed by many persons on the history of the Creation, its grandeur, and then their treatment of the earlier chapters of the Book of Genesis.

He seemed greatly distressed, his fingers twitched nervously, and a look of agony came over his face as he said:

"I was a young man with unformed ideas. I threw out queries, suggestions, wondering all the time over everything; and to my astonishment the ideas took like wildfire. People made a religion of them."

Then he paused, and after a few more sentences on "the holiness of God" and "the grandeur of this Book," looking at the Bible which he was holding tenderly all the time, he suddenly said:

"I have a summer house in the garden, which holds about thirty people. It is over there," pointing through the open window. "I want you very much to speak there. I know you read the Bible in the villages. To-morrow afternoon I should like the servants on the place, some tenants and a few of the neighbors to gather there. Will you speak to them?"

"What shall I speak about?" I asked.

"CHRIST JESUS!" he replied in a clear, emphatic voice, adding in a lower tone, "and his salvation. Is not that the best theme? And then I want you to sing some hymns with them. You lead on your small instrument, do you not?"

The wonderful look of brightness and animation on his face as he said this I shall never forget, for he added:

"If you take the meeting at three o'clock this window will be open, and you will know that I am joining in with the singing."

How I wished that I could have made a picture of the fine old man and his beautiful surroundings on that memorable day!

[At one of the morning prayer services at Northfield Lady Hope, a consecrated English woman, told the remarkable story printed here. It was afterward repeated from the platform by Dr. A. T. Robertson. At our request Lady Hope wrote the story out for THE WATCHMAN-EXAMINER. It will give to the world a new view of Charles Darwin. We should like the story to have the widest publicity. Our exchanges are welcome to the story provided credit is given to THE WATCHMAN-EXAMINER and marked copies are sent to us.—THE EDITOR.]

伊丽莎白·里德·科顿，也被称作霍普夫人，宣称自己在查尔斯·达尔文弥留之际到访唐屋。根据后来几经润色的版本，达尔文当时忏悔道："我多么希望自己没有发表过进化论。"霍普夫人最初的故事版本，刊登在1915年8月15日的《守望者与审查者》（*Watchman–Examiner*）上，这是一份美国浸信会办的报纸。图为复制品。

作最后直到 1859 年才问世（达尔文已经 50 岁了），并且是在后辈阿尔弗雷德 · 拉塞尔 · 华莱士（见第 19 章，“与亡者交流”）提出了十分相近的看法之后。

尽管如此，达尔文的日记和信件清楚地表明，在 19 世纪中期，他不断地对传统基督教丧失信念——即便他与大西洋两岸的牧师广泛合作，并一直陪妻子参加当地国教教会的活动。在 1876 年达尔文 67 岁时出版的自传中，他讲得很清楚。达尔文写道，他“很不想放弃自己的信仰”。然而到最后，“怀疑慢慢占据了我……（信仰）最终被放弃了”。

来看看霍普夫人。她出生于澳大利亚一个虔诚的英国人家庭，原名叫伊丽莎白 · 里德 · 科顿（Elizabeth Reid Cotton）。她是英国禁酒运动中的基督教福音派运动领袖，因此声名远播。1877 年，35 岁的伊丽莎白嫁给了海军上将詹姆斯 · 霍普爵士（Sir James Hope），成了霍普夫人。四年后，上将去世了，伊丽莎白继续在伦敦从事宗教和社会活动。她写小说，出了几本畅销书。有一段时间，她住在离达尔文家不远的地方，从肯特郡达尔文的唐屋出来，走到萨塞克斯郡这边就到了。

达尔文在久病之后于 1882 年去世，而霍普夫人追随美国福音传道者德怀特 · L. 穆迪（Dwight L. Moody），继续着自己的善行。在被当时臭名昭著的骗子杰拉德 · 弗莱（Gerald Fry）骗光了遗产之后，霍普夫人在 1913 年来到了美国。在这里，据波士顿的《守望者与审查者》报道，霍普夫人在 1915 年的一次福音派集会上语出惊人。她宣称，自己在年迈的达尔文临终前不久，曾经去唐屋登门拜访过。

无疑，当霍普夫人造访唐屋的时候，那位宽厚长者正卧病在床，诵读着《圣经》。在热情欢迎了来访者之后，达尔文对方才阅读的“伟大的”《圣经》使徒书信和《希伯来书》中的段落发表了看法，紧接着为自己的科学理论道歉。“我当时年纪轻轻，想法简单，”达尔文说，“我实在没想到，这些想法像野火一般蔓延开来，人们把它当作新的宗教。”在聊到“神的神圣”和《圣经》的“伟大”时，达尔文邀请霍普夫人给他的房客、仆人和邻居讲述一番基督及其救世的道理。

达尔文一家子都震惊了。据说，达尔文的儿子弗朗西斯（Francis）讲：“霍普夫人有关我父亲宗教观点的说法十分缺乏可信度……如果父亲公开地全情投身于基督教，家里人不可能不知道，但并没有这方面转变的征兆。”达尔文的女儿亨丽埃塔（Henrietta）评论道：“整件事都是无稽之谈。”亨丽埃塔的哥哥伦纳德（Leonard）认为这次会面“完全是编出来的”。而达尔文和霍普夫人共同的朋友，社会活动家 J.W.C. 费根（J.W.C.Fegan）也发表了自己对此事的看法，他认为“霍普夫人描绘的这次访问……从未发生过”。

但这些都无关紧要。对许多人来说，霍普夫人关于达尔文临终皈依的故事实在美妙到令人无法抗拒。霍普夫人在 1920 年一封写给同事的信（于 1940 年出版）中又对故事进行了润色。自此以后，这个故事在创世论者那里就被奉为圭臬，他们把这位伟人最终回归正统视为自身信仰的明证。紧接着便冒出来一大堆文章，称颂达尔文的信仰转向，以及他对福音书的虔诚。

作为回应，进化论生物学家不仅指出霍普夫人的故事本身缺乏真实性，同时也强调他们对进化论的信念是基于支持达尔文进化论思想的压倒性证据，而非基于张三李四自称的达尔文晚年的宗教看法。尽管如此，达尔文临终否认进化论思想的说法仍将以讹传讹地流传下去。

有意思的是，尽管我们可以想见，大多数创世论者会热烈拥抱霍普夫人的故事，但实际上有几个创世论网站拒绝接受霍普夫人的达尔文“临终皈依”故事。显然，这些网站的作者更愿意细品达尔文堕入地狱永世不得翻身的想法，而不是因其改变心意来为自己的信仰充值。

# 郇山隐修会

\ 24 /

如果你在夏季去到巴黎或是欧洲其他许多地方，你会发现到处都是手里攥着《达·芬奇密码》（丹·布朗2003年的全球畅销小说）的游客，书页已经翻旧卷边，就像另一些人手里的旅游指南一样。这些天真善良的人在找寻小说中重要场景的发生地点，满怀小说提到的历史事件真实不虚的幻觉。然而，平凡世界的真理往往是……怎么说呢……十分单调的。

《达·芬奇密码》曲折离奇的情节围绕着这样一个想法，即耶稣死前并非如《圣经》里所说的那样是单身，而是已经娶了自己的追随者抹大拉的玛丽亚（Mary Magdalene）为妻。在耶稣被钉死在十字架上之后，怀着身孕的玛丽亚逃往法兰西，生下了他们的孩子萨拉。萨拉的后裔后来创建了墨洛温王朝，在5世纪到8世纪统治着法兰克人的领土。墨洛温的

12. 译注：Coptic，埃及的主要民族，信仰科普特正教。

**2012年，有人宣称发现了一张纸莎草碎片，上面书写着科普特[12]文字，部分内容是，“耶稣对他们说，我的妻子”。这份材料成了一时热议的焦点，直至2016年哈佛神学院宣布它是伪造的赝品。**

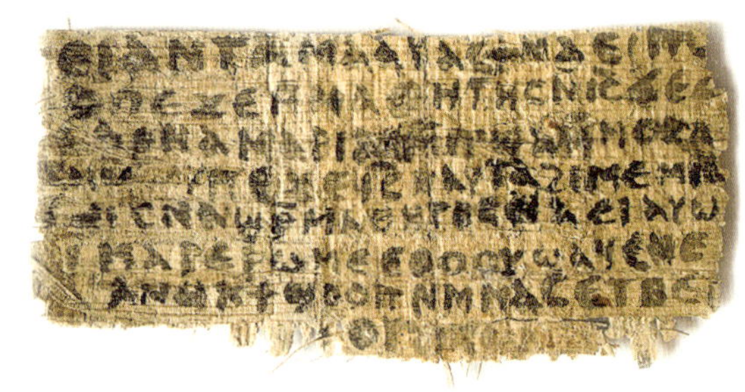

血统延续至今，由一个名为郇山隐修会的神秘宗教派别守护着。

根据小说情节的发展，圣殿骑士是郇山隐修会的武装组织，而隐修会历年来的领导者包括列奥纳多·达·芬奇、艾萨克·牛顿爵士、维克多·雨果和让·考克多等名人。两千多年来的大部分时间里，梵蒂冈都在竭力压制这一切，因为隐修会的秘密存在危及了它的核心主张，即宣称自己自圣彼得一脉相承的使徒正统。

如果不去仔细推敲，这可是个了不得的故事。不过可惜的是，故事的源头并不在两千年前，甚至也不在两百年前。它是从一大堆似是而非的说法里拼凑起来的，最远也就追溯到 1886 年。

那一年，法国南部雷恩堡（Rennes–le–Château）的牧师开始着手重建自己破败的教堂和居所，用的是从"贩卖弥撒"[13]——收钱为亡魂做弥撒——中获取的非法所得，而大部分弥撒他都没有真正做过。

13. 译注：20 世纪初，贩卖弥撒（mass trafficking）在牧师中盛行，但原则上是非法的。牧师从信徒那里收取费用做弥撒。但通常在收到钱之后，牧师并不会真的做弥撒。最著名的实例之一，即此处提到的雷恩堡牧师索尼埃（Saunière）。

据说，在重建教堂的过程中，牧师发现了能证明耶稣结婚并有后代的古代文献。当地传闻说，这件事还涉及一大笔财富——整修资金表面上的来源。即便如此，在当时没有人见过那些文献。这个传说后来经一个名叫诺埃尔·科尔比（Noël Corbu）的人润色和扩散。他在 20 世纪 50 年代初把牧师宅邸变成一家酒店，并急于推广自己的生意。

从 20 世纪 30 年代开始，一直到第二次世界大战结束，一位名叫皮埃尔·阿萨纳·玛丽·普拉塔德（Pierre Athanase Marie Plantard）的法国君主主义者成立了一系列边缘右翼激进分子团体，没一个造成什么影响。这些小团体渐渐销声匿迹，直到 1956 年，普拉塔德创立了郇山隐修会。这是一个以当地著名山丘命名的兄弟会组织。它的政治目标是为当地民众争取低成本住房，但在意识形态上，它追求的是中世纪的骑士精神。显然，这是一场灾难。在一次不期而至的小波折之后，普拉塔德因猥亵儿童锒铛入狱。

到了 20 世纪 60 年代，重获自由的普拉塔德以通灵为生。这时他遇到了科尔比，了解了雷恩堡的事情。到了 1964 年，普拉塔德已经跃跃欲试，想要从这个故事里捞点儿好处。他为郇山隐修会编造了一段上溯至"十字

OPVS.DOMINICI
TINTORETTI

军东征”的古老历史，让其重获新生。

据普拉塔德所言，他自己是众多大师中最晚近的一位。他征引了一份熠熠生辉的前辈名单（包括达·芬奇和牛顿），上面的人名其实是他从蔷薇十字会（Rosicrucian）的一份名单上抄来的。在新的故事里，郇山隐修会的建立是专为了保护墨洛温王朝的血脉（如雷恩堡文献所揭示出来的）不受其征服者卡洛林王朝迫害。

为了证实郇山隐修会的古老历史，普拉塔德和他的助手——艺术家菲利普·德·谢瑞希（Philippe de Chérisey）——在羊皮纸上伪造了一系列所谓的历史文献（《秘密档案》[*the Dossiers Secrets*]），随后设法令其收入巴黎的法国国家图书馆藏书中。他们的同谋杰拉德·德·塞德（Gérard de Sède）原先是养猪户，后来改行写幻想小说。他根据图书馆现藏的历史文献“研究”了几经润色的“雷恩堡／郇山隐修会”故事，写进自己的小说《雷恩堡往事》（*L'Or de Rennes*）中，于1967年出版。

塞德重述的故事明显和墨洛温王朝没什么关联。这个细节后来被一位名叫亨利·林肯（Henry Lincoln）的英国演员发现，他在查阅了国家图书馆档案（他对《秘密档案》一书深信不疑）之后制作了一系列有关这一主题的BBC电视节目。随后，林肯和迈克尔·贝金特（Michael Baigent）以及理查德·利（Richard Leigh）一起在此基础上合著了1982年的畅销书《圣血与圣杯》（*The Holy Blood and the Holy Grail*）。这本书把整个虚构故事照单全收，认定为历史事实，并且十分唐突地下结论说，传说中的圣杯同时象征着抹大拉的玛丽亚的子宫，以及源自她的神圣血脉。

不出所料，专业评论对《圣血与圣杯》没讲什么好话，历史学家嗤之为伪历史，只有盲目轻信的人才会买来看。同时，这本书也冒犯了天主

**对页：根据郇山隐修会的文献记载，抹大拉的玛丽亚嫁给了耶稣。在耶稣受难之后，玛丽亚逃到了法兰西的马赛。她当时怀着他们的女儿萨拉，而萨拉的后裔创建了法兰西的墨洛温王朝。**

教，在菲律宾遭到禁止。另外有一些人同样排斥这本书，因为它宣称《锡安长老协议》（*The Protocols of the Elders of Zion*）——1903 年一本谎话连篇的俄语反犹主义小册子，描绘了所谓犹太人统治世界的阴谋——实际上也是建立在相似的共济会基础上。

尽管丹 · 布朗否认《圣血与圣杯》是《达 · 芬奇密码》的灵感来源，两本书之间的相似性还是让贝金特和利两人起诉他抄袭。原告指出，布朗书里的一个人物名叫利，而书中另一个不常见的名字提彬（Teabing），则是贝金特（Baigent）的变位词。然而两人还是败诉了。因为作为“历史”，他们书中的发现可以任由别人随意发挥。即便如此，《圣血与圣杯》的销量猛增，这大概本来就是计划的一部分。

与此同时，普拉塔德于 2000 年在穷困潦倒中死去。他知道自己最终没能从中捞到好处的郇山隐修会闹得满城风雨，但幸亏他不知道，一本基于他的胡说八道的书即将售出 8 000 万册。而郇山隐修会本身，在其短暂的历史中，也从没吹嘘过自己拥有超过十位数的成员。

**达戈贝尔特一世（Dagobert I），墨洛温王朝最后几位统治者之一。据说几个世纪以来，郇山隐修会都守护着耶稣的这一支血脉。**

# 政治谎言

25

1898 年 2 月 15 日，全副武装的美国巡洋舰缅因号被派往古巴，受命在古巴反抗西班牙帝国殖民的冲突中保全本国利益。在哈瓦那港，这艘巡洋舰不明原因地爆毁沉没。253 人丧生，占到全体船员的 3/4。2 月 17 日，

**1898 年 2 月 15 日上午，哈瓦那港，只能看见部分缅因号巡洋舰庞大而扭曲的上层结构露出水面。在这艘巡洋舰沉没之后，美国与西班牙短暂交锋，美方在战争中阵亡 400 人，而因为伤寒、黄热病和疟疾死去的美国人数量远远大于战争本身，约有 4 000 人。**

**1964 年 8 月，在东京湾巡航的马多克斯号驱逐舰据报被三艘越南鱼雷艇击中后起火。这张夜间摄影照片呈现了远处的景观。两天后又发生了第二起事件。这次所谓的袭击成为“东京湾决议”的基础，该决议授权美军加强对越南的军事介入。2005 年美国国家安全局的一项研究得出结论，认为这次袭击可能根本没有发生过。事发多年之后，约翰逊总统评论道：“据我所知，我们的海军当时正在那里射击鲸鱼。”**

威廉·伦道夫·赫斯特（William Randolph Hearst）的《纽约新闻报》（*New York Journal*）极力影射该船是被西班牙鱼雷击沉的。此举间接引发了美西战争。

从来没有人证明过西班牙跟缅因号巡洋舰事故有关。然而，当前方摄影师告知赫斯特古巴没什么事发生时，作为一名出版商，赫斯特感到非常失望，他给摄影师拍了一封电报：“务必逗留。你提供照片，我来提供战争。”赫斯特知道大众想要什么，他就提供什么——他们会照单全收——而不论其真假。

政客显然也不比出版商好到哪儿去。1964 年 8 月 4 日，美军驱逐舰马多克斯号显然是在东京湾巡航时与越南民主共和国海军舰艇发生了小规模冲突。两天后，美国国家安全局报告了第二起类似事件，林登·贝恩斯·约翰逊政府宣布这是不可容忍的侵略行径。这成了“东京湾决议”的基础，

**由于采信了一份号称萨达姆·侯赛因从尼日尔共和国取得铀精矿的伪造文件，美国国务卿科林·鲍威尔（Colin Powell）在其2003年2月5日的联合国发言中宣称，伊拉克构成了迫在眉睫的核威胁。**

该决议为约翰逊政府发起对越南民主共和国的公开战争开了绿灯，并使美国陷入一场代价高昂、伤痕累累、道德存疑且最终无法取胜的战争中长达数十年之久。唯一的问题是，现在各方一致认为，第二起事件从未发生过。

2003年3月，从18个月前的“9·11”世贸中心悲剧中缓过来之后，美国（及其跟班国家组成的草台班子联盟）入侵了萨达姆·侯赛因掌权的伊拉克，借口其正在开发的“大规模杀伤性武器”对美国本土安全构成了直接威胁。联合国没来得及完成对该项声明的调查，也没有发现“大规模杀伤性武器”的存在，甚至世俗独裁者萨达姆·侯赛因和宗教狂热分子乌萨马·本·拉登两人同谋的可能性，也并不比世界上任意其他两个人同谋的可能性更大。显然，乔治·W.布什政府只是一心想要找个替罪羊来痛扁，不论其后果如何。而事实上，相当一部分美国民众也抱有相同的想法，如果民选代表的行为可以作为判断依据的话——参议院以77票对23票的压倒性优势，通过了授权采取军事行动的决议。

上述三项重大的政治军事行动都是基于弥天大谎，或者说至少是基于假象，通过冷静分析，轻易就可以排除。然而基于这些谎言的行动导致了史诗级的自毁行为。历史给予我们的明确教训是“三思而后行”，多多益善。那么为何我们当时会相信这样的事情，而现在还要继续相信下去呢？显然，经验并没有教会我们要尽可能仔细地推敲政治家告诉我们的事情。

乍看之下，这似乎有点说不过去。但仔细想想，或许又没有那么奇怪。就我们所知——有必要指出，这点并不是很确定，因为例如很难清楚知道海豚的复杂大脑中到底发生了什么——人类和其他有机生命体在认知上极为不同，我们生活在自己头脑中重构的世界里。而即便是像黑猩猩这样具备高度智力的近亲，也不过生活在自然所呈现给它们的世界里。黑猩猩或许会以非常复杂的方式来应对世界上发生的事情，但它们不会在心智上超越或者改变这个世界。它们想不到这个世界会是另一副样子。

而另一方面，我们人类可以做到这一点。我们通常会在心智层面把自己的经验解构为一组基本元素，然后以新的方式重组这些元素，以此来重构我们的周遭世界——或是想象一个我们愿意生活在其中的美好世界。我们会把自己的经历说成故事，讲给自己或是别人听。这些故事的可信度往往更多地取决于我们说故事的技巧，而不是当时的实际情况。

现在，你可以把自己放在技巧娴熟的故事讲述者的位置上，这也是每一个政治家所处的位置。或许你抱着最纯粹的动机和最崇高的理想，但要将它们付诸实际，你首先必须当选，而这显然包括对你的选民（以及潜在的盟友）说他们想听的话。这些话很可能不是毫无保留的真相；同样，即便你怀着卑劣的动机，一心只想巧取豪夺，这番道理也适用。

这里的基本问题是，真相往往令人难以接受。对人类来说，认知系统给了他更多的选择，可以忽视扰人的真相——或是寻求对事实的另一种解释，这比直面现实更可取，至少在短期内是这样。

更重要的是，有研究表明，一旦你说服自己相信了某件事，你对它的信念实际上会被相反的证据所强化。而如果你一遍又一遍听到这些证据，就更是这样了。似乎我们下意识里认为，谎言不会持久。所以如果一句话显出持久力，我们就会开始认为它是真理。

这就给每一个民主国家的成员带来了巨大的责任。因为尽管我们出于本能，想要用简单的方式看待这个世界，但没有什么可以脱离外部环境存在，而外部环境往往是复杂微妙的，与政治里的口号宣传、刻意简化和彻头彻尾的谎言截然不同。政治信息的信噪比（signal-to-noise ratio）总是非常低，因为候选人和他们的政治顾问都非常清楚，人性远非完全理性。所以给选民的最佳建议便和通常给任何商品消费者的建议相同：购者自慎（caveat emptor），买主自己要多个心眼儿。

# 德雷福斯事件

26

作为9世纪初查理曼帝国分崩离析后的残余，阿尔萨斯地区在法国一直以来都像个异类，它的方言也带有德语口音。事实上，自从1871年普法战争结束之后，直到第一次世界大战，阿尔萨斯省一直处于德国的实际掌控之下。于是乎，在当时反犹主义暗流涌动的法国，阿尔弗雷德·德雷福斯（Alfred Dreyfus）作为一名来自阿尔萨斯地区的犹太军官，在法国军队中服役，已然面临着双重打击。

第三重打击发生在1894年，当时一名巴黎清洁女工在德国大使馆的废纸篓里发现了一份

**对阿尔弗雷德·德雷福斯的羞辱，1895年1月5日，巴黎军事学校大院。阵阵鼓声中，德雷福斯的徽章被从外套上扯下，佩剑被一折为二。这幅插图来自《小日报》（*Le Petit Journal*）头版，标题为“叛徒”。**

手写文件的碎片，并将其上交给了陆军情报局。这份文件——一份备忘录（bordereau）——是一名法国军官写下的，他提出要把法国的军事机密卖给德国人。德国当时正与意大利和奥地利结盟，往好里说，也不过是勉强与法国维系着和平局面。

这份备忘录的内容暗示了，它的匿名作者既是一名炮兵军官，同时也是总参谋部的成员之一。这便将潜在作者的范围缩小到了包括德雷福斯在内的一小撮人身上。而仅仅因为他的犹太背景，人们便即刻怀疑到了德雷福斯头上。备忘录上的笔迹，以及设法从德雷福斯那里骗得的另一份笔记，被送到笔迹鉴定专家手中进行比对。尽管专家发现两份文件的笔迹并不相同，他还是出人意料地宣布，笔迹不同是由于“自我伪造”。专家宣称，备忘录上的笔迹表现出德雷福斯试图刻意掩盖自己的真实笔迹。

此时，德雷福斯已经被捕，军事法庭顺势跟进。补充的一份所谓控罪证据，是意大利武官写给他在德国大使馆的同僚（兼情人，备忘录也是在他的废纸篓里发现的）的一封不可告人的信件（出于“国家安全”的考虑，没有向德雷福斯的律师出示），其中提到了“这个卑鄙的D”曾“提供了尼斯地区的计划”。这里的“D”可能指的是另一个情人。然而，基于如此薄弱的证据，备受尊敬的阿尔弗雷德·德雷福斯在非公开审判中被判叛国罪。

庭审结束后，德雷福斯在巴黎军事学校（École Militaire in Paris）的大院里受到了公开羞辱。在“犹太人！”和“犹大！”的叫喊声中，他的勋章被扯下，他的礼剑被折断，他本人则被发配到荒僻骇人的流放地，也就是人们所熟知的法属圭亚那海岸外的恶魔岛（Devil’s Island）。

自始至终，德雷福斯都坚称自己是清白的。但在新闻媒体，尤其是公然反犹的报纸编辑埃杜阿尔·德吕蒙（Édouard Drumont）的鼓动下，公众的反应却是歇斯底里的。德雷福斯成了整个法国最受人鄙视的人，成

**对页：寄给德国武官的信件的翻拍照，未署名且未注明日期，信中提出出售法国军事机密给德国。**

Sans nouvelles m'indiquant que vous
désirez me voir, je vous adresse cependant
Monsieur quelques renseignements intéressants:

1° une note sur le frein hydraulique
du 120 et la manière dont s'est conduite
cette pièce;

2° une note sur les troupes de couverture.
(quelques modifications seront apportées par
le nouveau plan.);

3° une note sur une modification aux
formations de l'artillerie;

4° une note relative à Madagascar.

5° le projet de manuel de tir de
l'artillerie de campagne (14 mars 1894.)

Ce dernier document est extrêmement
difficile à se procurer et je ne puis
l'avoir à ma disposition que très peu
de jours. Le ministère de la guerre

一幅 1898 年的漫画，描绘了小说家爱弥尔·左拉控诉法国军队让阿尔弗雷德·德雷福斯当替罪羊，此事备受关注。

了愈发缺乏安全、友善与信任的环境中的犹太象征。

一年后的 1896 年 3 月，另一封写给德国大使馆的信件被法国当局截获。这封信的笔迹出自备忘录的作者，这次的署名是：费迪南德·沃尔辛·埃斯特哈西少校（Major Ferdinand Walsin Esterhazy）。他是一个负债累累的匈牙利皇室后裔，对自己服役的法国军队深感不满。

新上任的情报局长（也是阿尔萨斯人）将这份有关备忘录作者身份的新证据提请陆军参谋长注意。一开始他被晾在了一边，稍后他被调往突尼斯参战，最后他遭到了囚禁。德雷福斯事件是令人尴尬的，最好是隐而不发，让事件受害者在远方腐烂。因此，就在针对德雷福斯的原本就不足信的证据进一步动摇之际，总参谋部的某个部门出于上述掩人耳目的目的，便开始伪造更多控罪文件。其中包括一封据称是由那位意大利人写给德国大使馆的信，指名道姓地声称德雷福斯是出卖军事机密的人。

1897 年末，发生了一系列令人匪夷所思的事件。首先，埃斯特哈西从军队退役。随后备忘录笔迹被公开是他的，而他对法国的不满紧接着也被他同样不满的女仆所证实。1898 年初，在军事法庭无视这些证据宣判埃斯特哈西无罪后，小说家爱弥尔·左拉发表了他著名的致法国总统的公开信《我控诉！》，宣称德雷福斯是清白的，而真相是“骇人的”。

左拉的欺诈指控不止于总参谋部，还包括受雇为其背书的三名笔迹专家。很快，左拉因诽谤罪受到审判。在引起哗然的庭审之后，他被判有罪。上诉后，他再一次被判有罪。左拉逃亡英国，与此同时，政府下令出售其财产用于支付其罚款，并撤销了授予他的荣誉勋章（légion d' honneur）。

第二年，即1899年，同样是多事之秋。早些时候，时任法国总统去世，取代他的是更同情德雷福斯的人。年中时，埃斯特哈西向新闻媒体承认自己写了那份备忘录——然而，他声称，自己是受上级之命写的。很多年后，他在流放中死去。

在埃斯特哈西招认之后，德雷福斯被从恶魔岛召回重新接受审判——令人难以置信的是，尽管“情有可原”（extenuating circumstances），他又一次被判有罪！随之而来的是群情激愤，10天之内案件正式结案：新任总统特赦了德雷福斯，而立法者特赦了所有参与迫害德雷福斯的人。

德雷福斯本人继续为自证清白而奔走，终于在1906年达成了夙愿，一家民事法庭正式认定他无罪。那一年的晚些时候，他在12年前被剥夺军衔和荣誉的院子里，得到了自己的荣誉勋章。当充满讽刺意味的“德雷福斯万岁！”的喊声传来时，他回应道：“不！……法国万岁！”

这场争论使法国陷入了严重的分裂。对德雷福斯的反对者来说，质疑有罪判决就是质疑军队的荣誉，进而就是质疑国家本身：这种态度成了后来很多历史事件的先兆，清白的被告人“为了党的利益”被迫认罪。而对德雷福斯的支持者来说，这次事件暴露出了法国司法体系乃至其民主体系的深层缺陷。尽管如此，现在的法国仍旧不愿承认这些缺陷：就在1994年，法国陆军历史部门的负责人仍然声称，阿尔弗雷德·德雷福斯的清白仅仅是“历史学家普遍承认的一个论题”。

因此，德雷福斯事件有着充分的理由被人们铭记。它也是后来发展成大屠杀的反犹主义罪恶的一次客观教训，正如路易斯·贝格利（Louis Begley）在其《为何德雷福斯事件如此重要》（*Why the Dreyfus*

*Affair Matters*）一书中指出的，德雷福斯事件向我们生动展示了当一个国家陷入无理性的恐慌时会发生什么，正如当时的法国，处在两次对德战争之间的紧张时期所表现出来的那样。

令人警醒的是，法国对针对德雷福斯的虚假指控的疯狂反应，在我们自己的时代也不乏其事。贝格利明确指出，那些被关押在关塔那摩监狱里的从未接受过审判的人，与德雷福斯的情况极其相似。不过显而易见的是，有时仅有正当程序本身，也是远远不够的。阿尔弗雷德·德雷福斯当时拥有世上所有的正当程序，但他仍然受到欺压，成了一场可怕的司法失败的受害者。

# 骗子被骗

27

14. 译注：即庞氏骗局，利用新投资人的钱向老投资人支付利息和短期回报，以制造赚钱的假象，从而骗取更多投资。俗语“拆东墙补西墙”“空手套白狼”很准确地描绘了庞氏骗局的本质。

这门骗术或许被冠以夺人眼球的查尔斯·庞兹（Charles Ponzi）之名[14]；查尔斯·狄更斯或许在《马丁·翟述伟》（*Martin Chuzzlewit*）和《小杜丽》（*Little Dorrit*）等小说中描绘了这门骗术的原则；而纯粹从规模上看，声名狼藉的伯尼·麦道夫（Bernie Madoff）或许拔得了头筹；但实际上，通过吸收新存款抵偿老客户的这种欺骗投资者的现代手段，源自一位名不见经传的茶叶公司簿记员威廉·米勒（William Miller）。

1899 年 3 月，米勒 21 岁，穷困潦倒，在纽约布鲁克林的一所教堂里担任圣经班校长。作为当时几乎没有监管的股票市场上一名不成功的投资者，米勒依旧说服了三名圣经班学生，投资于他正在创建的一个基金，并向他们承诺每周 10% 的丰厚回报（每年有 520% 的回报，因此他

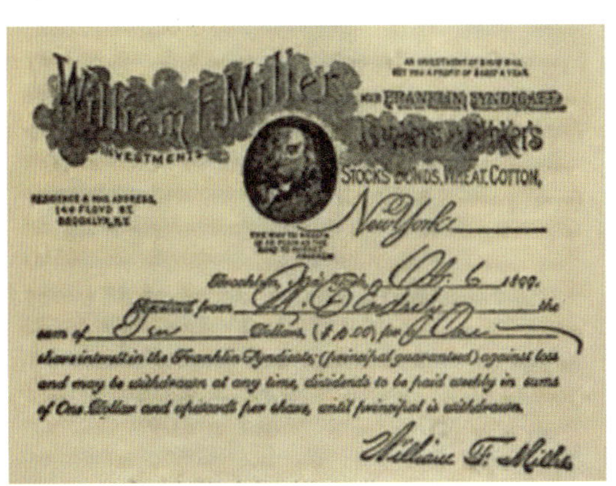


**当不老实的律师建议“520% 先生”索回他发放给顾客的、可被用于定罪的富兰克林财团收据时，米勒提出将其置换成同样一文不值的富兰克林财团股权证书。**

# SYNDICATE MILLER GUILTY

## Jury Convicts Him of the Crime of Grand Larceny.

## TO BE SENTENCED NEXT WEEK

### The "Sapho" Case Cited as a Precedent for Acquittal by Counsel for the Defense.

The jury in the case of William F. Miller, the "manager" of the "Franklin Syndicate; returns to investors 520 per cent. a week," rendered a verdict at 8:30 o'clock last evening that Miller was guilty of the crime of grand larceny, with which he was charged. The jury had been out about five hours, including the dinner hour.

The defendant's lawyers had the jury polled, and spoke bravely to reporters about what their next steps will be, but the hard fact remains that "Syndicate" Miller is convicted of stealing the sum of $1,000 from Mrs. Moeser, an investor in the concern that misused the name of a great American, and that the convict will be sentenced by Judge Hurd a week from next Friday.

Miller did not even have the consolation of being a kind of "popular hero" on the last day of his trial. Judging from the interest that was shown in his fate in and around the Brooklyn Court House, he might have been on trial for stealing a mutton.

Ex-District Attorney James W. Ridgway, counsel for Miller, made the announcement that no witnesses would be called for the defense. He made this announcement with the air and the words of a man who felt that there was really nothing to defend. He took the position that the case against Miller was so flimsy that the defense did not feel justified in calling witnesses to take up time.

"On what count of the indictment do you proceed?" queried Mr. Ridgway of District Attorney Clarke.

"On the second count—the common law count," replied the District Attorney.

Mr. Ridgway strove to bring the attention of the jury to the point that grand larceny and not the Franklin Syndicate was the stated cause of complaint.

很快博得了“520% 先生”的美名）。

米勒最初招募投资者的方式显示出他对“熟人诈骗”的先天禀赋。他的受害者信任他的教会领导者和教师身份，愿意把自己的钱交给这么一个自己人。这很像最近南方浸信会信众信任骗子艾伦·斯坦福（Allen Stanford）[15]和埃弗伦·泰勒（Ephren Taylor）[16]，以及佛罗里达、纽约和以色列的社会精英信任骗子伯尼·麦道夫（Bernie Madoff）[17]。麦道夫最终骗取了 650 亿美元，其中只有 110 亿美元被追回。

事实上，几乎任何一个你能想到的社群都会吸引到它自己的骗子。尽管出于权威和信任的明显理由，宗教团体似乎特别招骗子青睐。此外，正如《经济学人》杂志最近指出的：“对主流金融的不信任有助于骗子。他们会说，华尔街上的大人物已经表明了他们不值得信任，最好和你认识的人一起投资。”

在米勒的案件中，骗局像野火般迅速蔓延，很快就扩张到了原本的宗教领域之外，警察、消防员、纽约城及更远地方的小商人纷至沓来。米勒与一位名叫爱德华·施莱辛格（Edward Schlessinger）的合伙人一起迅速成立了富兰克林财团（Franklin Syndicate），投资者从财团处获取的收据上印有与国父同名且长相类似的肖像，这也进一步增强了投资者的信心。

米勒在全国各地的报纸上刊登广告来为自己造势，他宣称自己打算“把富兰克林财团打造成华尔街规模最大、实力最强的公司，这也将允许我们有能力去操纵股票，按我们的意愿涨跌……我们同时保证您不会受到损失……因为我们完全依赖内部信息”。

在今天，这样的声明就等于自己跑到司法部部长面前领罪。但在那个强盗大亨（robber-baron）的时代，华尔街上无奇不有。据说，米勒办公室所在的“弗洛伊德街的门廊上人潮汹涌”，房子“都快被急着拿钱

15. 译注：2009 年，斯坦福被控操纵了涉及 140 个国家、70 亿美元的庞氏骗局，2012 年 3 月，休斯顿联邦法院判处其监禁 110 年。

16. 译注：2015 年，美国证券交易委员会（SEC）指控俄亥俄州个人退休账户管理人埃弗伦·泰勒通过其在股权信托公司开设的账户，欺诈了 100 多名投资者，涉案金额高达 500 万美元。

17. 译注：2008 年 12 月，华尔街传奇人物、纳斯达克股票市场公司前董事会主席伯纳德·麦道夫因涉嫌证券欺诈遭逮捕，成为华尔街历史上“最大诈骗案嫌疑人”。

**对页：1900 年，富兰克林财团的垮台以及威廉·米勒的被捕定罪，成了《纽约时报》的头版报道。**

去投资的人挤破了”。

只有一个问题，就是米勒要把他从新投资者那里得到的钱，支付给老的投资者作为每周 10% 的收益。没有一分钱被用于合法的投资。奇怪的是，很长一段时间以来，米勒本人似乎并不太在意这项计划最终会走向何方。不过施莱辛格更明智一点：他要求每天只接收 1/3 的收据兑现，并且最后撇下一大笔进项逃往了欧洲。

1899 年 10 月，尽管仍有新的投资者蜂拥而至，米勒的活动还是引起了不受欢迎的媒体和机构的注意。米勒雇了一名法务合伙人，名叫科洛内尔 · 罗伯特 · 阿蒙（Colonel Robert Ammon）的卑鄙小人。阿蒙设计了一种有用的方法，即用新公司的股权证书作为替代品，索回米勒之前发出去的收据。这一置换手段吸引了更多人前来投资，因为它除了 520% 的利息之外，还承诺了更为丰厚的资金回报。不过阿蒙同时也在打着自己的小算盘。

随着债务的增加，现金流收紧了。当局和媒体也愈发靠拢过来。11 月下旬，米勒向阿蒙征求意见。阿蒙指出，米勒对债权人负有直接责任，但作为他的律师，阿蒙自己受到特权保护。于是从逻辑上讲，为了保全非法所得，避免法律上的纠纷，米勒应该把赃款转移给阿蒙，自己潜逃去加拿大。

两人当下就提着现金满满的手提箱赶到阿蒙的银行，另外的钱则转账到阿蒙的银行账户上。这就基本上把米勒骗来的所有钱都扫荡一空了。据报道，这笔钱约有 100 万。

就在第二天，米勒得到消息说他受到了起诉。阿蒙将其偷带到蒙特利尔，但警察很快就在那里找到了他。米勒回到布鲁克林接受审判时，对阿蒙参与骗局的事缄口不提，以换取阿蒙的承诺，每周付给米勒妻女 5 美元抚养费。1900 年 5 月，米勒被判犯下严重盗窃罪，并被判处在兴格监狱（Sing Sing prison）服刑 10 年。

即便拥有了米勒所有的现金，阿蒙后来还是不愿意付钱给米勒的妻女。于是，等到州检察官指控阿蒙从财团窃取 30500 美元时，米勒迫不及

**1920 年，查尔斯·庞兹在其波士顿办公室内工作。米勒在出狱后 15 年被一名记者认出并接受采访时说：“我大概真的很笨，但我实在不明白庞兹怎么能在这么短的时间里，从外汇交易中赚到那么多钱。”**

待地想要出庭作证。阿蒙被判有罪并服刑 4 年，此后或许过上了安逸的退休生活。而米勒在刑满释放后备受肺结核病的煎熬，随后行踪不定。有一个说法是他开了一家杂货铺，另一个说法是他回到了原先的茶叶公司。

这第一个庞氏骗局带给人的教训是，类似骗局都无法长久持续下去，而报应迟早都会来临。事实上，随着经验的积累，值得注意的是骗子往往并不急于开溜，因为有那么多人陷入他们的塞壬之歌[18]。

然而很显然，人性是不变的，人们期待天上掉馅饼的愿望也是不变的。正如一名妇女在 1899 年对《纽约时报》所说的那样：“米勒先生从来没有辜负过我们……六周前我投了 100 美元，现在已经拿出了 60 美元。是那些报纸和银行家带来了麻烦。没人相信报纸。这是赤裸裸的嫉妒。他们只想着自己赚钱。”

18. 译注：塞壬（Siren）是希腊神话中的海妖，用自己的歌声吸引过往水手倾听失神，航船触礁沉没，塞壬即将落水船员当作腹中餐。

# 皮尔丹人

24

今日我们知道，人类的早期祖先是身材矮小、宽臀、长臂、短腿的两足动物，它们的大脑也不比黑猩猩大多少——也就是说，大约只有我们大脑的三分之一大小。但在20世纪初，有关这些远古亲戚的化石知识尚待来日。

查尔斯·达尔文和阿尔弗雷德·拉塞尔·华莱士半个世纪前就公开了他们的自然选择理论，因此到了20世纪初，科学家们已经习惯于从进化论的角度思考问题。当时能用于证明人类进化史的化石大多都是尼安德特人（Homo neanderthalensis）化石，这是一种新近灭绝的欧洲大陆人种，与智人同时存在，其头骨构造奇特，但与现代人的尺寸相近。剩下仅

**对皮尔丹人头骨的重建。皮尔丹人（Eoanthropus dawsoni）的化石遗骸于1912年至1915年在萨塞克斯的皮尔丹被发掘出来，人们认为它掌握着人类进化的关键线索，直至1952年被证实是赝品。**

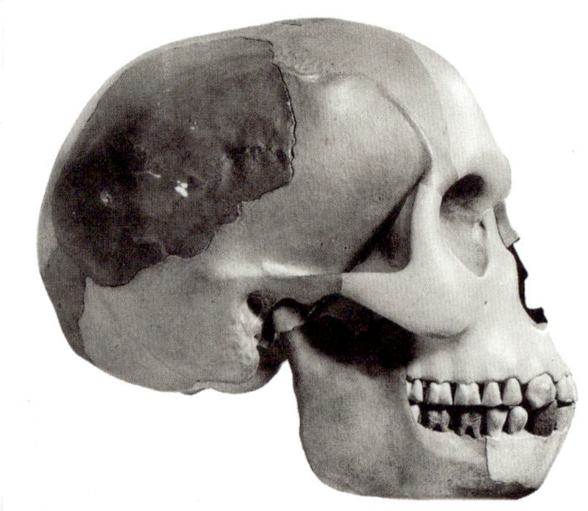

**1913 年皮尔丹的发掘现场。左数第二位是查尔斯·道森（Charles Dawson），戴着一顶平顶草帽。亚瑟·史密斯·伍德沃德爵士（Sir Arthur Smith Woodward）在最右边。照片上的鹅名叫奇普（Chipper）。**

有的化石属于一种年代久远且鲜为人知的来自遥远爪哇地区的直立猿人（Pithecanthropus erectus），它的发现者未能说服同侪相信，自己发现的小型头盖骨与另一些看上去和现代人相近的大腿骨有恰当的关联。

与此同时，1912 年的英格兰仍然是一个强大帝国的中心，却没有任何人类化石的发掘记录。可想而知，当大英博物馆自然历史分馆的科学家公布了他们在皮尔丹的发现时，英国媒体有多么欣喜若狂。皮尔丹位于英国的南部海岸，在这里发现了本土出土的人类化石，值得大书特书的是这些化石具有突出的人类特征：巨大的头骨。

这些化石是在 1908 年由当地一位名叫查尔斯·道森的古物研究者发现的。化石由几部分碎片组成，包括厚重且类人的头骨，类猿的下颚骨，而下颚骨缺失的部分正是用于判断其是否拥有人类下巴的区域。道森把这些碎片交给大英博物馆的古生物学家亚瑟·史密斯·伍德沃德，两人于1912年一同向世界宣布，早在上新世（Pliocene epoch，没人知道到底是多久以前，但肯定要比尼安德特人早很多），定居在皮尔丹的一支早期人类近亲拥有中等大小的头骨和类猿的下颚骨。一次新的头骨重建很快修正了之前的描述，头骨属于一个大脑袋的人，他有类猿的下颚骨，并且显然有下巴。

令人尴尬的是头骨缺少犬齿，史密斯·伍德沃德在最初的头骨重建中假定其要比现代人的小犬齿大得多（因而也更加像猿）。于是在皮尔丹又适时出现了一颗犬齿。这颗犬齿的底部相当厚实，但它跟现代人的犬齿一样短，并且明显跟第二次重建（更像人的那次）精确匹配。它实际上是由耶稣会神秘主义者和古生物学家皮埃尔·泰亚尔·德·夏尔丹（Pierre Teilhard de Chardin）发现的。夏尔丹之前参加了田野调查，并且是道森之外第一个在皮尔丹发现原始人的人。

到1916年道森去世时，皮尔丹遗址（以及一处邻近地区）上已经发掘出一系列所谓的考古发现，包括已经灭绝的哺乳动物的化石（证明了此处原始人的确历史悠久），以及一块隐约有点像板球拍（英国的象征）的奇怪的骨头。

**声名狼藉的"皮尔丹板球拍"。一块象骨，底部打造成手工工具的形状。这或许是整个骗局中最荒谬的一幕。**

一幅想象中的皮尔丹头骨鉴定群像。后排（左起）：F.O.巴洛、G.埃利奥特·史密斯、查尔斯·道森、亚瑟·史密斯·伍德沃德。前排：A.S.安德伍德、亚瑟·基思、W.P.皮克拉夫特和雷·兰科斯特。请注意墙上的查尔斯·达尔文像。

从一开始，就有些观察家对所谓的皮尔丹原始人抱有怀疑态度。早在 1913 年，伦敦国王学院的生物学家大卫·沃特森（David Waterston）就发表了他的观点，认为“化石”是由现代人的颅骨和猿的下颚骨组成的。另外一些人，包括史密森尼博物馆（Smithsonian）的格瑞特·米勒（Gerrit Miller），也很快以各种方式表达了同样的看法。大多数观察家委婉地避开了头骨的人猿组合是否是巧合的问题，尽管在 1923 年，德国解剖学家弗朗茨·魏登瑞（Franz Weidenreich）差不多已经暗示了头骨发掘中存在刻意造假的情况。

随着人类化石记录的不断增多，大多数古人类学家最终放弃了由皮尔丹头骨衍生出来的“大脑先行”的人类进化观点，转而支持直立运动先于大脑扩张的观点。但是皮尔丹样本的虚假实质直到1953年才被证实。

那一年，颅骨和下颚骨化石经由化学测试，显示出了不同的来源，且是经过染色使其看起来相似。颅骨被鉴定为属于现代人；下颚骨属于红毛猩猩，被巧妙地折断以掩盖其来源；而类人猿的犬齿则是经过挫切，使其看上去像是人类的。把同一处出土的五花八门的标本串联在一起，很明显不是出于巧合。

回过头来看，皮尔丹骗局显得粗制滥造。换作今时今日，显然不可能以同样的手段重复这场骗局。不过在一个重要的方面，它又的确非常复杂。这场骗局之所以成功，是因为它和其他成功的骗局一样，恰好助长了它所瞄准的那些人的欲望和成见。在本案中，也就是瞄准了英国的古人类学机构。很明显，骗子（们）对那些科学家抱有非常大的敌意，同时又对他们的工作有着相当丰富的认识。

现在已经没有人会怀疑，道森在这场骗局中扮演了重要角色——而事实上，他也被揭发出是一个伪造惯犯，涉嫌参与了一系列其他的造假“发现”。不过很可能——尽管最近的研究得出了另外的结论——他有一个同谋者，甚至是一个古人类学圈子里的人。

这个角色有很多人选，包括泰亚尔·德·夏尔丹；马丁·辛顿（Martin Hinton），伍德沃德在大英博物馆的同事；解剖学家亚瑟·基思（Arthur Keith），伍德沃德的对手；甚至还有小说家亚瑟·柯南·道尔，他在附近打高尔夫球，经常让科学家们从当地火车站搭便车去挖掘现场。伍德沃德本人甚至也受到牵连。尽管这种任意揣测多少有点没边没界，但也反映出整件事给伍德沃德的职业生涯造成了多大的伤害。

无论道森是否是单独行动，随着骗局获得了超出想象的成功，他（或他们）似乎临阵退缩了：“板球拍”或许是最后一次努力尝试，想要劝服这场骗局的受害者意识到自己被骗得有多惨。

# 罗伯特·皮尔里

\ 29 /

20 世纪早期，奔赴南北两极的极地竞赛引起公众的广泛关注，这就像 50 年后的登月竞赛一样。当然，到达南北两极的方式截然不同。到达南极［这一壮举由挪威探险家罗尔德·阿蒙森（Roald Amundsen）在 1911 年完成］需要穿越一整片被厚厚的永久冰层覆盖的岩石大陆；而地理意义上的北极，则位于几近 14 000 英尺的北冰洋水面之下，其上漂浮着一直在缓缓移动的浮冰。

1893 年，挪威探险家弗里乔夫·南森

**罗伯特·皮尔里（Robert Peary）和他的团队自称到达了北极。而实际上，他们距北极还有至少 80 英里。左起：奥卡（Ooqueah）、奥塔（Ootah）、亨森（Henson）、厄金华（Egingwah）和希格罗（Seeglo）。**

The Pole at last!!! The ~~dream~~ prize of 3 centuries, my dream & ambition for 23 years. *Mine* at last. I cannot bring myself to realize it. It ~~is all~~ all seems so simple & common place, as Bartlett said "just like every day". I wish Jo could be here with me to share my feelings. I have drunk her health & that of the kids from the Benedictine flask she sent me.

3 yrs. ago today, the storm began at Storm Camp. 7 yrs. ago today, I started north from C. Hecla.

（Fridtjof Nansen）让他的船冻结在北极冰层中，希望借此随冰层漂移到北极。但令人遗憾的是，冰层漂错了方向，南森的如意算盘落了空。四年后，同样智勇双全的瑞典人萨洛蒙·安德烈（Salomon Andrée）尝试着从萨瓦尔巴群岛[Svalbard，更为人所知的是其德语名斯匹次卑尔根岛（Spitsbergen）]乘坐氢气球飞到北极。结果气球顶上结了冰，萨洛蒙和他的同伴因此丧生，探险之旅也随之告终。海上和空中的航线都失败了，貌似只剩下一个可选项——乘坐雪橇横跨冰面。

这个方法最著名的倡导者是罗伯特·E.皮尔里，他是一名来自宾夕法尼亚州的土木工程师，后来加入了美国海军。皮尔里的母亲非常专横，毫无疑问的是，尽管皮尔里已经快40岁了，仍然迫不及待地想要逃离自己的母亲。他在19世纪的最后十年里都躲在遥远的极地地区，钻研雪橇技术和后勤保障，为进军北极做准备。皮尔里在1906年到达了北纬87度06分，这是那时为止人类所到的最接近北极的位置。可以想见，当一年后听闻他先前的合作者弗里德里克·库克（Frederick Cook）正计划按照“自己的”路线，经格陵兰岛北部和埃尔斯米尔岛（Ellesmere Island）向北极进发，皮尔里当时心里是多么窝火。

这两个相互较劲的探险家各自在1908年和1909年到达了极地。库

**马修·亨森在20年的时间里陪同皮尔里进行了6次北极探险。他精通阿瓦纳苏亚克地区（Avanersuaq）因纽特人的方言，也是当时人们公认唯一一个能够熟练驾驶雪橇的非因纽特人。**

**对页：1909年4月6日，皮尔里当天日记中的一页。他写道：“总算到北极了！”皮尔里的航行记录一直备受质疑。**

**一对著名的冤家对头，罗伯特·皮尔里（左）和罗尔德·阿蒙森（右），心不甘情不愿地握着手。阿蒙森毋庸置疑是第一个到达两极的人，坐雪橇去的南极，搭飞艇去的北极。**

克轻装上阵，只带了两个因纽特人（Inuit）做向导。皮尔里则带了数部雪橇和一支庞大的队伍开始了他的长途跋涉。皮尔里团队抵达格陵兰岛时，获悉库克早就出发北上了。不过他们仍旧信心满满，觉得自己人多占优。

1909 年 3 月，皮尔里的探险队损耗严重，仅剩下的两部雪橇向极点进发的速度比预期的要慢，一天不过 10 英里出头。不过这次旅程还是取得了进展，到达了北纬 87 度 47 分——一项新的纪录，距离极点 133 英里（约 213 公里）。皮尔里让领航的雪橇返回母船“SS 罗斯福”号（SS Roosevelt）蒸汽船，它当时停靠在往南很远的埃尔斯米尔岛附近。随雪橇一同折返的人员包括皮尔里的导航员罗伯特·巴特利特（Robert Bartlett）。

这就使得皮尔里和他的长期助手马修·亨森（Matthew Henson）以及四名因纽特人剩下的行程缺少了有经验的向导。根据皮尔里的说法，由于团队负重减轻，此时每日的行进速度大大加快了。直到 4 月 6 日，皮尔里记录到的纬度为北纬 89 度 57 分，几乎就在极点的位置上。

皮尔里四下转了转，确定自己到达了北极点，随后短暂逗留了一会儿便即刻启程南归，于 4 月 26 日和母船汇合，只比前一部雪橇晚了几天。不久，他就得知库克及其因纽特同伴早先一些时候已经从极点返回了，损失了几只狗和雪橇，但性命无虞。

此后，这场史诗一般旷日持久的关于谁最先到达北极的争论就此拉开了帷幕。而这场争论的两位主角都极不情愿为他们自己的壮举提供细节性证据。

一开始，库克处于领先地位。但当他拿不出实地记录、只能提供打字副本时，人们开始对他是否真的到过北极产生了怀疑。尤其是皮尔里的支持者还在一旁煽风点火，提醒公众库克之前几年曾撤回过自己登顶麦金利峰（Mount Mckinley）的说法。当唯一一个随同库克攀爬麦金利峰的人（据说被同一伙皮尔里支持者买通了）否认两人曾登到峰顶时，事情陷入了僵局。1909 年末，哥本哈根大学的一个委员会正式驳回了库克宣称到达北极点的声明。

随后，皮尔里广泛的人脉关系开始发挥作用了。1910 年，美国国家地理协会下属的一个委员会（曾资助其极地探险）证实皮尔里到达了北极点。这也令皮尔里鼓起勇气，在第二年向国会请愿，颁发证书以证明自己的成就，并申请提拔自己为海军中将。有关这两项提议的法案在参议院获得通过，并最终——尽管也并不是一帆风顺——获得了总统的批准。皮尔里从军队退役 9 年之后，满载荣誉离世。

但是……但是！有关皮尔里最后一段往返极点旅程的惊人速度，仍萦绕着诸多疑问。直到他无故遣返大部分随行队员时，皮尔里每天的行程也不过 10 英里（约 16 公里）。然而在最后一段时间里，他声称自己的速度达到了令人惊叹的每天 26 英里（约 42 公里）。英国地理学家 J. 戈登 · 海斯（J.Gordon Hayes）在 1934 年做了计算，如果皮尔里真的在他自己宣称的时间里从极点归来，到达命运交叉的路口，他就不得不每天行进 53

英里（约 85 公里），这绝对是史无前例的，超乎任何人的想象。在《库克与皮尔里》（*Cook and Peary*）一书中，作者罗伯特 · 布赖斯（Robert Bryce）认为皮尔里“是个深藏不露的人”。

皮尔里在最后一分钟遣返了随行的专业导航员巴特利特，这件事最直接的解释就是皮尔里此时已经心里有数，自己到不了北极点。随后的大量分析证实，皮尔里实际到达的位置距离他的目标，最短也要超出 100 英里。即便是其赞助人美国国家地理协会，在支持其说法一个世纪之后，最终也改口声称“皮尔里实际上还有 30 到 60 英里……才到达极点”。

此外，据忠诚的亨森所言，他们到达最后一个营地时，他向皮尔里表示祝贺——此时他们离极点据说只有 6 英里——皮尔里闪烁其词地回应道：“我不认为我们可以打包票，说自己已经在北极点了。”而这只是开始。亨森随后回忆说：“自打我们知道自己到了北极点之后，中校（皮尔里）就不怎么跟我说话了。在返回大船的路上，他大概总共就跟我说了不到四次话……我跟了他 22 年，但我们在纽约分别的时候，他连再见都没跟我说……十多年前，有一次他的脚冻坏了，我们扛着他走了差不多 200 英里（320 公里），白天赶路，晚上猎食，就这么活了下来。”

皮尔里自己是怎么想的？除了他当时明显有所保留的态度，以及他对亨森的恶劣言行，皮尔里最终有没有说服自己相信真的到达了北极？这一点我们似乎永远无法确定。

不过，皮尔里或多或少是明白的。1909 年时，他的体力和耐力都在衰退，大部分脚趾也因为冻伤而被截了。皮尔里深知，在 53 岁这把年纪上，这可能是他最后一次探索极点的机会了。他盲目下注，但随后他的人类理智又发挥了作用。或许《纽约时报》的弗兰克 · 布鲁尼（Frank Bruni）准确刻画了皮尔里心中的想法，他写道：“在人类所拥有的诸多能力中，或许没有哪一项会比我们分门别类的能力更为神秘的了……（头脑中）有那么多密室，有些密室隐藏得那么深，当事人自己都不一定找得到。”

# 射电电子学

30

19. 译注：此处作者简略了希波克拉底誓词，此段原文为："我愿尽余之能力与判断力所及，遵守为病家谋利益之信条，并检束一切堕落及害人行为。"（I will prescribe regimen for the good of my patients according to my ability and my judgement and never do harm to anyone.）

只要疾病依旧存在，希望和失望就会存在。在过去的一个半世纪里，希望的基础取得了突飞猛进的发展。因为针对能想到的威胁到人类健康的几乎每一种疾病，临床医学都运用科学方法设计出了可能的治疗手段，并对其功效予以测试。这带来了无法估量的益处，最起码让我们对治疗的前景有了更实际的展望。不过偶尔也有例外。

实事求是地说，现代医学归根结底是从我们所谓的江湖医术（quackery）发展而来的：在对致病的确切原因和缓解症状的有效手段缺乏任何知识的情况下，试图找到疾病的治疗手段。自古以来，摄入有害（有时甚至是致命）物质就被人们不加区别地使用，作为一种缓和病痛的手段，其他伎俩还包括钻颅术、放血疗法、水蛭吸血等。

这些治疗方法依靠的完全是盲目的信念（或许最初是从绝望中生出来的），后来再加上传统的力量，来证明其功效。事实上，许多这样的"疗法"弊远大于利——这也是为何医生的"希波克拉底誓词"（流传自公元前5世纪）要说"首先，不为害"。[19]

随着19世纪科学知识的进步及其带来的技术应用开始影响普通人的日常生活，这些都发生了变化。忽然之间，技术开始向人们承诺，对他们

的健康给予关照，其程度之深，前人根本无从想见。

然而讽刺的是，当新生的科技力量预示着主流医学从江湖医术中脱胎换骨时，与之相伴的对技术“奇迹”的信念（尤其是与电相关的），却逐渐为骗术大师打开了大门。虚假的医术畅行无阻，当其鼓吹者拥有令人信服的医师资格证书时就更是如此。

这个充满机遇的领域里最狡猾的开拓者之一，便是艾伯特 · 艾布拉姆（Albert Abram）。他是加利福尼亚州的一名医生，曾就读于旧金山医学院，随后于 1882 年毕业于德国海德堡大学医学院。作为一名声名显赫的权威人士，艾布拉姆似乎在常规医学领域取得了巨大成功。1893 年，年仅 30 岁的艾布拉姆成为旧金山外科协会主席。然而在 20 世纪的头十年里，艾布拉姆毅然踏上歧途，步入极度非常规的灰暗地带，以牟取暴利。

第一次世界大战期间，艾布拉姆预见到了远程诊疗的可能（一个世纪后互联网使其成为现实），并发明了他称之为“妙算机”（Dynomizer）的诊疗设备。该设备运用其发明者自称的所谓“艾布拉姆电子反应”（ERA），据称能够从一滴血、一块肉或类似组织中诊断出任何一种痼疾。于是，人们可以通过邮件来诊断疾病。而且，这台设备倾向于做出令人震惊的诊断，比如癌症、糖尿病和梅毒。更引人注目的是，艾布拉姆发现它可以根据笔迹样本来诊断疾病，并由此发现那些文学巨擘都深受梅毒之苦——塞缪尔 · 约翰逊、埃德加 · 爱伦 · 坡、奥斯卡 · 王尔德。

拥有如此奇妙能力的技术设备一时间供不应求，然而不知为何，根本没人在意它的工作原理。艾布拉姆凭借迅速发展的市场一展其宏图，培训一名设备操作员收费 200 美元（相当于现在的 3000 多美元），一台设备的月租费用另收取 200 美元——附加条款是设备不能打开，据说是为了

**对页：1924 年 9 月，《科学美国人》杂志公布了针对艾伯特 · 艾布拉姆治疗方法的广泛调研结果，并宣称这些方法“毫无价值”。艾布拉姆于 8 个月后去世，留下了 200 万美元的遗产，其中主要都是依靠出租他的“电子反应”设备（Electronic Reaction equipment）获取的财富。**

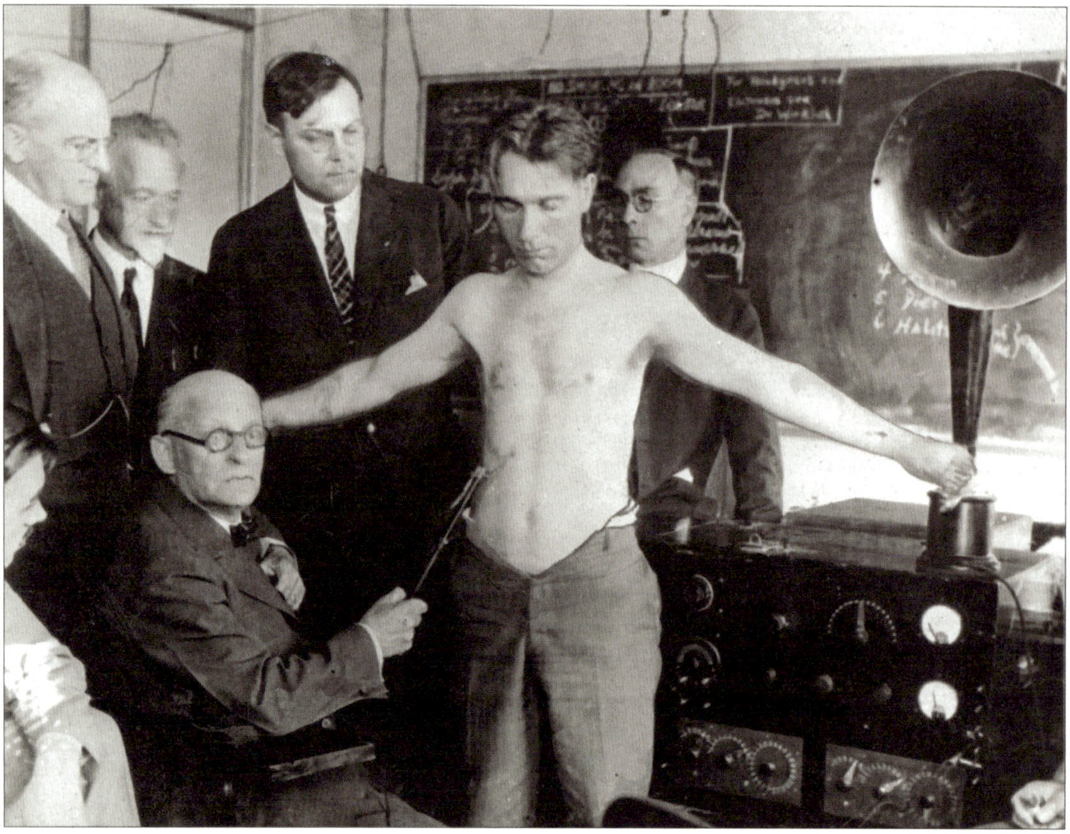

病人的一滴血被置于“妙算机”中。艾布拉姆会让病患面西而立，衣衫半裸至腰部，然后轻叩其腹部。艾布拉姆声称通过辨识“妙算机”发出的声音，自己能够诊断出病患的疾病。

“妙算机”看上去像一台收音机。艾布拉姆宣称它能够诊断任何已知疾病，只需病患的一滴血液，甚至只需其书写笔迹。

保护其精密的内部结构。

不久之后，另一台叫作“碎片振动仪”（Oscilloclast）的设备登场了，它被设计用于治疗“妙算机”诊断出来的疾病。振动仪向病人径直发射电子脉冲，据说其“振动频率”与疾病相同。据报道，到 1921 年，整个美国有 3500 名“发射员”（Radionics）从业者，“治疗”着数万名病人。

这些活动完全没有科学依据，但直到 1923 年才真正有人站出来指出这一点。当时有一位老年晚期癌症患者尝试用艾布拉姆的设备进行治疗，操作人员向其承诺能够完全治愈癌症。一个月后，病人去世了，家人非常愤怒。差不多与此同时，一组科学家拆解了振动仪的内部结构，结果只发现了一堆无意义堆砌的线路和零件。

一时间天翻地覆，但当一切逐渐明朗时，艾布拉姆却轻易被肺炎夺去了性命，留下数百万美元的遗产。此时，法庭已经受理了数起欺诈诉讼，而《科学美国人》杂志也展开了详尽的调查，调查结果在艾布拉姆死后不久公布。1924 年 3 月，该杂志披露，ERA 操作员无法正确分辨六份样本，并给予了致命一击：“像米利肯教授这样的权威，或许可说是全美国在电子学领域最杰出的物理学家，在研究了艾布拉姆的仪器之后做出结论，它们没有任何科学理论依据……有关 ERA 的所有说法都荒谬透顶。”

然而即便如此，仍存在支持艾布拉姆及其垃圾装置的声音。在 1926 年出版的《生命之书》（*The Book of Life*）中——整个骗局早就被完全揭露了——专事揭露黑幕的作者厄普顿 · 辛克莱尔（Upton Sinclair）和许多人一样热衷于丑闻，执意为这桩骗局翻案。为什么？原因可能和人类心理本身一样神秘莫测。有些事显然是好到令人无法相信，但还有些事无疑是好到无法让人不相信。

# 六幅《蒙娜丽莎》

\ 31 /

列奥纳多·达·芬奇的《蒙娜丽莎》是全世界最著名的文艺复兴绘画作品。如今的参观者很难仔细观赏这件巴黎卢浮宫的镇馆之宝。不仅有敦实的围栏和粗重的天鹅绒绳将艺术爱好者挡在一边，一大群推推搡搡、拿着手机的游客更是让细心观赏的难度陡增。尽管你可以在安静的氛围中仔细观瞧近旁的另一幅达·芬奇画作《圣母子与圣安娜》(*Virgin and Child with Saint Anne*)，但要越过人山人海的头顶多瞥《蒙娜丽莎》两眼就全然要靠运气了。这只是针对想要观赏画作而言；在重重的电子防控和轮班守卫面前，想要窃取这幅杰作则根本无法想象。

在那个安保标准相对更为宽松的时代，1911年8月22日星期二中午，惊恐不安的博物馆工作人员报告说，《蒙娜丽莎》从艺廊墙上消失了。卢浮宫立即闭馆进行搜查，工作人员在楼梯上发现了画作的空框。此外，法国的港口和东部陆上边界也一并封闭，所有离境交通都需要详加搜查。然而一无所获。调查工作进行得毫无头绪，诗人纪尧姆·阿波利奈尔和当时初出茅庐的年轻艺术家巴勃罗·毕加索也都短暂受到牵连。最终，流言甚

**对页：专家们在佛罗伦萨检视失而复得的《蒙娜丽莎》。**

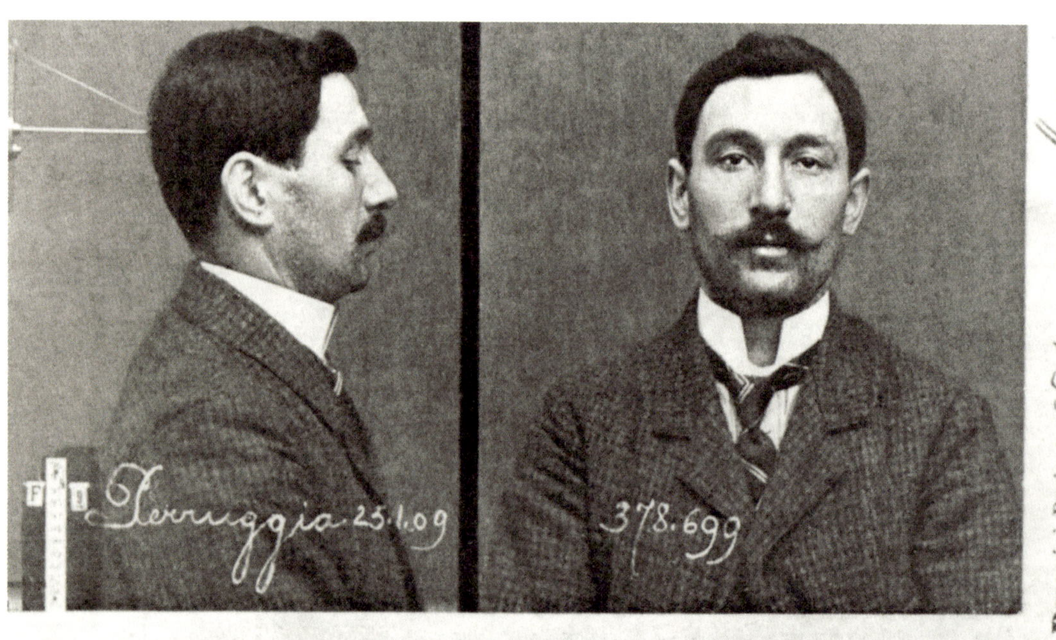


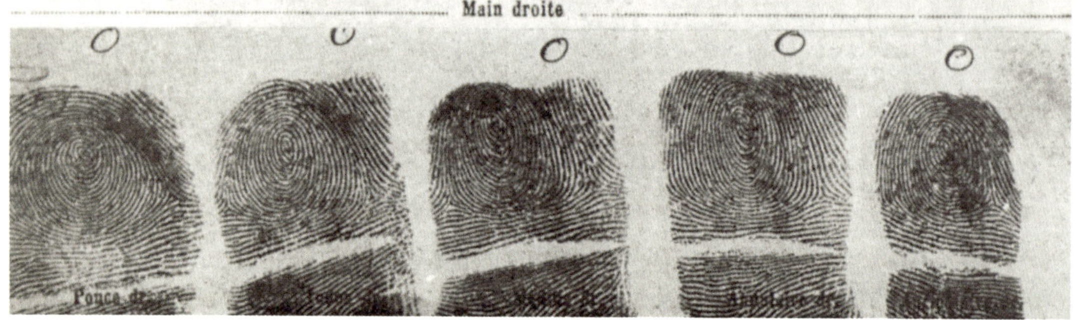


在文森佐 · 佩鲁贾将《蒙娜丽莎》夹在腋下走出卢浮宫之后，警方布下了天罗地网。巴勃罗 · 毕加索一度成为嫌疑人。两年后，佩鲁贾带着画作来到佛罗伦萨的乌菲兹美术馆（Uffizi Gallery），期待自己能成为民族英雄。然而他被逮捕并判一年监禁，不过最终只服了 7 个月刑。

嚣尘上：微笑的女士在俄罗斯、在纽约布朗克斯区，甚至在银行家 J.P. 摩根（J.P.Morgan）的家里。

两年后，画作失而复得。一名佛罗伦萨的艺术品交易商联系到卢浮宫，说自己从窃贼手中取得了这幅画。这名窃贼名叫文森佐 · 佩鲁贾（Vincenzo Peruggia），是一位意大利艺术家，曾在卢浮宫参与绘画杰作的保护项目。

据报道说，佩鲁贾告诉警方，在发现失窃（当天博物馆就关闭了）的前一天即周一早上，他穿着工作人员的衣服进到卢浮宫里。进来之后，他直奔《蒙娜丽莎》，把它从墙上取下并退去画框，裹在宽松的工作服里，夹在臂下带了出去。另一种说法是，佩鲁贾在博物馆的一个衣柜里藏了一整晚。但无论如何，盗窃本身显然做得干净利落。

佩鲁贾的作案动机似乎有那么一点儿复杂。他告诉警方的版本是他想把《蒙娜丽莎》归还给自己和画作的祖国意大利，因为他认为这幅画是被拿破仑抢到法国来的——拿破仑的军队的确在很多国家犯下了类似的罪行。

即便佩鲁贾相信自己的说法，他凭靠的史实却完全错了。因为正是达 · 芬奇本人在 1503 年把未完成的画作带到法国的，当时他是法国国王弗朗索瓦一世的宫廷画师。1519 年，达 · 芬奇在卢瓦尔河谷的一座酒庄中去世后，《蒙娜丽莎》被合法征购为皇室收藏品。

于是，当 1932 年《星期六晚报》（*Saturday Evening Post*）的一篇文章中，记者卡尔 · 德克（Karl Decker）对整件事给出了一个截然不同的解释时，一切看似也并没有很牵强。根据德克的说法，一个自称爱德华多（Eduardo）的阿根廷骗子马尔克斯 · 德 · 法耶诺（Marqu é s de Valfierno）告诉他，是自己策划了让佩鲁贾去偷《蒙娜丽莎》，并且还将这幅画卖了 6 次！

法耶诺的计划相当缜密，他还雇用了一名娴熟的赝造画师，可以准确复制任何盗来的绘画作品——在《蒙娜丽莎》的案子中，需要仿造出达·芬奇使用的颜料在油画表面形成的多层釉质。根据德克的说法，法耶诺不仅在不同场合出售了这些伪作，还在窃案发生前，用伪作来增强潜在买家的

# Why and How the Mona Lisa Was Stolen

The Mona Lisa

By KARL DECKER

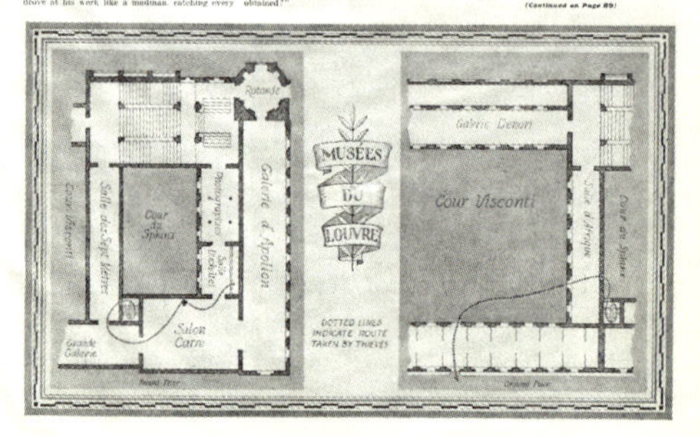


《蒙娜丽莎》的失窃是由一位神秘的"爱德华多即马尔克斯·德·法耶诺"犯下的，他还伪造并出售了6幅赝品。这个传奇故事源自1932年6月25日的《星期六晚报》，作者是卡尔·德克。这个报道没有一个字是真的。

信心，保证他们在窃案得手后能得到真品。

骗子会把受害目标带到一座公共美术馆，让他在某幅想要偷取的画作背面做一个隐秘的标记，稍后，法耶诺会向他出示一张带有先前标记的画布，声称是从美术馆里用赝品偷换出来的。

这个把戏其实是将复制品提前放到原作背后，等买家在上面做完标记后再取下。据法耶诺所言，这一招屡试不爽，他声称自己在窃取到《蒙娜丽莎》之前，就已经将其预售给了 6 名不同的美国买家。他们之后收到的当然都是赝品。

这些赝品在卢浮宫窃案发生之前，就已经通过走私运送到了美国。当时没有人会注意到它们，而稍后广为人知的窃案则为它们的真实性打了保票。它们被送到买家手里，换回大笔的现钞。

法耶诺说，问题就出在佩鲁贾身上，他从自己这里偷走了窃来的《蒙娜丽莎》，并带到意大利。不过当佩鲁贾在意大利因出手《蒙娜丽莎》被捕时，他不可能在明哲保身的同时把法耶诺供出来，所以真实情况就成了秘密。同样，当《蒙娜丽莎》的原作回归卢浮宫的时候，法耶诺的买家也会认为那是一幅赝作——他们无论如何都不会吱声的。

德克关于法耶诺非凡诡计的故事引起了轰动，并迅速成为《蒙娜丽莎》失踪背后的真相。或许这并不足为奇，因为毕竟佩鲁贾平淡无奇的版本多少过于平庸，配不上这幅文艺复兴的艺术珍品。法耶诺的版本更加生动夺目也更多人相信，至今仍有人不断重述，包括两本最近出版的书。

不过，德克在《星期六晚报》上的故事版本仍然存在诸多疑问，比如实际上没有人能够证实法耶诺此人的真实存在（虽然你能谷歌到他的照片）。只有佩鲁贾在《蒙娜丽莎》失窃案中扮演的角色似乎是明确的。此外，尽管法耶诺故事的真实性悬而未决，德克是否编造了这个人物和整篇报道也无人知晓，但今天挂在卢浮宫墙上的《蒙娜丽莎》应该是原作。

# 弗里茨·克莱斯勒

\ 32 /

音乐的历史几乎与人类本身一样久远。德国一处冰河时期的洞穴中，发现了一支秃鹫骨头制成的笛子，起码有40000年之久。但这只是我们现有的最早证据，证明人类在旧石器时代就已经开始创作音乐了。可以肯定的是，音

**弗里茨·克莱斯勒（Fritz Kreisler）被公认为有史以来最伟大的小提琴大师之一。他以柔美悦耳的音色和细致入微的演奏著称，很快便形成了自己独特的声音。他在20世纪20年代与柏林国家歌剧院乐团（Berlin State Opera Orchestra）一同演奏的贝多芬、门德尔松、勃拉姆斯等人的小提琴协奏曲被认为是他的最佳作品。他以自己的名字创作发表的两首广为流传的曲子分别是“Liebesgreud”（爱之喜悦）及其姊妹篇“Liebesleid”（爱之忧伤）。**

**1990年，流行组合“米立-万尼立”(Milli Vanilli)被取消了格莱美奖，因为有爆料称，主唱法布·莫万(Fab Morvan)(左)和劳勃·皮拉图斯(Rob Pilatus)（右）在他们的热门专辑中假唱。在1998年复出巡演前夕，皮拉图斯被发现死于法兰克福一家酒店的客房内，死因疑似酒精与处方药物摄入过量。**

乐本身的源头可以追溯到更久之前。

在这么长久的历史中，音乐给欺诈留下了十分有限的空间——尽管“滥竽充数”的情况也的确不少。不过，到了作曲家和演奏家通过录音和录像来争取大量听众的时候，情况就发生了转变。

音乐造假的形式变化多端，虽然大多是殊途同归。19世纪早期，英籍波兰音乐家伊萨克·内森（Isaac Nathan）发表了一系列传统犹太会堂乐曲，他语焉不详地声称这些乐曲与古代耶路撒冷所罗门神庙演奏的乐曲相同。内森给出了令人信服的理由，以至于诗人拜伦爵士甚至为其乐曲谱写了英文歌词。内森本人则为了拜伦的情妇卡罗琳·兰姆（Caroline Lamb）参与了一场决斗，并最终移民到了澳大利亚。在那里，内森谱写完成了第一部澳大利亚歌剧，并于1847年在悉尼首演。

最近几年最受关注的音乐造假（虽然不一定是最值得一提的）则是德国说唱放克二人组合“米立-万尼立”。他们被揭发出来，在其热门的首张专辑中并没有献声演唱过任何一首歌曲。据说这是他们经理人的一再要求。当这个相对无害的骗局被曝光之后，这张专辑获得的格莱美奖被撤销，整件事也以悲剧收尾：组合的成员之一在复出巡演前夕，死于药物过量。

在古典乐这边，一位名叫乔伊斯 · 哈托（Joyce Hatto）的英国钢琴家闪亮登场。她之前寂寂无闻，一直是退休状态。自 2003 年一直到 2008 年她 77 岁去世，突然出现了大量她的弹奏录音，并广受好评。最终证实，这些唱片是其他演奏家录音的数码改编版。尽管哈托的丈夫坚称哈托本人并不知道这场骗局，还是有人如此怀疑。

由于音乐家本身已经成为具有巨大商业价值的资产，他们弹奏过的乐器也变得值钱。2012 年，奥地利一家法院判处著名乐器商迪特马 · 麦克霍尔德（Dietmar Machold）六年监禁。麦克霍尔德之前有“斯特拉迪瓦里先生”的美名。他不仅拿普通小提琴冒充 18 世纪意大利小提琴制作大师安东尼奥 · 斯特拉迪瓦里（Antonio Stradivari）的作品，并以极高的价格出售牟利，还拿着客户的贵重乐器作担保获取银行的大笔贷款，而最终这些小提琴被证明不是斯特拉迪瓦里制作的。

鉴于斯特拉迪瓦里制作的乐器价格已近 1 000 万美元（拍卖会上更是飙升到了 4 500 万美元），也难怪麦克霍尔德并非是唯一一个制假者。尽管记录在案的各种斯特拉迪瓦里乐器（小提琴、中提琴、大提琴和少数竖琴）总共只有 650 件，带着斯特拉迪瓦里名号的乐器却成千上万。

然而毫无疑问的是，音乐史（或说任何其他事物的历史）上最欢快的一次欺诈来自 20 世纪早期技艺超群的奥地利小提琴演奏家弗里茨 · 克莱斯勒。克莱斯勒少年成才，首次美国巡演却铩羽而归，差点就转行做画家。但最终还是音乐胜出了。1899 年他重回美国古典音乐舞台，大获成功。观众追捧他，少见的是，评论家和同行也对他赞誉不绝。

尽管如此，这位年轻的小提琴家不仅渴望演奏，还希望能够自己作曲。但问题是在当时，年轻演奏家演奏自己的作品被认为是不适宜的。因此，自 1913 年起，克莱斯勒开始“发掘”并演奏著名作曲家散佚的杰作，包括门德尔松、帕格尼尼、维瓦尔第以及库普兰等。他自称在搜寻欧洲各地

**Praeludium and Allegro**

in the style of G. Pugnani

*for violin and piano*

F. Kreisler (1875-1962)

古代修院图书室的过程中，源源不断地发掘出遭人遗忘、尘封许久的大师音乐手稿，从中整理出了这些作品。

克莱斯勒探索发掘的运气好得实在惊人，但多年来没有人想过去质疑这些发现的真实性。部分原因在于乐曲本身写得很好，与署名者的其他作品相比风格上也十分相符。另外的原因则是克莱斯勒的演奏悦耳动听。尽管实际上是克莱斯勒自己创作了这些乐曲，但他确实是一位杰出的作曲家和演奏家。公众对此如痴如醉，克莱斯勒也成了当时收入最高的小提琴家，单场演出收入就高达 3 000 美元。

一连串这种偶然发现必定会招致怀疑。1935 年，《纽约时报》音乐评论家奥林 · 唐斯（Olin Downes）适时设法找到了克莱斯勒的一份原始手稿，显然这意味着好戏收场了。克莱斯勒欣然致歉，丑闻如期而至。但这个丑闻本质上是美好的。人们多少有点震惊，但没人被吓到。也没人想看到克莱斯勒倒下，不仅是因为他个人极富魅力，也因为他的音乐实在是美妙无比。

事实上幸运的是，克莱斯勒的许多作品——既有他的假名之作（通常采用连字符形式，如“Dittersdorf–Kreisler，Scherzo”），也包括署他自己名字的作品——留存至今，成了当代杰出小提琴家的保留曲目。快去听一听。

**克莱斯勒声名远播，广受爱戴，以至于当他在 1935 年时承认，自己演奏的所谓重新发掘的大师作品，其实都是他自己的作品时，轻易就经受住了此举所引发的争议。正如克莱斯勒所言：“名字变了，价值却没变。”**

# 扁平空心的地球

\ 33 /

如果你在20世纪初的某个周日，漫步于伊利诺伊州的锡安市（Zion），想要吹一声口哨，你最好想想清楚。实际上，一周里的每一天，重新思考一下抽烟、饮酒或是吃肉，都会是明智之举。因为在这座由福音派宗教激进主义者威尔伯·格伦·沃利瓦（Wilbur Glenn Voliva）铁拳掌控的城市里，你在当地警察手上可不会有好日子过。

**公元前18世纪的一块巴比伦泥板上的地图，描绘的是一个平面的地球。到公元前6世纪时，古希腊哲学家萨摩斯的毕达哥拉斯和爱利亚的巴门尼德宣称地球是球形的。公元前3世纪，古希腊数学家和地理学家昔兰尼的埃拉托斯特尼计算出地球的周长是24900英里（约39840公里），与目前公认的地球两极周长相比，仅仅相差40余英里（约64公里）。**

# $5,000 for PROVING the EARTH a GLOBE

Voliva's conception of a flat world, with the North Pole in the center and the sun revolving in its orbit above the equator. A wall of ice around the edge of the earth keeps adventurous mariners from falling off into space.

Wilbur Glenn Voliva, who claims the earth is flat and offers $5,000 for proof to the contrary.

by JAY EARLE MILLER

**Post and Gatty didn't fly around the world, according to Wilbur Glenn Voliva, they merely flew in a circle around the North Pole. This article presents Voliva's theory of a flat world, and tells you how you can win his offer of $5,000 for proving that he is wrong.**

WOULD you like to earn $5,000?

If you can prove that the world is a sphere, floating in space, turning on its own axis, revolving around the sun, you can earn a prize of that amount. Such a prize has been posted for years, offered by Wilbur Glenn Voliva, general overseer of Zion, Ill., home of the Christian Catholic Apostolic Church, founded some thirty years ago by the late John Alexander Dowie.

Many have tried to claim the $5,000—and all have failed. The catch is that your proof must not start with the assumption that the world is round, or rather a globe, for Voliva believes the world is round, but a round, flat disc rather than a sphere. Without that basic premise that the earth is spherical no one has found an absolutely convincing proof that Voliva is wrong when he describes his disc-shaped world, firmly planted on its foundations, surrounded by a wall of ice to keep mariners from falling off the edge, and surmounted by a crystal dome in which the stars are hung like chandeliers to light the night. Nor can you submit proof to absolutely disprove the belief of Voliva that the sun, instead of being an 800,000 mile ball of fire more than ninety millions of miles away is really a fairly insignificant affair, only some 27 to 30 miles in diameter and about 3,000 miles above the earth. Or that the sun and moon move in orbits while the earth stands still, that the moon is about the same size as the sun and the same distance from the earth, shines by its own light, and moves in much the same orbit as the sun.

In these days of 100 and 200 inch telescopes, accurate measurement of the speed of light and the diameter of distant stars, any challenge of the correctness of the familiar Pythagorean-Copernican-Newtonian system of astronomy may come as a shock. Actually the belief that the world is flat isn't confined to Zion. China, which had workable systems of astronomy as soon if not sooner than Greece or Egypt, continues to stick to the flat world theory, and thousands of other people scattered over the globe have this, or theories even more unusual.

Ever hear of Orlando Ferguson? Ferguson, a resident of Hot Springs, South Dakota, designed a weird and wonderful map back in 1893 which showed a square world, with an angel seated on each of the four corners. The inhabitable or known world was not, however, flat. The central section, comprising what we know as the northern hemisphere, was convex, curving downward from the central "north pole" to the equator, while the southern hemisphere was concave, curving upward from the equator to the rim. The shape was much like a soup plate with a raised center.

Then there is Gustave F. Ebding, of Cleveland, who recently published a book to prove that the world is a hollow sphere, and that we live inside it instead of on the outside, the so-called Koreshan theory of Koresh and Prof. U. G. Marrow. Then there is the theory

These three drawings are what Voliva offers as graphic proof that the earth is not a globe. Ship C above represents an impossible position in space which must be occupied by any ship that is hundreds of miles from the pole and still has the compass needle pointing north from a level position. What's your answer?

Ship A is represented at about 45 degrees south latitude, and shows how the compass needle can point north without distortion on a flat world.

Ship B is represented above in the southern hemisphere, and shows how impossible it is for the compass needle on this ship to point north, for a compass never indicates north to be down in the ground. This is an argument you'll have to answer convincingly if you win the $5,000.00 offered by Voliva.

70 Modern Mechanics and Inventions for October 71

**福音派宗教激进主义者威尔伯·格伦·沃利瓦把自己对扁平地球的信念追溯到对《圣经》的文本解读。他和另一些抱着同样看法的人尤其看重《以赛亚书 11:12》和《启示录 7:1》，其中提到了“地的四角”。**

另一方面，如果你的目标是想赢得 5 000 美元，那你可能来对了地方。你只需要向古怪的市长证明，地球不是扁平的，就能把这一大笔奖金收入囊中。2500 年前，亚里士多德就已经做出了令大多数人满意的证明。他指出，当船只驶向地平线时，它的桅杆会逐渐从视野中消失；星辰在不同纬度地区呈现不同样貌；发生日食的时候，地球在月球上投射出弧形阴影。对于正常人来说，这些证据明白无误地证明了地球是一个球体。

不，并非如此。遗憾的是，这些都还不够。问题在于不能从地球是球体这个命题出发来证明；而撇开这个假设，就很难证明地球不是——如沃利瓦所言——一个扁平的圆盘四周竖立着防止航行者从边缘掉落的冰块。这位市长论证道，说到底，如果在一个球形的地球上，南极的一艘船上的罗盘就会指向地心，而这显然是不可能发生的。这当然不可能发生，因为南极是陆地。但在沃利瓦的扁平世界里，船只只要不偏离路程，无疑能够跟随罗盘的持续导航回到它启程的地方，甚至都不需要那堵冰墙来保护。

1931 年，《现代机械与发明》（*Modern Mechanics and Inventions*）的一位通讯记者通盘研究了沃利瓦的主张和可能的驳论，得出结论说沃利瓦的奖金“或许会一直保留着，除非某些未来空间的旅行者……把他的船

**7 世纪德国博学家阿塔纳斯·珂雪（Athanasius Kircher）认为，潮汐是由水体在地下海洋中来回涌动所引发的。珂雪地质学研究的集大成之作，是他那本附有大量插图的《地下世界》（*Mundus Subterraneus*）。下图为珂雪的地球永恒之火模型。**

停靠在数千公里之外的太空里，并拍摄下球形世界绕着中轴旋转的影片”。所幸的是，这件事现在已经发生了——然而不幸的是，没能赶上领取奖金。授奖人破产后，死于 1942 年。

然而，这也并未说服所有人。2016 年《卫报》的一篇报道说，说唱歌手 B.o.B 在推特上发文说地球是扁平的。即便他一开始并不真的相信这一点，他还是宣称：“你不可能找到了所有证据，自己却不知道。”然而笔者的同事，天体物理学家尼尔 · 德格拉斯 · 泰森（Neil deGrasse Tyson）向他保证：“你的推理能力倒退 500 年也不能阻止我们喜欢你的音乐。”

虽然我们没有关注最近的民意调查，但《卫报》声称扁平地球运动“近来已经在美国扎下了根”。让我们祈祷同样的事情不要发生在“空心地球”的现代理论家那里，他们的前辈比“扁平地球”那伙人更令人肃然起敬。

现代地质学家告诉我们，地球是一个球体，像洋葱那般有着同心层结构。其中心是一个以铁和镍为主要成分的固体核心，直径约 750 英里（约 1 200 公里）。接着是一个更柔软的外核，其成分与前者大体相似，厚度约有 1 400 英里（约 2 240 公里）。其上是半熔融地幔，共有两层，约 1 800 英里（约 2 880 公里）厚。而最外层是岩石地壳，在大陆底下约 20 英里（约 32 公里）深处，海洋盆地处略微薄一些。

然而回到 17 世纪的时候，天文学家埃德蒙 · 哈雷（哈雷彗星即以其命名；参见第 11 章，“虚构的种族”）观察到地球的磁场波动有点难以预测，每年都会有一些变动——现在的人们认为，这是由地球内部熔融状的铁流动造成的。哈雷并不知道这一点，他推断地壳实际上是四个同心壳中最外的一层，它们由引力作用保持各自的位置，而其磁场在旋转时互相干扰。

哈雷并不是第一个思考这个问题的人，但他是第一个遵循其好友及同事艾萨克 · 牛顿爵士新近阐明的原理来进行推理的人。尽管哈雷错误地猜测认为“地下球面可以居住”，但他至少正确地想到了我们脚下的地球是分层的。

其他人则更耽于幻想。不仅有大量科幻文学以地球是空心的且内部纷繁复杂为前提，同时古希腊人的地下世界观念准确说来便是——在地球表面之下，存在一个亡者的世界。距离我们的时代更近一些的美国人小约翰·克利夫斯·西姆斯（John Cleves Symmes Jr.）在 1818 年提出，在 800 英里（约 1 280 公里）的地壳之下，地球其实是空心的，在两极各有一个巨大的开口。他还计划对北极进行一次官方考察，但安德鲁·杰克逊（Andrew Jackson）就任总统并取消了相关资助后，计划就搁浅了。

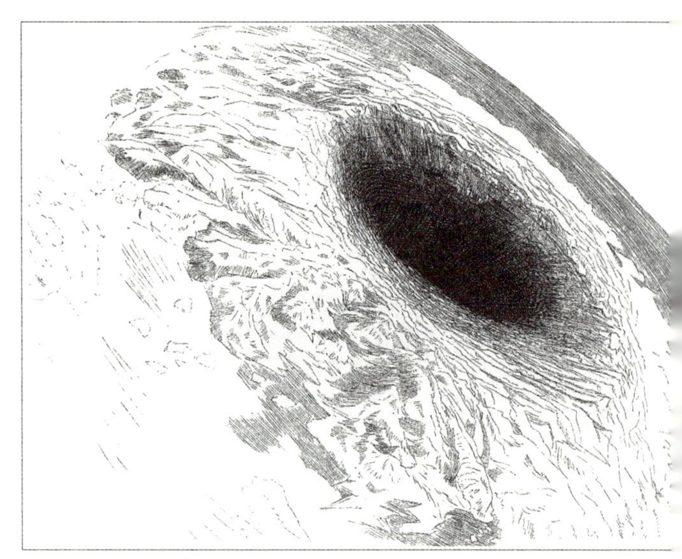

SYMMES'S HOLE, AS IT WOULD APPEAR TO A LUNARIAN WITH A TELESCOPE.

同一世纪的晚些时候，一位名叫塞勒斯·泰德（Cyrus Teed）的现代炼金术士想到，我们其实生活在空心地球的内部，而太阳和其他星球，以及其余所有我们在天空中看见的物体，都在更深的内部。泰德（或许并非巧合的是，他自认为是救世主）建立了一个异教团体（Koreshans）来发扬这一古怪的主张。这个主张掺杂了一点伪数学，在原则上被描述得无懈可击。

20 世纪见证了诸多空心地球概念的复兴，尽管其中大多数都以一本哗众取宠的书草草收场。然而泰德于 1894 年，在佛罗里达州迈尔斯堡附近的埃斯特罗（Estero）建立了一整个城镇来安顿他的信众。我们还在等待空心地球理论在 21 世纪的伟大复兴。或许不久之后就会出现一次。因为如果这其中有什么教训可以吸取的话，那便是：只有想不到，没有信不了。

**小约翰·克利夫斯·西姆斯推测极地的开口连接着地球表面及其内部。1823 年，他游说美国国会资助一支探险队到北极去寻找开口的位置，最终却被新当选的安德鲁·杰克逊总统扼杀了这个项目。**

# 致敬
# 还是剽窃？

\ 34 /





尽管卢浮宫里挂着的《蒙娜丽莎》很可能是真迹（参见第 31 章，“神话的起源”），但世界各地的博物馆墙上可能挂着成千上万幅赝品画作。实际上，若要说艺术品造假不是世上最古老的行业，但它也必定是其中之一。古罗马的雕塑家复制了先前的古希腊雕塑，而来自后古典时期的艺术家则复制了他们的作品（参见第 10 章，“文艺复兴的天谴之人”）。当然，并非所有的赝品都是为了用来骗人。事实上，就法律层面而言，以其他艺术家的风格作画并不算犯罪。真正显示出犯罪意图的是仿造画作签名，或是以其他形式歪曲书面记录。

从本质上讲，最伟大的艺术造假者是那些匿名艺术家：技巧娴熟，从未被发现，而其画作仍装饰着博物院的壁墙，被视为他人的作品。然而有一些真正伟大的造假者已经自成一格，实至名归地得到了应有的名声。倒不是因为他们的艺术与其仿冒对象有着显著区别（尽管回想起来有时的确是这样——这本身就引发了许多问题），而是出于完全不相关的原因。

最著名的例子之一就是荷兰画家汉·范·米格伦（Han Van Meegeren）。20 世纪初，范·米格伦在海牙的皇家艺术学院（Royal Academy of Art）开启了其颇为传统的职业生涯。他最初信手借鉴 17 世

纪绘画大师的技巧，被公认为一名肖像画家。但这类艺术最终不再流行，到了 30 年代，范 · 米格伦转而用其绘画技巧来创作某些荷兰古代绘画大师的作品，从弗朗斯 · 哈尔斯（Frans Hals）开始，最后集中于维米尔的作品。

范 · 米格伦千方百计再现旧的材料和手段，并将其自制的颜料用在真正的 17 世纪油画画布上。范 · 米格伦一心想要超越他的仿冒对象。最终他画了一幅号称是维米尔的画，名为《以马忤斯的晚餐》。这幅画作一经“发现”，就被不止一位权威专家誉为维米尔最好的作品。

范 · 米格伦在 20 世纪 40 年代德国占领荷兰之后身败名裂。当时他的一幅赝作落到了赫尔曼 · 戈林手中。战后，这幅画被追查到范 · 米格伦这里，他因向敌人出售国家文物而立即遭到监禁。画家本人只有承认作假，并在法庭指派的证人面前创作一幅维米尔的作品，才能把自己从这项指控的最坏后果中解救出来。如果范 · 米格伦没有被迫做这些的话，天知道他的那些赝作在今天会得到怎样的评价。

20 世纪另一位伟大的艺术造假者不仅仿冒了绘画作品，还仿冒了自己的身份。埃勒梅尔 · 阿尔伯特 · 霍夫曼（Elemér Albert Hoffmann）1906 年出生在布达佩斯的一个中产阶级家庭，他一生中的大部分时间都是作为埃尔米尔 · 德 · 霍里（Elmyr de Hory）度过的。他声称自己是显赫的匈牙利银行家族后裔，拥有大量私人艺术品收藏，现在必须将它们出售掉。

德 · 霍里接受古典主义绘画训练的时候，市场已经转而青睐更少传统元素的艺术表现方式。为了多赚点钱，德 · 霍里很快开始模仿著名画家的风格来作画，首先就是从毕加索开始。他后来坚称自己从来没有在这些

**对页：一幅埃尔米尔 · 德 · 霍里仿冒的阿美迪奥 · 莫迪里安尼（Amedeo Modigliani）裸女画。德 · 霍里赝品画作的原画价格高达数千万美元，有些甚至达到上亿美元。而德 · 霍里的伪作最近能在拍卖会上见到，价格为 20 000 美元。现在市面上出现了仿冒德 · 霍里伪作的伪作。**

画作上仿造签名。那他显然在和一群无良画商合作，他们仿造了签名。德·霍里在世界各地创作并售卖毕加索、莫迪里安尼、马蒂斯、雷诺阿风格的画作，直到20世纪40年代晚期，他的这些赝作被揭穿从而引起了美国联邦调查局的注意。

随着越来越多他的赝作被揭露出来，德·霍里渐渐发展出了某种地下名声。最终在1969年，他与克利福德·艾尔文（Clifford Irving）合作推出了传记《赝品！埃尔米尔·德·霍里的故事，现时代最伟大的艺术造假者》（*Fake! The Story of Elmyr de Hory, the Greatest Art Forger of Our Time*）。讽刺的是，艾尔文自己稍后因为伪造了霍华德·休斯（Howard Hughes）的所谓“自传”而名噪一时。

到了1976年，德·霍里住到了伊比萨岛（Ibiza）上，在那里绘笔不辍，直到他得到消息，自己将被引渡到法国面临欺诈指控。德·霍里吞服了过量安眠药后去世，不过后来艾尔文指控他伪造了自己的死亡。

在他的整个职业生涯中，德·霍里一直耿耿于怀的是自己作为一个独具才能的艺术家，却只能打着别人的名号卖画谋生（尽管如今这位造假者已经恶名远扬，但德·霍里仿冒的莫迪里安尼的画作只卖20 000美元，而真迹售价则高达1.7亿美元）。他自我安慰道：“只要我的画一直挂在博物馆里，总会变成真的。”

细思的确令人恐极。要是连专家都无法分辨赝品和真迹（尽管冷酷

**当荷兰的艺术品造假者汉·范·米格伦（Han van Meegeren）公开这幅维米尔（Vermeer）的《以马忤斯的晚餐》（*The Supper at Emmaus*）后，它随即被吹捧为本世纪最伟大的艺术发现之一。**

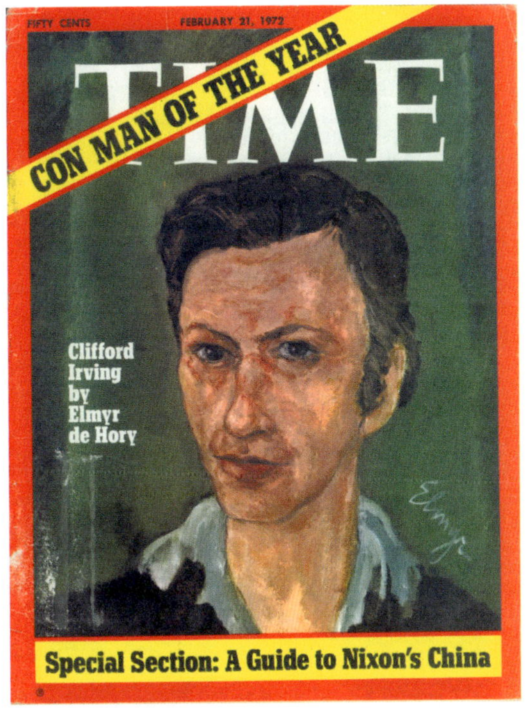


的现代科学手段能够分辨），两者之间的本质区别又在哪里？不过奇怪的是，这个问题的答案似乎并不在于艺术作品本身的内在本质，而是在于我们固有的公平感。

这种初阶的公平感深深植根于我们的生物遗传中，不仅我们的近亲类人猿具备这种能力，卷尾猴也同样如此。直觉上，我们“知道”歪曲事实是不对的，于是我们会拒绝接受那些我们认其为虚假的事物，不论其实际属性如何。这就像卷尾猴会拒绝接受它平常喜欢吃的黄瓜，仅仅是因为同伴——非常不公平地——得到了更好吃的葡萄。

因此，伦敦的维多利亚与阿尔伯特博物馆(Victoria and Albert Museum)前馆长马克·琼斯（Mark Jones）的一番话可谓真知灼见：“赝品的不幸之处在于，总是被它们所不是的东西定义，而不是根据它们本身的价值来衡量。”

**埃尔米尔·德·霍里的赝作由于克利福德·艾尔文的畅销传记《赝品！埃尔米尔·德·霍里的故事，现时代最伟大的艺术造假者》而名声大噪。随后，艾尔文又伪造了隐居的霍华德·休斯的自传。当骗局被揭穿时，艾尔文被判有罪并处以两年半监禁。艾尔文对此事件的自述后来被拍成了电影《骗局》（*The Hoax*），由理查·基尔（Richard Gere）主演。**

# 李森科学说及其后果

35

20. 译注：nuptial pads，又称为婚瘤，雄性蛙类进入性成熟期后，前肢第一指或二三指之间的基部长出的瘤状物，上面附有分泌黏液的腺体或角质刺。

19 世纪初，进化论思想初出茅庐，人们意识到化石记录中保存了令人信服的证据，表明生命随着时间推移而变化。法国人让·巴蒂斯特·拉马克是第一个清晰表达这一学说的科学家。为了说明他在化石研究中发现的进化现象，在其 1809 年的《动物哲学》（*Philosophie Zoologique*）一书中，拉马克采纳了当时颇具争议的观点，认为单体可以将其生命周期中获得的特征传给它的后代。比如该理论认为，每一代长颈鹿都努力伸长脖子去够更高树上的食物，于是逐渐形成了它们长脖颈的显著特征。

尽管拉马克关于进化变化的看法大体上是对的，但他对其背后机制的认识却错到离谱。现代遗传科学的进步仍要等到 1900 年才焕发新生，当时有三组研究人员分别独立地“重新发现”了遗传法则。34 年前，捷

**对页：一只普通的雄性产婆蟾（midwife toad）。在野外环境下，这些欧洲蟾蜍在陆地上繁殖。维也纳生物学家保罗·卡默勒（Paul Kammerer）在实验室里诱使它们在水中繁殖，他鼓吹这样一种观念，认为有机体可以将其生命周期中获得的特征传给它的后代。卡默勒声称，在仅仅两代之后，他培育的雄性蟾蜍就在前肢上发育出了黑色的“婚垫”[20]。**

克修道士格雷戈·门德尔（Gregor Mendel）在一本晦涩难懂的杂志上首次提出了这一法则。

门德尔的主要观点是父母的特征不会在其后代身上“混合”（blend）。实际上，这些特征会以“颗粒”（particulate）形式代代相传。20 世纪初的伟大发现是，代际变化以“突变”（mutations）的形式随机发生——我们现在知道，这是由 DNA 的自发变化导致的。这种遗传观点最终被归为“新综合进化论”，在 20 世纪 50 年代成为现代进化论的基础。

然而与此同时，1905 年至 1910 年间，早期遗传学中一段令人极度不悦的插曲正在维也纳大学遗传学家保罗·卡默勒的实验室里上演。卡默勒诱使通常在陆地上繁殖的普通产婆蟾到水里去繁殖。随后他报告说，仅仅两代之后，他的雄性蟾蜍就在前肢上发育出了黑色的“婚垫”，能够更好地抓牢它们滑不溜秋的伴侣。卡默勒认为，这一创举可以用来支持拉马克的观点，即生物变化是单体生命周期中获得的新特征的累积。

1926 年，美国自然历史博物馆的 G. 金斯利·诺贝尔（G.Kingsley Noble）揭露蟾蜍前肢上的婚垫是通过注射墨汁实现的。卡默勒吞枪自尽。他究竟是骗子，还是他自称的一场骗局的无辜受害者，终究成了未解之谜。

不过尽管卡默勒的命运是一出悲剧，但它与 1925 年至 1965 年发生在俄罗斯的事情相比，一下就显得黯然失色了。俄罗斯是新兴的遗传科学的早期创新中心，实际上早在 1934 年，俄罗斯科学家尼古拉·科尔佐夫（Nikolai Koltsov）就已经推测出生物性状是通过一种“巨大的遗传分子”遗传的，这种分子“由两条可再生的镜像链组成……以每一条链为其范型”。科尔佐夫由此提前二十多年预见了 20 世纪 50 年代早期由沃森和克里克发现的 DNA 结构所引发的基因革命。

科学基于多元观点而蓬勃发展。对俄罗斯的遗传学而言，在 20 世纪二三十年代，支持门德尔理论和支持拉马克理论的两派人之间展开了充满活力的论辩。不幸的是，特罗菲姆·李森科（Trofim Lysenko）步入了这一领域。他是一位出身卑微的植物育种员，（错误地）宣称发展了一种

“冷处理”技术，可以缩短小麦播种和收获之间的时间。对那些通过集体化极大地降低了苏联农业效率的政治家来说，这项技术有着独特的价值，这也给李森科带来了巨大的政治资本。然而糟糕的是，李森科是拉马克遗传理论的狂热拥趸。

到了1938年，狡黠而极富魅力的李森科升任为极具影响力的全苏列宁农业科学院主席，很快又接替了杰出的尼古拉·瓦维洛夫（Nikolai Vavilov）出任苏联科学院遗传学研究所所长。李森科之所以平步青云，是受到了斯大林的支持。斯大林痴迷于拉马克学说。据说斯大林晚年唯一的身体锻炼便是在他毗连乡间别墅而建的暖房里移植植物。当他由于当地的极寒霜冻而未能在克里米亚成功种植柠檬树时，他又试图在里海附近贫瘠且含盐的蛮荒草原地带培育橡树和其他落叶乔木，徒劳地希冀它们能够适应并存活下来。

李森科自己从未发展出科学上融贯的遗传观点，然而他仍主导了对俄罗斯遗传学研究主流（非拉马克理论）的系统性压制。大批遗传学家和进化论者遭到监禁或处决，有些就那么

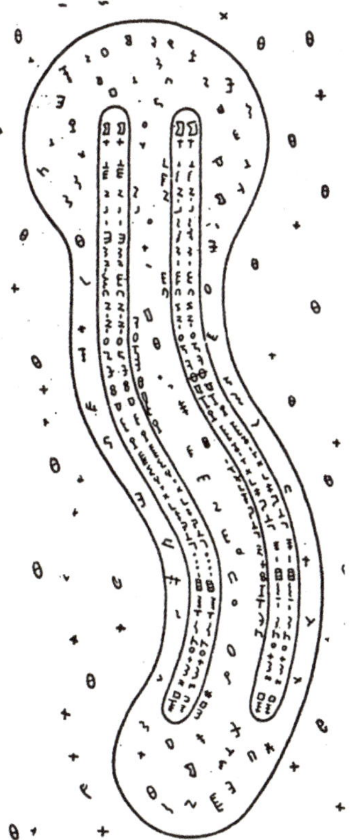

**1927年，俄罗斯生物学家及现代遗传学先驱尼古拉·科尔佐夫提出，遗传性状是通过一种“巨大的遗传分子”传递的，它们“……由两条镜像链组成”，如图所示。25年之后，当詹姆斯·沃森（James Watson）和弗朗西斯·克里克（Francis Crick）公布了他们的DNA双螺旋模型时，科尔佐夫带有先见之明的观察得到了证实。1939年，李森科及其支持者谴责科尔佐夫散播“法西斯主义的种族理论”。科尔佐夫于后一年离世，据说是被内务人民委员会（NKVD）毒害的。**

特罗菲姆·李森科（左）1935年在克里姆林宫讲演，约瑟夫·斯大林（最右）第一个起身欢呼："好极了！李森科同志，好极了！"中间三位从左至右分别是苏联政治局委员斯塔尼斯拉夫·科西奥尔（Stanislav Kosior）、阿纳斯塔斯·米高扬（Anastas Mikoyan）和安德烈·安德烈耶夫（Andrey Andreyev）。

失踪了，他们的理论也从官方记录和教科书中消失了。科尔佐夫成了出头鸟，1940 年神秘死亡。传闻说他是被秘密警察毒害了。瓦维洛夫因致力于消除饥荒而闻名，同时也是世界上最大的种子库的创建者，1943 年饿死在监狱里。

李森科先后受到斯大林和赫鲁晓夫的支持，对苏联科学造成了持续性的破坏，直至 1964 年赫鲁晓夫倒台，他仍在自己位于列宁哥尔克（Gorki Leninskiye）的实验农场里过着太平日子，直到 1976 年去逝。

但在三十多年前，杰出的美国遗传学家赫尔曼·J. 穆勒（Hermann J. Muller）就已写作出版了对李森科的控诉书。在一篇题为《苏联科学的毁灭》的文章中，穆勒写道："对一名科学家来说，李森科的著作是最低级的胡言乱语。"

事实上，在科学观点但凭其自身价值而相互竞争的多元化环境里，李森科将毫无立足之地。他的成功完全借助于政客的支持，他们并不知晓也不在意科学该如何发展，却促使李森科对俄罗斯科学造成了无法弥补的破坏。我们最好牢记这个教训，因为今时今日，科学也有可能沦为政治赛场上的皮球。科学家们常常发现，从国会议员或参议员那里获取政府支持，比冒着风险接受同行评议竞逐国家基金，往往要容易得多。

与此同时，多少有点讽刺的是，新近研究揭示的自然机制，或许能够用来解释卡默勒报告（当然不是墨汁作假）的普遍现象。比如，面对捕食者，水蚤会发育出带尖刺（且无从下嘴）的头部。受到捕食者散发的化学信号的影响，水蚤的尖刺性状有可能会传递给后代，因为它是在面对敌人时 DNA 受到刺激发生的变异所引发的。

这类变异被称为表观遗传（epigenetic），它们与拉马克设想的机制无关，也没有对既定的遗传原则造成任何质疑。然而，正如洛伦·格雷厄姆（Loren Graham）在他 2016 年的《李森科的幽灵》（*Lysenko's Ghost*）一书中所言，这一发现最近被利用来为伟大的俄罗斯科学家特罗菲姆·李森科辩护。前事不忘，后事之师。

# “谍海浮尸”

36

人们绞尽脑汁对付自己的敌人，最著名的例子或许就是那具《谍海浮尸》（*The Man Who Never Was*）。这个标题借自艾文·蒙塔古（Ewen Montagu）1953年出版的同名书，1956年被改编成电影，讲述了一场惊天骗局。

1943年初，第二次世界大战的结局仍在未定之天。北非战役胜负未分，但盟军的战略规划者已经开始考虑从非洲北上进入欧洲南部，夹击德军。而后者此时已将资源从南欧调往俄罗斯，因此后方空虚。

德军对此当然也心知肚明，盟军进入欧洲大陆最有可能的路线是通过西西里岛，这里当时被墨索里尼的法西斯政权掌控，实际则由德军占领。正如温斯顿·丘吉尔所言：“只有十足的傻瓜才会想不到是西西里岛。”

但进攻防备森严的西西里岛无疑要付出巨大代价。那有没有什么办法能让德国人相信，盟军即将发起的进攻会发生在其他地方，从而让他们

**在其精心设计的骗局中，艾文·蒙塔古为他虚构出来的年轻情报人员编造了完整的个人历史，甚至还包括一位未婚妻。这具尸体的真实身份其实是误食老鼠药死去的威尔士流浪汉。**

从目标地区调转防御力量？一年前的一次意外事件展现了这种可能性。

一年前，一架盟军飞机在西班牙坠毁，携带着机密文件的英国通信兵尸体被冲上岸边。西班牙虽然在名义上是战争中立国，但国内出没着大量德国间谍。西班牙政府当局最终将尸体和机密文件一同交还给了英国政府，但这些文件有没有被敌方势力偷阅过是令人怀疑的。这就不禁让人想道：如果这些文件真的被人偷看过，而其中包含的信息又是误导性的，会发生什么？

怎样把德国人的注意力从西西里岛上转移开，成了制订进攻计划的当务之急。英国情报机构通过“二十”（XX，双十字）委员会征调了前律师艾文·蒙塔古和皇家空军指挥官查尔斯·乔姆利（Charles Cholmondeley）——两人都被丘吉尔称赞为拥有“开瓶器般的脑筋”。他们要利用一具明显是飞机失事遇难者的遗骸来制订相应计划，以错误的进攻信息误导德军。

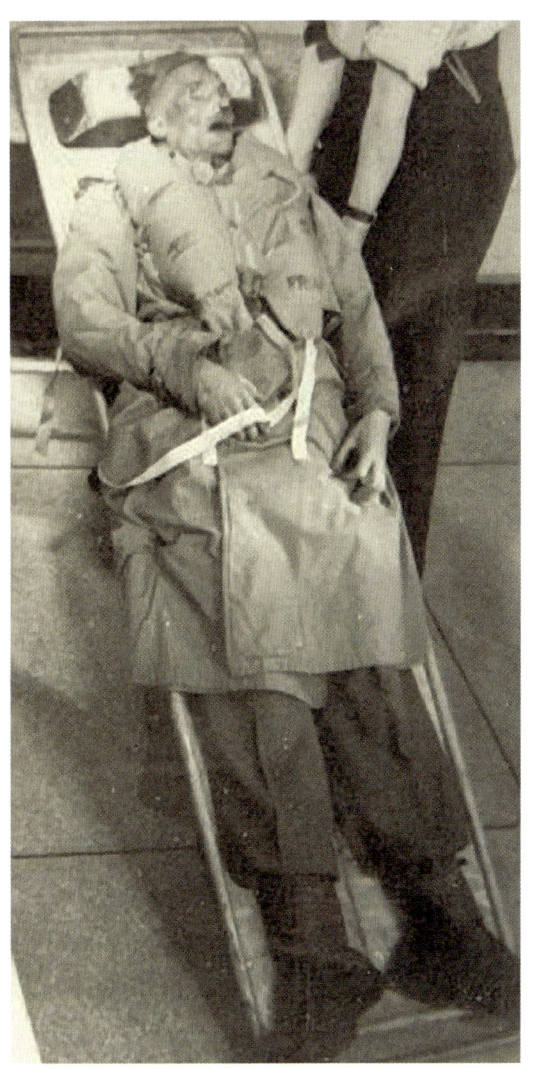

相关信息被善加歪曲，其中最关键的是一封据说是英国最高指挥官写给北非最高指挥官的绝密信件。信中将进攻的真实目标说成是撒丁岛和希腊，同时把为了进攻西西里岛（正受到德国人的密切关注）而做的准备工作讲成仅仅是在转移敌人的注意。信中甚至直截了当地说：“我们占据良机，让（德国人）认为我们会去西西里。”

然而不幸的是，这项代号为“肉馅”的行动（Operation Mincemeat）首先面临的问题，

**“肉馅”行动中征用的格林杜尔·迈克尔（Glyndwr Michael）的尸体。**

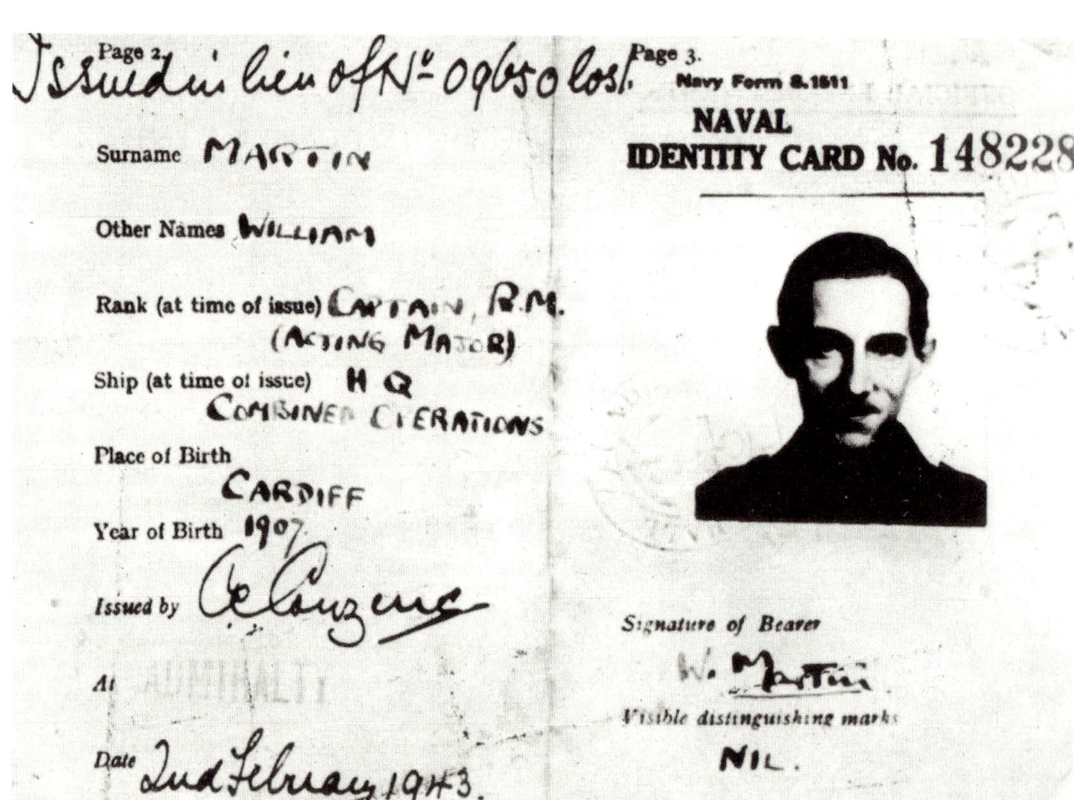
Issued in lieu of No. 09650 lost.

Page 2.

Surname MARTIN

Other Names WILLIAM

Rank (at time of issue) CAPTAIN, R.M. (ACTING MAJOR)

Ship (at time of issue) H Q COMBINED OPERATIONS

Place of Birth CARDIFF

Year of Birth 1907

Issued by

At ADMIRALTY

Date 2nd February 1943.

Page 3.

Navy Form S.1511

NAVAL IDENTITY CARD No. 148228

Signature of Bearer W. Martin

Visible distinguishing marks NIL.

**“威廉·马丁少校”（Major William Martin）的海军身份证件。德国人完全被蒙塔古在尸体身上安排放置的这些伪造文件糊弄住了。破译出来的“英格玛”[21]密电清楚显示，虚假的军事部署（即西西里岛并非英军的主要目标）一路传到了希特勒的司令部那里。**

就是如何获得一具无人认领的、尚未经过尸检的尸体。这项工作并不轻松，却完成得非常出色。多年来，人们一直以为蒙塔古和乔姆利最终取得的尸体，是一名受到德军袭击的英国海军舰艇上的遇难者。但历史学家丹尼斯·史密斯（Denis Smyth）最近研究指出，此具尸体归属于一个名叫格林杜尔·迈克尔的威尔士酒鬼，他在吞食了老鼠药之后，死在一个废弃仓库里，时年34岁。伦敦的一名验尸官提供了这具无人认领的尸体，此前它一直被冷藏保存，以备不时之需。

如果这是真的，那么蒙塔古和乔姆利一定知道自己承担的巨大风险：

21. 译注：英格玛（Enigma）编码机由德国发明家亚瑟·谢尔比乌斯（Arthur Scherbius）发明，1925年投产。德军在第二次世界大战中大量使用这种编码机，一度令盟军陷入不利局面。

迈克尔的尸体不会显示出令人信服的溺毙或是在海上紧急迫降时受到外伤的迹象。不过他们两人显然相信，信奉天主教的西班牙当局不愿对一具浮尸进行尸检，尤其还是一具高度腐烂的尸体。在先前那次事故中就是如此。

与对此的泰然处之形成鲜明对比的是，蒙塔古和乔姆利花了很大功夫为他们的故事主角编造能够令人信服的身世。1943 年 4 月，英国海军潜水艇将这具尸体载到西班牙境内一处海岸边投放，它当时身着英国海军战斗服，携带着“威廉 · 马丁少校”的身份文件。这位海军军官的证明文件似真非假，带着不致令人生疑的漏洞（他显然忘记了要更新自己的联合作战总部通行证）。少校的钱包里还有一些“零碎垃圾”，包括能证明其复杂社会和经济关系的文件，还有一些杂物表明他在按计划冲上西班牙海岸的前几天，去过伦敦海军与军事俱乐部。没有其他假身份能比马丁少校的这个更完整了，而为了让事情更逼真一些，6 月 4 日那天伦敦的《泰晤士报》还登出了马丁少校的死讯。

这些文件装在一个公文包里，别在尸体的腰带上。尸体被运到西班牙南部韦尔瓦 1 英里（1.6 公里）外的海上，附近停着一艘橡皮救生艇。尸体很快被捕捞沙丁鱼的渔民发现。一番仓促的检查之后，死因被认定为溺毙，尸体遂被移交给英国海军专员。随身文件也一并归还给了英方，但都已经过德国人的检查，文件的副本最终一路直呈到指挥链顶端的阿道夫 · 希特勒那里。

并不是每个人都相信这些伪造文件，但希特勒相信了。当英军于 7 月 9 日进攻西西里岛时，德国国防军已经移师撒丁岛和希腊，无法及时重新部署来击退进犯者。西西里岛在有限伤亡中沦陷，随之引发了一连串事件，最终导致墨索里尼在当月月底被推翻（尽管希特勒后来恢复了他的职务）。

然而故事到这里还没完。《谍海浮尸》描述的事件原来并非双重而是三重诡计。就在 1944 年 6 月诺曼底登陆后不久，一艘被遗弃的盟军登陆艇被冲上岸，艇上携带有未来该地区军事行动计划的机密文件。希特勒认为这是跟“肉馅行动”一样的陷阱，无视了这些文件。

# 科尔拉·潘迪特

37

第二次世界大战及其之后的年月里，年轻的美国黑人音乐家生活并不轻松。毕竟在这个时代，小萨米·戴维斯（Sammy Davis Jr.）可以在拉斯维加斯“边境”赌场的音乐舞台上大放异彩，却仍被长街（The Strip）上那些金碧辉煌的酒店拒之门外，只能住在城市郊外一处破败的寄宿公寓里。而如果你不是“鼠帮乐队”[22]的成员，情况只会更糟。

22. 译注：鼠帮乐队（the Rat Pack）是20世纪五六十年代的演唱组合，没有固定成员，弗兰克·辛纳屈、迪恩·马丁甚至梦露都曾是组合成员，其在赌城的演出每场都售罄。

约翰·罗兰·雷德面临的便是这一处境。他生于1921年，是密苏里州圣路易斯的奴隶后代（德雷德·斯科特[Dred Scott]一案的案发地，该案导致1857年时最高法院裁定，非洲人

**科尔拉·潘迪特（Korla Pandit）是个骗子，因为他并非自己声称所是的那个人。不过他并没有想要从听众这里再骗得什么其他东西。恰恰相反，他为听众献上了自己的音乐天赋，《爱的大白话》（“The Universal Language of Love”）。**

WHO'S WHO In TV . . . . . . by Ed. Sotto
HE SPENT HIS EARLY LIFE IN NEW DELHI, INDIA. HIS MOTHER WAS A SINGER WHICH ACCOUNTED FOR HIS SHOWING MUSICAL TALENT AT A VERY EARLY AGE; HIS FATHER, A MEMBER OF ONE OF INDIA'S FIRST FAMILIES, REALIZED HIS NATURAL ABILITY AND THAT LATER ON HE WOULD SEND HIS BOY TO ENGLAND FOR FORMAL TUTORING . . . . .
KORLA PANDIT
KTTV CHANNEL 11
YOUNG PANDIT STUDIED IN ENGLAND BEFORE COMING TO AMERICA WHERE HE CONTINUED HIS EDUCATION AT THE UNIV. OF CHICAGO; FROM THE TIME HE BEGAN STUDYING MUSIC HE HAS APPEARED IN CONCERTS THROUGHOUT THE BRITISH ISLES, EUROPE AND THE U.S. AT ONE TIME HE HAD INTENDED JOINING THE GOV'T. SERVICE IN INDIA, BUT HIS MUSICAL ABILITIES, HOWEVER, OUTGAINED HIS POLITICAL INTERESTS . .
AGE: KORLA MAINTAINS THAT AGE IS DETERMINED BY ONE'S MENTAL OUTLOOK; PROFESSES HIS TO BE THAT OF A YOUNG MAN OF 22.
WHILE ATTENDING COLLEGE, HE MASTERED THE ORGAN IN AN EXCEPTIONALLY SHORT TIME; LATER CAME TO HOLLYWOOD WHERE HE ESTABLISHED HIMSELF IN RADIO AND TV. AS STAFF ORGANIST WITH NBC, LED TO HIS OWN PROGRAM. IN 1948 CONTRACTED FOR BACKGROUND MUSIC FOR "CHANDU, THE MAGICIAN; CO-STARRED WITH LINA ROMAY; FOR 2½ YRS MUSICAL DIRECTOR FOR "TIME FOR BEANY"; ON JULY 6, 1952, JOINED STAFF OF KTTV. LOVES TO WRITE MUSIC, IS AN AMATEUR PHOTOGHAPHER; MARRIED, HAS A SON, SHARI, AGE 4.


埃尔米尔·德·霍里声称只要自己的赝作挂在博物馆里的时间够久，就会变成真的。潘迪特的听众认为他真的是来自印度新德里的音乐天才。经过这么多年的角色扮演，会不会有那么一个时刻，在他的意识深处，自己不再是那个来自密苏里州的约翰·雷德了？

后代无论其是自由人还是奴隶，都不能拥有美国公民身份）。一年后，雷德的家人搬到了密苏里州的汉尼拔镇，之后又搬到同州的哥伦比亚镇。作为一名极具天赋的键盘手，年轻的约翰·雷德很早就清楚意识到，自己的种族（参见第 41 章，人类变异）限制了自己在音乐事业上的发展机会。1939 年移居洛杉矶后不久，雷德将自己的艺名改为胡安·罗兰多（Juan Rolando）。现在，雷德表面上看来是一名墨西哥音乐家，可以加入全部由白人组成的音乐家工会。他当然没有错过这个机会。

奇怪的是，大约在同一时期，新登场的胡安开始佩戴头巾，这顶头巾与 1939 年的电影《午夜阴影》（*Midnight Shadow*）中主角佩戴的那顶十分相似。这部影片的演员全是黑人，雷德的姐姐弗朗西斯也参与其中。这顶头饰成了雷德往后职业生涯中的一个标志，并且或许也让这个所谓的墨西哥人安稳度过了 1943 年在洛杉矶发生的“阻特服骚乱”[23]。在这场骚乱中，一伙正在等候调遣至太平洋战区的白人军人对拉丁裔美国人发起了肆意攻击，因为据说后者毫无爱国之心。其中一些拉丁裔美国人喜欢穿着宽松的服饰。

此时，胡安在贝克斯菲尔德市（Bakersfield）广播电台 KPMC 担任常驻管风琴手，同时也在好莱坞的美国全国广播公司（NBC）做兼职工作，并且在 1942 年发行了自己的首张个人唱片，是一张名为《及时雨》（*Right as the Rain*）的虫胶唱片[24]。1944 年，胡安娶了妹妹过去的室友、欧洲裔美国人贝丽尔·德比松（Beryl DeBeeson）为妻，她是一名迪士尼动画师，在瓦尔特·迪士尼工作室的特效部门工作。鉴于在当时的加利福尼亚州，跨种族婚姻仍是非法的，所以两人的婚礼在墨西哥的蒂华纳（Tijuana）举行。

似乎是新婚妻子给他出的主意，让约翰／胡安再一次改变身份。但这一次，他远不满足于给自己取一个西班牙化的名字，而是设想了一个完全不同种族的人物。科尔拉·潘迪特诞生了。这个名字或许是受到当时著名政治家维贾雅·拉克希米·潘迪特（Vijaya Lakshmi Pandit）的启发，她是印度首任总理的妹妹，那时刚刚在美国进行了一次大张旗鼓的巡回演

23. 译注：阻特服（Zoot Suit）是一种盛行于 20 世纪 40 年代的男性套装，特别受到非洲裔和拉丁裔美国年轻人的青睐，其特点是上装有着夸张的垫肩、长度及膝，下装是高腰且宽垮的西裤。故后文称有些人喜欢穿着宽松的服饰。所谓“阻特服骚乱”，即在当时身着阻特服的少数族裔被公众视为公敌，认为他们与犯罪组织有牵连，且在战争时期浪费国家物资。从 1943 年开始，首先在洛杉矶，随后在全美各地接连发生现役军人、水手、警察等，专门针对穿着阻特服的年轻人采取的暴力案件。

24. 译注：20 世纪上半叶的早期唱片以虫胶为制作原料，虫胶又称紫梗、紫胶，是一种天然树脂。

讲。科尔拉·潘迪特的履历逐渐成形：他是出生在印度新德里的钢琴天才，母亲是法国歌剧演唱家，父亲是印度婆罗门贵族。他在孩童时被送去英国接受教育，随后横渡大西洋来到芝加哥大学，在那里接受古典音乐家的训练，熟练掌握了管风琴的演奏技巧。

改头换面的身份取得了意想不到的效果。1948 年到 1949 年，科尔拉为一出冒险侦探广播剧《魔术师詹杜》（*Chandu the Magician*）演奏了东方韵味的管风琴配乐。同年晚些时候，他在 KTLA 频道上得到了一档每日 15 分钟的电视节目。他在节目中不需要开口说话，取而代之的是在弹奏电子钢琴（Hammond organ）和三角钢琴——经常是双管齐下——的同时，深情凝视着镜头。

不管他的缄默不语是否是由于印度口音太难模仿，但演出流程都是一帆风顺的。据说，这位缠着头巾的钢琴天才每周有五天，都会用自己性感迷人的目光和令人惊叹的键盘演奏技巧迷惑住一大票观众，其中大多数是白人家庭主妇。这档节目总共播出了九百多期，自那时起很少有其他节目能与之匹敌。只可惜这些现场表演几乎没有录像存世。

20 世纪 50 年代早期，科尔拉偶尔会与罗伊·罗杰（Roy Roger）的原创乐队“先锋之子”（the Sons of the Pioneers）一道录音，并在维塔唱片（Vita Records）发行专辑。这家唱片公司被公认为是“黑人艺术家”厂牌，但科尔拉坚持自己的印度身份并最终开创了自己的厂牌“印度唱片”（India Records），稍后并入了幻想唱片（Fantasy Records）。

到了 1951 年，科尔拉开始和路易·B. 斯奈德（Louis Snader）合作，

**科尔拉·潘迪特和他的妻子贝丽尔，以及两个儿子，沙里·科拉姆（Shari Koram）和克里斯·科拉姆（Khris Koram）。**

后者是一名企业家，开创了“电视脚本”的先河，将录像租给全国的电视台，供其填档播出。这样一来，参与制作这些录像的艺术家就获得了极大的曝光机会。1954年，斯奈德与科尔拉签下了总共52集半小时电视节目的合约，但合同条款规定的义务过于繁重，科尔拉在表演了最低限度的场次之后，便抽身退出了。他被一位寂寂无闻的钢琴手取代，后者接手了科尔拉的工作、钢琴以及装饰物。新的钢琴手只有一个名字：李伯拉斯（Liberace）。李伯拉斯的形象至少有一部分是科尔拉已经设定好的。

随着时间的推移，科尔拉的音乐风格逐渐过时。只不过随着夏威夷风情酒吧（tiki bar）的再度风靡，科尔拉在20世纪90年代又火了一阵子。他最后一次演出是在1997年，在洛杉矶的月神苑俱乐部（LunaPark club），当时他的健康状况已经不怎么好了。

约翰·罗兰·雷德终其一生都在表演。不过或许他最精彩的演出是在幕后：他和家人一直保持着亲密的关系，即便是在成为胡安·罗兰多和后来的科尔拉·潘迪特之后。这一点非比寻常，因为20世纪50年代的时候，大多数浅肤色的黑人艺人由于害怕被赶出局，都不惜与家人和自己的过去斩断关联，以此蒙混过关，换取事业上的成功。

科尔拉从未抛弃过自己的家人，并且正如《旧金山纪事报》（*San Francisco Chronicle*）记者杰西卡·扎克（Jessica Zack）所言，“每天都生活在谎言中必定困苦不堪”。她指出：“这可不是舞台上的一幕戏，只有一两个小时，这是每天24小时，一周七天，贯穿一生的演出。科尔拉披上了这层人设，却再也无法褪下它。”当然，在这个漫长的传奇故事中，总有几个局内人知晓真相。然而出于对科尔拉这个非凡人物的尊重，没有人吱声。

当然，异国身份只构成了故事的一小部分。这位沉默不语、魅惑人心又完全是杜撰的科尔拉·潘迪特，何以能够成为史上最受欢迎的音乐明星之一，其原因也再简单不过。像撒玛纳扎（参见第11章，“虚构的种族”）一样，科尔拉对自己所做的事极为擅长。

# 冬天的狮子

38

他是世界上最著名的古人类学家，一位饱经风霜的化石采集者，因在其故乡非洲发现了现存世上最早的人工制品和人类化石而出名。她比他小 15 岁，是一位活力四射、野心勃勃的考古学家，来自北美洲西部。这片大陆仍被专家公认为，在迄今至少 30 000 年前，还没有被人类踏足过。

受到自己在花布山（Calico Mountains，位于加利福尼亚州莫哈维沙漠附近）地区挖掘发现的鼓舞，露丝·蒂埃特·（迪）辛普森（Ruth DeEtte “Dee” Simpson）在 1959 年飞往英国，与路易斯·利基（Louis Leakey）见面，随后又拜访了伦敦的自然历史博物馆。辛普森当时带着一些破碎的石片，她认为这些碎石是 10 万年前早期美洲人制作的工具。它们看起来平凡

**路易斯·利基和露丝·蒂埃特·辛普森在花布山现场。辛普森回忆道，利基第一次来的时候，当时他们两人刚登上一处山坡，利基停下来对她说：“你就在这里挖。”**

无奇。不过话说回来，利基在奥杜威峡谷（Olduvai Gorge，在如今的坦桑尼亚境内）发现的早期人工制品也同样不起眼。

路易斯·利基 1903 年出生于肯尼亚，父母为传教士，他在科学的领地独自耕耘。利基在剑桥大学学习人类学，不久之后就去到家乡非洲东部寻找古代人类化石，他确信人类最初就是从这里发源的。这个推论与当时科学界盛行的欧亚大陆是人类故乡的看法截然相悖。实际上，就在利基毕业的时候，解剖学家雷蒙德·达特（Raymond Dart）宣布在他的居住地南非发现了最早的猿人化石，却遭到了坚决反对。

一场混乱不堪的离婚闹剧让利基在剑桥大学的前途化为泡影，在剩下的职业生涯中，他成了一名独立的肯尼亚研究人员。在去肯尼亚西部寻找古猿化石之后，利基与其新妻玛丽两人在奥杜威峡谷展开了艰苦的工作。在那里，他们发现了大量早期的石器，其中包括泪滴形的大“手斧”，与那些久负盛名的欧洲手斧相似。在更早的堆积层中他们又发现了简易的石片以及用石锤敲打出来的拳头大小的卵石。

玛丽的细致工作令考古学家们相信，平平无奇的片状卵石的确是最早的人造石器。而鉴于工具的存在意味着制造者的存在，人们也开始寻找制造了这些工具的古代原始人类。这花了好几年的时间，不过最终在 1959 年，利基的坚持得到了回报，在奥杜威峡谷发掘出了著名的“胡桃夹子人”（Nutcracker Man）的头骨。不久之后，利基宣布自己的研究小组还发掘出了更轻巧的原始人化石，他得意地将其命名为“能人”（Homo habilis）。这是我们人类这个属中最早的种，可以追溯到大约 180 万年前。

这些发现令利基夫妇一下子成了科学界的名人，并证实了利基长期以来的信念，即非洲是人类文明的摇篮。它们显然也让利基更加确信，当务之急是找到那些“最早”的东西。然而新近获得的名声也使得利基有机会发展自己长期以来对现存灵长类动物的研究兴趣，他将其视为理解早期人类行为不可或缺的范例。值得注意的是，利基在三位年轻女性（简·古道尔 [Jane Goodall]、迪安·福西 [Dian Fossey]、比鲁特·加尔迪卡斯 [Biruté Galdikas]）各自开启对黑猩猩、大猩猩和红毛猩猩的研究中，

**围绕花布山上出土的石头碎片产生的争议，集中在它们到底是人造物（由人类塑造成形）还是地质产物（自然成形）。如今，美国考古学家中的压倒性共识是，它们属于后者。**

发挥了重要作用——媒体对此大肆宣扬。

利基对漂亮的年轻女士缺乏抵抗力，这几乎不算什么秘密。于是当迪·辛普森在 1959 年出现时，两人随即因为这些花布山上的石头走到了一起。此外，早在 1929 年，利基在剑桥大学的一次讲座中就宣称，人类至少在 15 000 年前就已经在美洲新大陆定居。这远比当时公认的观点提前许多，也没人把利基的观点太当真。但是现在，30 年之后，利基找到了证实自己说法的机会。

此时，玛丽已经是原始石器方面的杰出专家，同时对花布山的地质状况抱有极大的怀疑。令她十分反感的是，利基筹集到了一笔资金，用于对花布山进行考古勘探。美国国家地理学会对其考古顾问万斯·海恩斯（Vance Haynes）的建议置若罔闻，为大红人利基提供了这笔钱。

于是无怪乎，当挖掘工作于 1964 年启动时，质疑声不绝于耳。然而

1972 年，花布山遗址登上了美国国家史迹名录（the National Register of Historic Places），并对公众开放。它包括了一个游客中心、一个礼品商店以及导游路线。

到了 1968 年，利基和辛普森在声名卓越的《科学》杂志上发表了一篇论文，宣称他们在花布山上一处新的遗迹中发掘出了大量石片，都是由人有意制作出来的，并且至少有 50 000 年的历史（私底下，利基猜测要更久远一些）。

当时几乎没有人相信他们，现在也几乎没有人相信他们。万斯·海恩斯在 1973 年时，发表了对这些花布山“制品”最权威的分析，他得出结论，这些所谓的工具实际上只是普通的石头，在河床上互相猛烈撞击，碎成了最终的样子。在此情况下，这些石头沉积的时间——仍不确定——与美洲早期的居民并不相关。

年老体弱的利基在花布山发掘工作中投入了大量精力，最终尴尬收场。这令他的职业声誉大打折扣，也影响到了他和妻子的关系。玛丽此时已经开始过着越来越离群索居的生活。正如她尖锐指出的那样，花布山对利基的事业而言是“一场灾难”，同时“也是我们分道扬镳的主要原因”。另一方面，迪·辛普森利用这场发掘谋到了圣贝纳迪诺县博物馆（San Bernardino County Museum）馆长的职位。她一直做到 1982 年退休，此时距利基 69 岁去世已经过去了十多年。

路易斯·利基是一个有着强烈直觉的人，经年累月艰苦不堪的热带田野考察却对他的身体造成了严重的损耗，最终，他的直觉背弃了他。实际上，玛丽在她的回忆录中强烈暗示，1966 年后，利基几乎无时无刻不受到身体病痛的困扰，而这损害了他的判断力。更令人扼腕叹息的是，如果利基坚持自己最初的直觉，他现在或许会被誉为极富先见之明。因为当大多数专家学者预计美洲的人类殖民历史只有 2 000 年左右时，利基预计有 15 000 年。这与克洛维斯文化——美洲最早的广泛散布且得到完好保存的人类文化——的 13 000 年历史极为接近。尽管现在又出现了更早的竞争者……

# 唐纳德·克劳赫斯特的忧伤传奇

39

有谁不曾向往过，以无人能及的速度独自航行环游世界？好吧，我们或许都没这么想过。但在1895年到1898年，当持有船长证书的约书亚·斯洛克姆（Joshua Slocum）驾着自己的单桅帆船“浪花号”（Spray）从波士顿港出发，独自环游世界（沿途多次停靠）时，许多人强烈渴望完成这项要求越来越严苛的壮举。实际上，自1989年以来，一项正式的环球单人航行赛事每四年举办一次。这项史诗冒险般的赛事被称为“旺底不靠岸单人环球航海赛”（Vendée Globe），通常每届都能吸引到多达二十多名意志顽强的人，竭力在最快的时间里完成不靠岸环球航行。

今时今日，旺底环球航海赛的参赛选手驾驶着配备了雷达、应答机、GPS定位设备以及其他那些现代导航装备的帆船竞相角逐。它们航行中的每一英里都能被追踪到，船上的人清晰地知晓自己身处何方，其准确程

**对页：唐纳德·克劳赫斯特（Donald Crowhurst）登上“廷茅斯电子号”（Teignmouth Electron），开启了他那霉运不断的航程，试图完成一次单人环球帆船赛。他的无线电报告显示，他创造了最快的比赛时间纪录，直至比赛结束时，克劳赫斯特消失得无影无踪，再也没人见过他。**

度令人咋舌。不过当五十多年前，伦敦的《星期日泰晤士报》（*Sunday Times*）主办首次环球单人赛时，一切都更为原始。海上一片寂寥，噼啪作响的短波无线电是与岸上沟通的主要手段。

然而，尽管（或者恰恰是因为）存在着所有这些危险，对极限帆船赛的热情在 1968 年达到了高潮。在英国尤其如此。《星期日泰晤士报》赞助的航海家弗朗西斯 · 奇切斯特（Francis Chichester）此时刚结束首届单次靠岸单人环球航行赛，回到普利茅斯，并在码头上接受了伊丽莎白女王的授封，紧挨着他那艘无畏的双桅轻便帆船“吉卜赛飞蛾四世”（Gipsy Moth IV）。尽管如此，不靠岸环球航行是否可能，仍旧没有人知道。

可想而知，《泰晤士报》举办的“金球杯”（Golden Globe）环球赛吸引了大批参赛者，从经验丰富的海员到对航海几乎一无所知的名流。见怪不怪的是，迟到的参赛者里出现了一个极限航海圈子从未听说过的名字：唐纳德 · 克劳赫斯特。更令人大跌眼镜的是，在比赛过程中，克劳赫斯特似乎一度赢得了冠军。1968 年 12 月上旬，根据几次零星传来的关于其方位的无线电报告，世界各地的报纸都热切预测，这位默默无闻的航行者将会创造“金球杯”的最快时间纪录。随后，悲剧便上演了。

唐纳德 · 克劳赫斯特是一名电子工程师，经营着一家制造导航设备的小企业，航海对他来说仅仅只是为了娱乐。当他的生意出现滑坡时，克劳赫斯特把目光落在了“金球杯”为最快环球航行者开出的 5 000 英镑奖金上。他嗅到了名利双收的机会，也看到了三体帆船的设计具备快速航行的潜力（当时还未经证实），于是乎，他期待通过这场比赛咸鱼翻身。

但克劳赫斯特当时已经身无分文，不得不在比赛中向他的一位投资人寻求赞助，后者提出了非常苛刻的条件。最终，克劳赫斯特不仅抵押了自己的买卖，还抵押了自己住的房子，才得以驾驶“廷茅斯电子号”参赛。这是一艘 40 英尺长的三体帆船，在 1968 年 10 月 31 日的截止日期前匆忙建造完成。

克劳赫斯特出师不利，这或许是不祥的征兆。即便比赛用船按时建造完毕，原本计划从船坞开到德文郡比赛起点的三天行程，实际上却花了两周时间，几乎没给补给和最后检修留有余裕。于是，克劳赫斯特在最后一刻，毫无准备地踏上了他那命运多舛的旅途。自6月1日（官方许可的首个出发日）起，已经有8名参赛者出发了。但到克劳赫斯特出航的时候，其中3人已经弃赛，不久又有更多人弃赛。

到了12月上旬，只剩下4名选手还在进行比赛，其中一人很有可能获胜，却在冷静权衡之后放弃了比赛。于是只剩下克劳赫斯特和驾驶传统双桅帆船的前海军军官罗宾·诺克斯－约翰斯顿（Robin Knox-Johnston），以及驾驶另一艘三体帆船的奈杰尔·泰特利（Nigel Tetley）。诺克斯－约翰斯顿和泰特利两人早已绕过好望角向东航行，克劳赫斯特却仍远远落在北大西洋上，困在一艘急速朽坏的帆船上。克劳赫斯特逐渐意识到，这艘船撑不过南大西洋汹涌的波涛。

**1969年7月10日，一艘路过的货轮发现了遭到遗弃的“廷茅斯电子号”漂浮在海上。它后来几经转卖，如今横陈在开曼布拉克岛（Cayman Brac）的一处海滩上，腐朽不堪。**

**在德文郡西顿的家中，唐纳德·克劳赫斯特的遗孀克莱尔（Clare）回忆道："我每一天都在想他……我确实觉得事情就这样了——真的什么都没留下。"**

大约在这个时候，克劳赫斯特发来的航行速度不明原因地加快了。圣诞节时，他通过无线电告诉妻子，自己"离开了开普敦"。实际上，他离开的是巴西南部，对自己无望取胜的事实心知肚明。此后，他在主办方允许的限度内尽量少发无线电报告，但同时开始伪造航海日志，记录下根本不存在的航行进度。3 月份的时候，他偷偷在巴西上岸添加补给，随后在大西洋上闲逛，同时却用无线电报告说自己正从西面靠近好望角。

显然，克劳赫斯特的如意算盘是在大西洋上静候，直至能合情合理地重回比赛，并赶在领头者前面夺取冠军——与 1980 年波士顿马拉松赛上，赛跑选手罗西·鲁伊斯（Rosie Ruiz）的所作所为如出一辙。泰特利当时领先，但他认为克劳赫斯特咬得很紧，便急起直航，让自己那艘三体帆船超负荷运转，最终在离目的地只有 1 300 英里的地方沉入大海。

泰特利被救了上来，诺克斯－约翰斯顿便顺理成章地在 1969 年 4 月 22 日赢得了首届单人不靠岸环球航行的奖杯。由于克劳赫斯特是在诺克斯－约翰斯顿之后出发的，所以他仍有机会角逐最快环球航行的奖金。但他显然也明白，如果自己确实赢得了这笔钱，那么他的日志和其他记录都将受到严格审查，且根本无法蒙混过关。这一点，再加上新闻界对此事的浓厚兴趣，以及回到英国之后的名流款待，显然压力和负罪感沉重到了令人不堪忍受的地步。

克劳赫斯特的日记愈发凌乱含混，在 1969 年 7 月 1 日的最后一则日记中，他写道“结束了……我打算退出比赛”。仅仅 9 天之后，“皮卡迪号”(Picardy) 邮轮在中大西洋上遇到了空无一人漂浮着的“廷茅斯电子号”。听闻这个消息之后，英国举国悲痛，并追认克劳赫斯特为民族英雄。诺克斯－约翰斯顿把自己的奖金捐给了克劳赫斯特的家人。但追捧只是暂时的。正如克劳赫斯特本人意识到的那样，他伪造的航海日志不久后出版，真相随即大白于天下。

克劳赫斯特在整个故事里都很难称得上是一个理想楷模。但由于传闻说他溺水身亡，唐纳德 · 克劳赫斯特随即成了一个反文化偶像。他那令人疑窦丛生的大西洋探险激发了书籍、电影、纪录片、视频、歌曲、舞台剧和诗歌的灵感。克劳赫斯特的故事杂糅了狂妄、欺诈和悲剧的因素，让人联想到深深根植在人性中的模糊、道德和其他品性。你只要想一想，这么一个绝望的人，独自一人在浩瀚的海上，被自己的野心、良知和近在眼前的死亡裹挟。这是一种什么感觉？

然而，即便是所有这一切都不足以解释为何死去的克劳赫斯特能够牢牢抓住一代人的想象力。到底是什么东西，让人们对这个并不完美的反英雄人物失去了抵抗力？

# 阴谋论

\ 40 /

25. 译注：这位所谓的中国天体物理学家并不存在，纯属阴谋论的虚构。

1969 年首次登月成功后，阴谋论登时甚嚣尘上：登陆场景由美国政府在好莱坞电影工作室设置拍摄，目的是在太空竞赛中领先俄罗斯一步。一大堆推测政府欺骗行为的证据被摆了出来：NASA 拍摄的照片中，尼尔·阿姆斯特朗（Neil Armstrong）和巴兹·奥尔德林（Buzz Aldrin）在月球插上的旗帜因一种不可能出现的微风而飘荡；不存在能标记登月舱位置的火山口；一张照片中（p206 图）出现了神秘物体，可能是摄影棚里的聚光灯；诸如此类。但所有推论都被 NASA 科学家迅速且彻底地驳倒了。

随后，一个完全相反的故事出现了：阿姆斯特朗和奥尔德林确实登上了月球，但同时，他们在月球看到了一副人类骨架，身着格子衬衫和蓝色牛仔裤，周边有赤脚的印记。这一怪异发现被 NASA 雪藏了，直到一位中国天体物理学家康茂庞（kang mao-pang）[25] 得到了其中一张照片。

**对页：由于 NASA 的拍摄、传输和数据似乎存在异常，以及所谓环境状况有悖于力学原理，1969 年至 1972 年美国的 6 次载人登月行动时不时被人认为是一场骗局。正如这张造假照片描绘的那样。**

康茂庞认为这是一场惊天欺瞒："美国人显然认为世界上没有任何人有资格分享这则消息。"

人骨的故事最初出现于超市小报《世界新闻周刊》（*Weekly World News*），这可能是最难采信的信源了。但它在互联网上如野火般迅速传播，被一年复一年、一次又一次地重新讲述。这种行为在原则上很难让人理解，但对见过太多类似现象的研究者来说，并非新鲜事。社会学家发现，如果你相信航天员从未登月的故事，那么你也大概率会相信月球上有骨架的故事。同时接纳两个完全相反观点的能力被称为认知失调，会导致一种非同寻常的极端状况。那么，为什么会出现这样的状况？

相信进化是生物对环境的积极适应和自身不断优化的过程，是我们时代最大的神话之一。事实上，随着进化论自身的进化，越来越明白的是，进化变异其实受到诸多不同因素的影响，有时甚至完全是随机适应，这一结论已非常明确。譬如，人类还没有被大自然改造到能适应特殊环境，人脑就是例证。

人与其他动物相当不同，对将感官信号转化为心智语言符号有着无可遏制的冲动，由此拥有产生复杂联想的能力。联想又是让我们拥有理性思考能力的基础，后者是人类独有的骄傲。但这一更偏重直觉和情绪化的功能却是拥有远古历史的大脑新近才获取的能力，是脊椎动物在上亿年进化过程中逐渐获取的。

于是，远古大脑退居二线，崭新的理性思考功能粉墨登场，也让我们免于成为冰冷的、只会计算的史波克[26]（Spock）。谢天谢地。但直觉与理性的诡异组合也意味着我们的大脑有时会做出荒谬的表达，比如说，在没有阴谋的情况下预设阴谋论的存在。近期最充满恶意的案例发生在美国康涅狄格州钮顿城，在桑迪霍克小学发生了针对学生的无差别枪击案之后，悲痛万分的家长还要收到主要来自激进分子的诘问。后者显然认为枪击案从未发生，一切不过是支持枪支管制的人编造的政治噱头。

即便是我们当中最理性的人也会受此类事件影响：不久之前的调查显示，美国有 63% 的登记选民至少相信一个政治阴谋论。同时，信仰并

26. 译注：史波克是电影《星际迷航》中的人物，他所生长的瓦肯星强调严肃的逻辑教育，人类的情感则受到嘲笑。

WEEKLY WORLD NEWS

Nov. 25, 1969 70¢/75¢ CANADA

HELP ME FIND MY BABY!

Infant snatched from mom's arms at hospital

'Absolutely mind-boggling,' say shocked scientists

# HUMAN SKELETON FOUND ON MOON

Top matador gored to death — & docs discover he's a woman!

Astonishing photo blows lid off government cover-up!

非是恒定的，人们的取向与外部环境高度相关。赶上了好时候，人们就会更加自鸣得意和沾沾自喜。一旦时运不济，感到无助和缺乏力量，人们就倾向于相信各种阴谋（参见第2章，“末日预言”）。

这是因为，获得对重要事件的解释能让人拥有掌控感（尤其是你觉得别人不知道时）。而对失去掌控感的恐惧，则可以由政治学家布伦丹·尼汉（Brendan Nyhan）和杰森·赖夫勒（Jason Reifler）的“逆反效应”来完美解释：“揭穿错误的政治信息会让人们更加确信假消息是真实的，而不是去选择相信事情的真相。”

掌控感完全是我们的主观产物。但这无关紧要，无论如何，我们大部分时间里都生活在自己脑海中的那个世界，而非现实世界。

**中国天体物理学家康茂庞称，1969年阿波罗11号登月时发现了一副人类骨架。他还获得了一些骨架照片，称其来自“一个无可置疑的美国信息源”。这一事件是如此神秘，以至于连登月宇航员自己也不知道。**

# 种族谬论

41

没有哪个词汇比“种族”更容易导致分裂和误解的了，也没有哪个词汇比“种族”更能勾起人们对美国历史至暗时刻的回忆。尽管如今科学家们强调“种族并不存在”，但这个棘手且极其无用的概念仍然被好心的政府不断强调——在人们每一次为自己填表分类的时候。

当然，从字面上来看，“种族并不存在”的论调相当违背常理。任何人只要走上美国大城市的街道，就会立刻意识到人类种群的多样性。这种多样性确乎由宽泛的地理界限构成：猜测某个人的部分祖先来自非洲、欧洲或是东亚通常并不困难，而且正确答案往往相差无几。人们对“种族”的认知确乎伴随着历史的回响。

智人诞生于约 20 万年前，是一个年轻的物种。约 10 万年前，他们第一次离开了起源之地非洲大陆，逐渐占领整个世界，取代了原先居住着的人种，比如尼安德特人。这场如此晚近的起源与迁徙表明（迅速发展的基因科学也同样雄辩地证明），今天我们看到的人类基因变异其实是相当近期的事了，而且非常表面。在非洲三大主要猩猩种群之间发现的基因差异，都比世界各地人类基因之间的差异要大。

当这个新近诞生的种群在全世界范围迁移的时候，其成员是流动的狩猎采集者。他们以小群体聚集移动，共同跨越广袤的大地。从这样的人口环境来看，无论什么种族，当地人口的小型多样化确实很可能发生。在人类活动的早期阶段，世界不同地区的人们因此获得了微小的身体特征差异，这为今天我们辨认不同人的地理起源泄露了天机。

其中一些特征差异产生了重要的结果，比如牧牛人尤为典型的乳糖耐受能力和通过乳制品维生的能力。其他则多是没有功能性意义的随机差异。这是因为进化并不是通常人们认为的单向适应和优化，在我们变成今日这般模样的过程中，偶然和意外扮演了重要的角色。

但即使人类已经在世界各地所有的宜居地带安顿下来，人口仍在持续增长。这种增长源于约 1 万年前开始的定居生活和农业的诞生（在世界几个不同的地域独立发展起来）。

狩猎采集者的居住密度较小，但农业需要劳动力来耕种田地，定居的母亲也能同时抚养更多的孩子。新的定居生活方式改变了整个人类的人口动态，带来了人口爆炸。伴随着和相邻群体之间的通婚，后代不再仅仅拥有本地特征，人与人之间的基因和身体差异越来越模糊。

我们如今生活的时代，个体和群体迁徙之程度前所未有。正在进行的人类通婚进程，其历史如此漫长，以至于在任何人类族群之间都无法划

**北美各国、欧洲各国、澳大利亚大型城区街道的典型场景。**

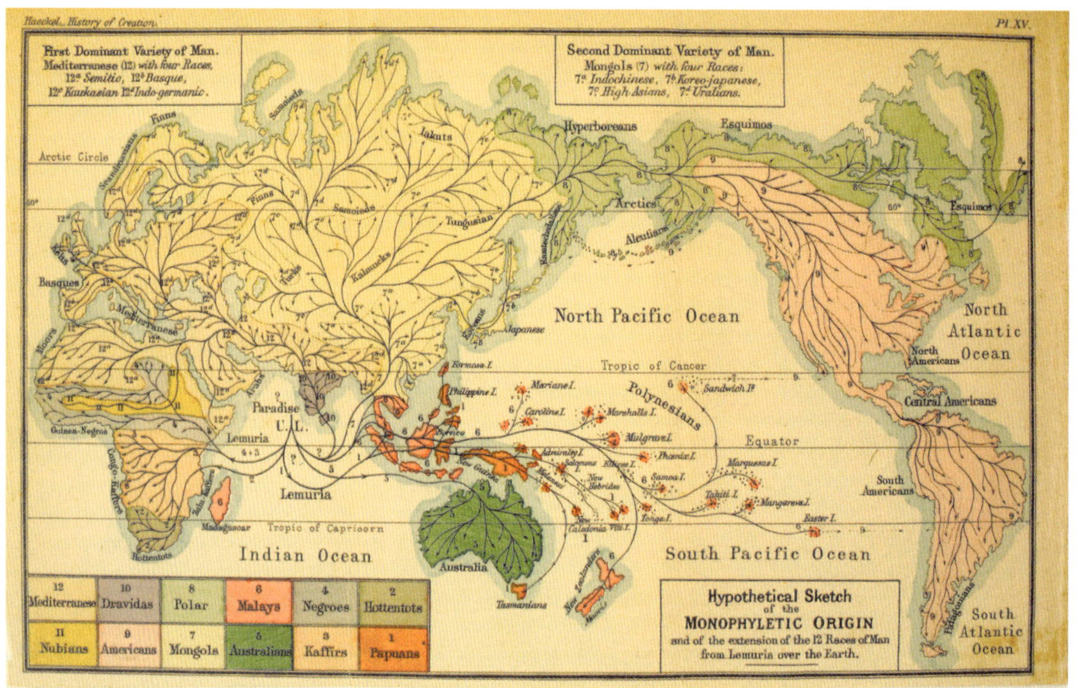


**德国的恩斯特·海克尔（Ernst Haeckel）是达尔文学说的捍卫者和传播者。他假设了一块名为“利莫里亚”（Lemuria）的消失大陆，不同人种正是从这里四散开来的。**

出一条明确的界限，那么定义一个整体也就无从谈起。这就是科学家坚持“种族并不存在”的原因。

1972 年，哈佛大学基因学家理查德·勒沃汀（（Richard Lewontin）在查阅了全世界人类群体的基因差异后，认为 85% 的差异存在于群体内，只有 15% 的差异超越了同一群体的范畴。换句话说，群体内部——甚至在某种视角下称为“种族”的群体内——的异质性远大于群体外。全世界海量基因组信息的涌入，有力支撑了勒沃汀发现的差异的一般模型，也质疑了区分“种族”的实际价值，甚至其可能性。

人类基因组的复杂程度是惊人的，包含了 30 亿比特不同的信息。这些数据编码了每个个体的历史，记录了人类的世界性大迁徙与个人的最终起源。通过计算不同国家的人类基因组数据，未曾预料的结果出现了。比

**4 种主要智人的地理分布地图。非洲是黄色，澳洲是红色，欧洲是绿色。蓝色的亚洲在一侧和欧洲相似（西伯利亚中部略带黄色的绿色），在另一侧又和澳洲享有共同点。由于族群混合的原因，在北美和北非呈现出的非洲与欧洲的过渡，在中亚地带呈现出的欧洲与亚洲之间的过渡，都非常明晰可辨。**

如，那些认为是同类的冰岛人，却有可疑数量的同胞祖先来自苏格兰。基本上任何人在向基因地理计划或基因检测公司 23andME 提交 DNA 样本后，都会收获一点小惊喜。

因此，关于我是谁的问题，基因角度的回答与家族传统告诉我们的答案常常完全不同。这并不稀奇，因为基因是生物学测量的对象，而身份角色取决于人们的信仰。正是这一现实奠定了有关种族最重要的基础：这一概念在某种程度上或许有用，但永远不应该和文化身份混淆。因为无论他或她来自什么背景，每个出生在世界上的新人类都有潜力吸收任何语言、接受任何文化信仰。这就是人性。

从另一角度说，在 6 岁甚至更小的时候，不同社会的孩子就已经吸收了一些偏见和价值观，认为成长在世界其他地方的同龄人和自己的生活完全不同。在这个迅速全球化的星球上，这是产生矛盾的潜在原因。无论我们地理上起源何处，文化始终是决定我们身份的最重要因素。在今天，最重要的是我们自己决定我们是谁。

# 冻结的自我

42

位于纽约的美国自然历史博物馆里，有一个一尘不染的地下室，装满了巨型不锈钢罐子。打开其中一个，迎接你的是一朵冰凉的液氮之云。在罐子里，你能找到取自海量动物物种的组织样品，每一个都被细致包裹、认真甄别。更重要的是，它们蕴含着每一物种的DNA。自从测定长长的DNA分子序列变得快捷且廉价，它已经成为科学家确定不同物种在巨大生命之树上所处位置的重要工具。

安布罗斯·莫奈尔冷冻收藏中心（The Ambrose Monell Collection）创新使用生物冷冻学的最新技术，通过极端低温来保存现有生物的组织。冷冻科技的其他生物性使用还包括冷冻精子、卵子和胚胎用以未来生殖，以及外科移植、医学急救等不同用途。

**对页：“杜瓦瓶”（Dewar tanks）用来储存经液氮冷冻的尸体。在室温下，氮是透明无味的气体，占地球大气的78%。在零下320华氏度[27]，氮会变成纯净的无色液体。生物学家用其保存血液、生殖细胞（精子和卵子）、生物组织。人体冷冻产业则用其保存临床死亡的患者，用以实现未来可能的复活。**

27. 译注：等于零下160摄氏度。

28. 译注：等于 25 摄氏度。

生物冷冻领域一场极其自然的实验发生在 1986 年的盐湖城。米歇尔·芬克（Michelle Funk）是个刚学会走路的孩子，由于不慎跌入山间冰冻的河流中，在水下淹了一个多小时。尽管被人发现时她的脉搏和呼吸已经停止，但她还是被紧急送往医院。医生使用心肺转流设备确保米歇尔的身体暖和起来，一旦体温达到 77 华氏度[28]，她的心跳和呼吸就自然恢复了。

不出几年，米歇尔又变回了那个健康成长的小孩。医生推测，她的大脑对氧气的需求因为遭遇急冻而迅速消失，在整整 66 分钟的溺水过程中，她的身体机能显然完全中断，从而防止了大脑和其他组织受到损伤。

事件发生时，人体冷冻保存的概念已经在一些圈子里盛行。1962 年，物理学家罗伯特·埃廷格（Robert Ettinger）出版了《展望不朽》（*The*

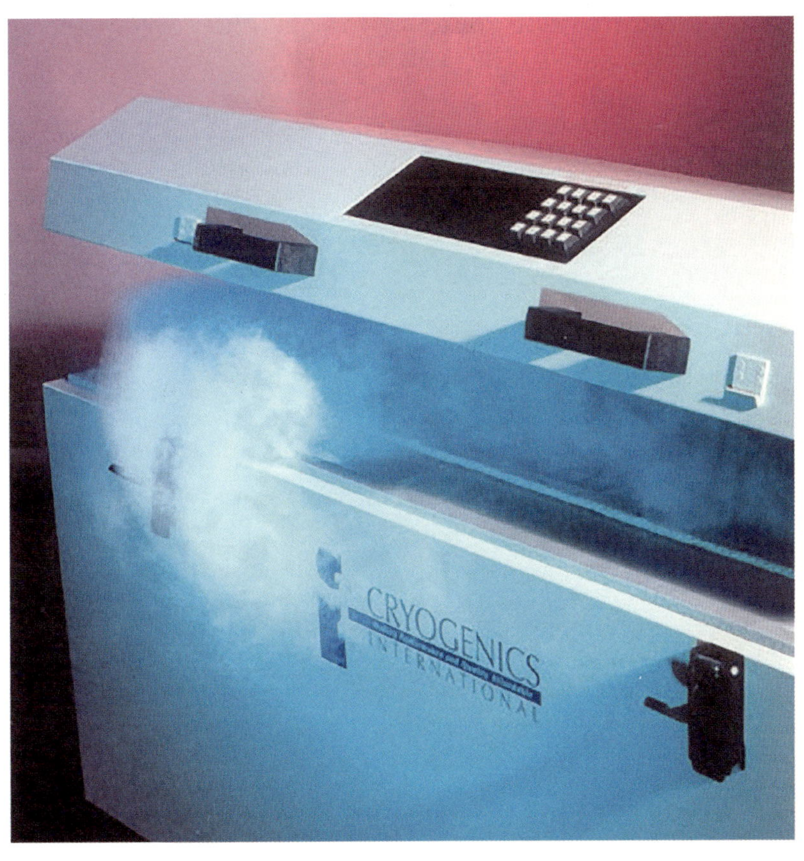

*Prospect of Immortality*），这是人体冷冻学领域的奠基性著作。

一方面，医疗技术的飞速进步给埃廷格留下了深刻印象；另一方面，他又担心自己直面死亡时，科学还没有找到治愈他疾病的手段。因此，埃廷格设想死后将尸体冻结，直到治疗手段和解冻手段被发现。

悖谬之处显而易见：冷冻的组织（不是冷藏）会造成不可逆转的改变。而且迄今为止，还没有人想到恢复冷冻人体——尤其是尸体——到正常机能的方法，哪怕最微不足道的灵感也没有。但尽管如此，埃廷格还是成立了一家贯彻他意志的公司。加利福尼亚大学的心理学家詹姆斯·贝德福德（James Bedford）对科技进步有同样的信念，1967 年，他成为埃廷格的首位深冻客户，被存在一个液氮罐中（1991 年，他又被转移到更先进的储存设备中）。

当然，问题还在于，你无法在合法死亡前冷冻。而死亡，是一个终点。但人体冷冻专家并不将之视为一个事件，而是一个过程。他们认为只有当大脑中编码的所有信息都消失了，人才算真正死去。

更进一步说，既然个人认知及其一切产物都来自大脑，那么为了获得永恒，我们需要做的就是保存好人脑，而它被相当方便地安置在头颅中。显而易见，跟整个身体相比，脑袋占据的冷冻空间要小得多。

再回到科技本身，普通冰冻容易因为细胞间水分的冰晶化而对组织造成损伤。人体冷冻科技急冻大脑时，通过声波监控可以探查到组织的细微裂缝。尽管研究者认为，温度在零下 140 摄氏度时并不会造成裂缝，但这显然远远高于液氮（最廉价的极端冷却剂）的温度。这也使得相应的设备——以及过程——变得更加复杂、昂贵。

**对页：2002 年，棒球名人堂成员泰德·威廉斯（Ted Williams）去世，他的大脑被进行了冰冻保存。此后几年中，这颗冰冻的头颅成为其子约翰·亨利（John Henry）及其他家庭成员之间激烈法律争端的焦点。争议内容包括冷冻保存公司是否虐待了这颗头颅。**

但是“人体冷冻保存”并没有止步于此。比如冷冻保护剂就能用来防止细胞的机械性损伤——尽管在用这种方式保存人体后，再恢复其正常功能又要颇费一番周折。最新的妙招是“玻璃化”冷冻技术，在人体组织中灌入特殊的冷冻保护剂（又称“抗凝剂”），并缓慢冷却，将器官或身体转换成一个稳定的“玻璃样态”。据称，在近期以兔脑为对象的实验中，解冻后的组织并未检查出微小裂缝。当然，大脑物归原主后是否还能工作，则完全是另一回事了。

如果你想尝试人体冷冻，最好事先准备好一大笔钱。在美国，有三个商业机构提供该服务，另有一家俄罗斯公司，收费各不相同。奢华尽享模式费用逾 20 万美元，年度保养还需另外收费。一些客户选择用人寿保险来付费，当然是以人体冷冻的工作人员作为受益人。基础服务流程是 3.5 万美元，此外你还需要另外支付将自己运送到保存地的费用。如果你选择仅仅保存大脑，那么尖端设备的最新报价是 8 万美元。

今天，美国有将近 300 人进行了人体冷冻保存。最有名的是棒球运动员泰德 · 威廉斯（与传言不同的是，华特 · 迪士尼 [Walt Disney] 并没有冷冻）。蒂莫西 · 利里 (Timothy Leary) 差一点就签署了协议，但最后放弃了，他说冷冻人“完全没有幽默感”。此外，还有 1 500 名候选人显然已付清款项，正时刻准备着。

到底如何以及在什么情境下可以化冻人体仍不明确，能有万分把握的成功时刻也仍然渺茫。此外，你或是你的影子能否在苏醒过来的世界里找到自己的位置，也完全是个未知数。不过可以保证的是，你的日子会比《傻瓜大闹科学城》（*Sleeper*）里的伍迪 · 艾伦（Wood Allen）更艰难。

最后再说一点。正规的“美国低温学协会”（Cryogenic Society of America）显然因为与人体冷冻名称相似[29]而感到尴尬，在他们看来，后者声名狼藉。为此，他们在自己的网站发表了关于人体冷冻的看法：“我们并不支持这一理念，事实上，我们认为它是站不住脚的。”在还可以享受的时候，把钱花在能让你快乐的地方吧。

29. 译注：低温学的英文为 Cryogenics，与人体冷冻的 cryonics 相似。

# 水之记忆

43

顺势疗法起源已久。有人将其追溯到公元前 5 世纪的医师希波克拉底（Hippocrates），据说他使用小剂量的茄参根来治疗精神病，因为这与大量使用茄参根造成的症状相似。另一些人将其追溯到公元 16 世纪的医生兼炼金术士帕拉塞尔苏斯，他确信“使人得病之物必将治好他”。但是顺势疗法的现代形式产生于 18 世纪末 19 世纪初，由德国医生塞缪尔·哈内曼（Samuel Hahnemann）提出，用以替代当时更加野蛮的主流疗法。自此，顺势疗法成为一桩数十亿美元的生意。

追随帕拉塞尔苏斯及其“类似治疗”公式（比如，把洋葱提取物开给流鼻涕的患者）的从业者很快发现，许多据称有治疗效果的动物、植物、矿物质实际上在大剂量使用时是毒药，因此，他们通常用水将这些物质稀释后再开给患者。

哈内曼的贡献是将稀释步骤系统化，并将之大量应用在各种治疗场景中进行测试。测试结果人们至今仍争论不休。典型的稀释过程包含暴力摇晃溶液并将容器在坚硬表面敲击，它们被视为相当重要的步骤。

跟随哈内曼的脚步，如今稀释步骤往往需要多次重复，其常规单位为“C”，意为在 100 个单位中取 1 个单位。在 100 滴中取 1 滴，重复 6

AVR. PHILIP. THEOPH.
PARACELSI
BOMBAST AB HOHENHEIM,
OPERA OMNIA
MEDICO - CHEMICO - CHIRVRGICA,
TRIBVS VOLVMINIBVS COMPREHENSA.
VOLVMEN PRIMVM,
Opera Medica complectens.
Sumptibus Ioan. Antonij, & Samuelis De Tournes.
CVM PRIVILEGIO.

次，约等于在两个奥运标准的游泳池中取 1 滴水。重复 12 次，则和从整个大西洋中取 1 滴水无异。一旦高于 12C，任何大小的样本中残余的治疗物质大约不足 1 分子，可以忽略不计。30C 比世界上所有大洋加起来再取一滴还要少，但在现代顺势疗法中却并不鲜见。

怪不得现代科学家对顺势疗法心存疑虑。既然开具的药方中连1分子的有效药物都没有，那么它们还如何发挥效用呢？

一个显而易见的可能是安慰剂效应。患者相信自己正被有效地治疗，这种信念的确对病情有积极意义。临床试验证明，与真实药物相比，安慰剂（糖片尤佳）确实展现出了一定疗效。

更有甚者，随着信念的加强，治疗效果也会更加明显。这就是为什么颜色丰富的大药丸往往比小的白色药丸更灵验。尽管安慰剂的工作原理尚未完全明晰，但其中一项可信的推测原因是：压力荷尔蒙的下降确实让患者健康有普遍好转。

然而，在没有任何有效成分存在的情况下，除了纯粹来自患者自身的信念，还没有任何已知的方式能让顺势疗法药物自身产生疗效。所以，当法国生物学家雅克 · 邦弗尼斯特（Jacques Benveniste）领导的团队于 1988 年在权威期刊《自然》上发表文章，声称已经证明顺势疗法制剂的效力时，你可以想象当时的科学家们有多惊讶了。

**塞缪尔·哈内曼，顺势疗法创始人。顺势疗法一词源自希腊语词根“相似”和“患病”。**

**对页：帕拉塞尔苏斯（Paracelsus）是文艺复兴早期哲学家、物理学家、植物学家、占星家和神秘学者。尽管现代科学思想已经否定了他的大多数理论工作，但他的洞察力为现代医学更加灵活多变的方法打下了基础。**

在这篇文章中，邦弗尼斯特和他的同事声称，人体内被称作嗜碱性粒细胞的一类白细胞，暴露在经剧烈摇晃的抗体稀释溶液（经团队自己的测算，其中或许已不含有原始抗体分子）中后会改变自身属性。显然，稀释液本身以某种方式保留了已不存在的物质的“记忆”。

鉴于这一结论的争议性，《自然》杂志向邦弗尼斯特的实验室派遣了团队进行调查，调查者中还包括了魔术师、职业怀疑论者詹姆斯·兰迪（James Randi）。他们对实验室的样本控制丝毫不感兴趣。最终他们得出结论，邦弗尼斯特团队的实验发现受到“无意识偏见”的影响，其结果是一种“错觉”。

邦弗尼斯特并没有被吓倒。1997 年，他发表声明称水之记忆由液体中的“电磁印记”形成，可以通过电话线传播（后来也把互联网加了上去）。这让他的同行们更加不能接受，使许多物理学家大为沮丧（尽管仍有一位激进的诺贝尔奖获得者支持他），其他实验室的生物学家也无法重现他的实验结果。

1999 年，药理学家玛德琳·恩尼斯（Madeleine Ennis）与几位同僚发表了实验结果，证明超级稀释的组织胺确实能抑制嗜碱性粒细胞的活动。无谓的躁动再次开始。兰迪迅速发起了一个 100 万美元的悬赏，任何能重现恩尼斯发现的人都可以获得奖金。英国广播公司（BBC）的《地平线》（*Horizon*）节目接受了挑战，在庄严的皇家学会的赞助支持下，召集了一支全明星队伍来重现实验。

在兰迪的参与下，两个独立的实验室分别开展了精心设计的双盲实验，将嗜碱性粒细胞分别放入经过极度稀释的组织胺溶液和纯净水中进行对比，只有当实验结束，实验者才知道哪一个样本是稀释液，哪一个是对

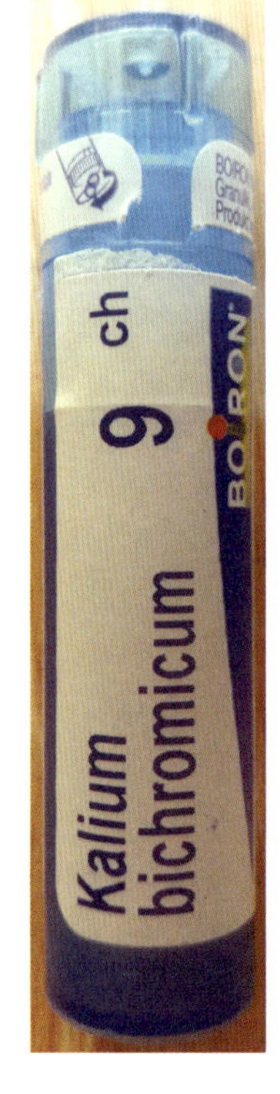


**重铬酸钾是顺势疗法中适用于黏膜类痼疾的推荐药物。它通常为 30C，意味着有效成分好比世界上所有大洋加起来再于其中取 1 个分子。美国联邦贸易委员会近期宣布，市售非处方顺势疗法药物必须和其他药品遵守一样的标准。**

照组。自始至终，兰迪的百万美元都留在他自己手上。没有谁能再现实验效果，稀释液和纯净水并没有表现出任何不同。

即便如此，在一些人眼中，“水之记忆”事件也没有最终结束。2010年恩尼斯在顺势疗法期刊中澄清道，在小范围实验中，细微的误差是不可避免的，一个预算高昂且设计精密的“多中心实验”是必须的。尽管“水之记忆”没有已知的物理基础，但显然很难让一些人放弃。毫无疑问，鉴于人类信仰机制之复杂，事情正如恩尼斯所言：“这个故事永远不会结束。”

然而，故事或许也应该结束了。2015年，澳大利亚国家卫生与医学研究委员会在仔细研读了1 800余项顺势疗法研究后，公布了一份详尽的报告。其中只有微不足道的225项研究足够严谨，值得进一步观察。而当委员会更详细地检查这些研究时，他们发现“并没有优质的证据能支持顺势疗法在治疗健康问题时的效用”。更重要的是，报告作者指出：“顺势疗法不应当用来治疗慢性的、严重的或是有恶化风险的疾病。”（就是我们会得的那些病。）显然，水的确没什么记性。

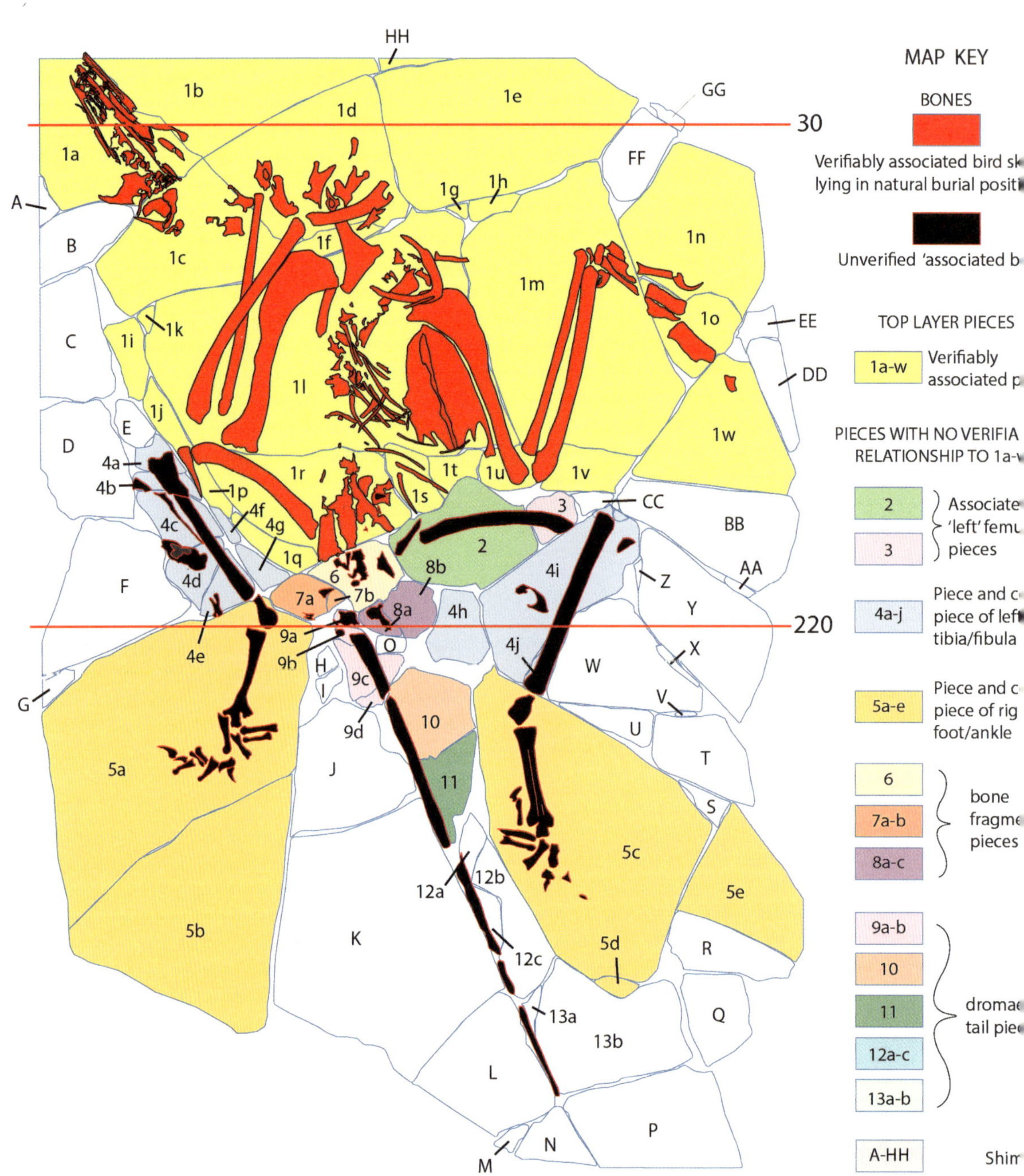

MAP KEY
BONES
Verifiably associated bird
lying in natural burial
Unverified 'associated
TOP LAYER PIECES
1a-w
Verifiably
associated
PIECES WITH NO
RELATIONSHIP TO
2
3
'left'
pieces
4a-j
Piece and
piece of
tibia/fibula
5a-e
Piece and
piece of
foot/ankle
6
7a-b
8a-c
bone
9a-b
10
11
12a-c
13a-b
A-HH
30
220
HH
GG
FF
EE
DD
CC
BB
AA
1a
1b
1c
1d
1e
1f
1g
1h
1i
1j
1k
1l
1m
1n
1o
1p
1q
1r
1s
1t
1u
1v
1w
4a
4b
4c
4d
4e
4f
4g
4h
4i
4j
5a
5b
5c
5d
5e
7a
7b
8a
8b
9a
9b
9c
9d
12a
12b
12c
13a
13b
A
B
C
D
E
F
G
H
I
J
K
L
M
N
O
P
Q
R
S
T
U
V
W
X
Y
Z

# “辽宁古盗鸟”

44

通过分析生命世界中的物种多样性，人们已经能够确信这个星球上的生物都系出同源。然而，只有化石才能让我们捕捉到生命进化的细节。大多数脊椎动物化石（我们人类也归属其中）是矿化的骨头和牙齿，它们在动物死后保存在沉积岩中，后又因为侵蚀暴露出来。

由于这一进程错综复杂，考古学家在古地貌中觅得的化石大多是孤立的牙齿、带几颗牙的下颚碎片、来自骨架的破碎骨骼等。只有极少数情况下才能找到完整的全身骨骼，连半副骨架的情况也很少见。极度稀有的完整骨架保存了灭绝生物海量的信息编码，是脊椎动物考古学家的圣杯。

过去几十年，中国已经成为脊椎动物新化石的重要来源，尤其是细粒沉积物中保存的完整骨架被发掘出来，填补了人们对许多群类进化知识的空白。由于认识到这些化石在科研上的重要性，中国政府很早前就禁止了化石出口，将其视为国家资源。

然而在中国，大部分蕴藏在岩石中的化石都是被耕耘土地的贫穷农

**对页：当通过高分辨率 CT 扫描辽宁古盗鸟化石时，发现它由 88 块独立碎片拼凑在一起，来自至少 2 个，实际上最多可能是 5 个不同的个体。**

民挖掘出来的。他们发现，将化石卖给黑市（可惜非常庞大）是一本万利的买卖，比种植传统农作物更加有利可图。在某些地方，非法倒卖化石已经成为一个微型产业。然而盗掘活动会减少化石遗留的科学信息，粗糙的挖掘技术只会破坏样本和本就贫瘠的物源信息。

1997 年夏天，中国东北辽宁省的一位农民在劈砍页岩采石场的一块白垩纪（约 1.2 亿年前）岩石时，发现了几块带有化石的岩石板，却不小心将其破坏成无数小碎片。随后，他将岩石板带回家，用胶水粘贴成半完整的骨架，使之更有商业价值。一个当地的化石贩子——尽管不清楚他多大程度上参与了造假——拿到了一份伪造的许可，将黏合的化石出口到美国，并在一个珠宝矿物展上卖出了 8 万美元的价格。

买家是犹他州一个小型恐龙博物馆的馆长史蒂芬 · 赛克斯（Stephen Czerkas）。赛克斯很快就注意到石板中的生物与迄今发现的任何生物都不同。它的上半身和胸腔布满了翅膀羽毛的痕迹，看起来似乎是一只远古齿鸟，肩部结构像著名的燕鸟，它长而坚硬的尾巴则是食肉恐龙小盗龙的典型特征。

赛克斯迅速联系了加拿大恐龙专家菲尔 · 柯瑞（Phil Currie）和《国家地理》杂志。在 1999 年 11 月号中，杂志高调但显然未经深思熟虑地刊登了记者克里斯托弗 · 斯隆（Christopher Sloan）的文章。文章将该物种命名为辽宁古盗鸟，并称赞它为恐龙和鸟类之间缺失的真正环节。

**尽管细节晦暗不明，但据说是中国东北辽宁省的一位农民发现了这块珍惜的齿鸟化石。它从中国走私出口，随后被贩卖给一个私人恐龙博物馆，也成为《国家地理》一则重大报道的主角。该化石已被证明是合成的。**

30. 译注：将蕴含着化石的石料从中间劈开后，会得到两块印着化石的石板，称为“正模”和“负模”，辽宁古盗鸟的后腿正是由同一条小盗龙后腿的正模和负模拼成的。

但在此之前，样本已被送交得克萨斯大学的蒂姆·罗（Tim Rowe）用高分辨率 CT 进行扫描。蒂姆马上意识到，带有化石的上层石板是许多碎片的合成物，它们最初分属不同的石板，而整个上层石板又都被粘贴在下方的一整块页岩上，使化石呈现出一副完整的骨架。值得注意的是，该生物的尾巴与其下腹部并不吻合，而且两条腿实际上是来自同一条腿（石板经过化石挤压会在上下都留下压痕）[30]。

柯瑞和赛克斯都现身扫描现场，但不知为何《国家地理》却没有在第一时间对罗的结论有所耳闻，继续发表了这篇轰动性报道（杂志的信源是独立的，以一位检查过化石的标本制作人员的证言为据）。报道中的发现迅速被全国媒体捕捉到，并大张旗鼓地宣扬。

报道立刻受到史密森尼学会斯托尔斯·奥尔森（Storrs Olson）的抨击。但重创发生于 2000 年 3 月，《国家地理》悄无声息地刊登了一则来自中国专家徐星的简短来信。徐星是此前被派来研究新化石的学者（随着中国专家的到来，化石也注定要回到故土，保存至今）。

回到中国后，徐星将辽宁古盗鸟的尾巴和小盗龙的身体放到一起观

**伪造辽宁古盗鸟的流程。**

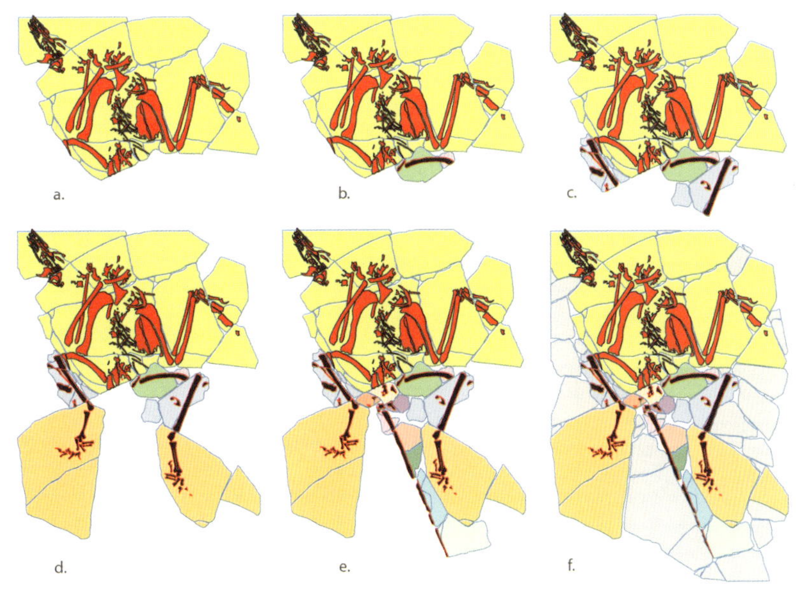

察，他马上意识到“辽宁古盗鸟是一个合成物……由小盗龙的尾巴和一只鸟类的身体组成”。起初徐星还在信中将辽宁古盗鸟称为“假”化石，但最终减弱了措辞的强烈语气，称之为“合成物”。同月，《自然》发表了蒂姆、徐星、柯瑞关于化石欺诈的联合说明，替代了原本计划刊登的“不再丢失的一环”。

最终，在 2000 年 10 月，十分尴尬的《国家地理》发表了一篇由独立调查员撰写的文章。文章揭示了这个可悲故事的种种细节，其中充满过失和抵赖，大多数事件关切者都对此进行了指责，只有最初的发现者／造假者深感恼怒。报道给辽宁古盗鸟事件画下了明确的句号——但并非是这块化石故事的终结，因为事实证明早期鸟类和小盗龙作为新物种的代表都拥有重要的研究价值。

尽管很难从这个不愉快的科学欺诈故事中获取信任，但除了一些不道德的动机，我们也很难用恶意来解释这一切。譬如前文出现的皮尔丹人造假（参见第 28 章，“伪古人类学”）。赤贫的发现者可能不过是想实现违法化石的价值最大化，昏头昏脑出售合成化石的销售商也是如此。在大多数情况下，科学家们展现出的是过失犯错而非邪恶信念。《国家地理》也显然不想为了一个好故事就让真相下场，一旦发现是欺诈，他们就迅速做出了反应。

在美国，有人可悲地出于一己私利利用这个故事：水门事件中理查德·尼克松（Richard Nixon）的同谋查尔斯·寇尔森（Charles Colson）在自己的广播评论节目中称，这是一个“精心设计、蓄意制造的骗局”，用以隐藏化石记录中欠缺的“过渡形态”。

然而讽刺的是，正是科学展现出了自身的最佳特性。在此事件中，尽管徐星的干预证明了优秀的传统脑力工作具有恒久价值，但部分是拜最新技术所赐，科学迅速实现了自我修正。与花费了 50 年才被曝光的皮尔丹先驱相比，辽宁古盗鸟事件以可喜的速度迅速解决了。

# 伪造的回忆录

\ 45 /

真实和虚构的边界在何处？尽管该问题至今仍处于无休无尽的争论中，但许多人都认为这条界线完全是人为决定的。毕竟，人类记忆之不可信赖是出了名的。尽管目击证人证词是美国庭审中证据的黄金标准，但它已被证明是相当易变的。科学家发现，每当人从记忆仓库中取出一段回忆，并为之拂去蒙尘，那么当它再次储存时，就要冒着稍稍有些改变的风险。即使是相当成熟的非虚构小说也是如此，杜鲁门·卡波特（Truman Capote）的纪实文学《冷血》（*In Cold Blood*）可能是最广为人知的例子。

在记忆如此变幻莫测的情况下，对个人回忆录的写作有一定的准确

**玛格丽特·B. 琼斯（Margaret B. Jones）穿着黑色卫衣、挥舞着血帮大头巾，她描述了自己背上巨大的哭泣斗牛犬文身，称那是为纪念一位朋友的死刑而作，是“自己身上最贫民窟的地方”。其回忆录《爱，之果：一部希望与生存的回忆录》（*Love and Consequences: A Memoir of Hope and Survival*）据称是一幅隐秘、彻底的自画像，她自称是白人与美洲本地土著的混血儿，在书中讲述了自己在洛杉矶中南部毒品泛滥地区成长的故事。然而这彻头彻尾是捏造的。**

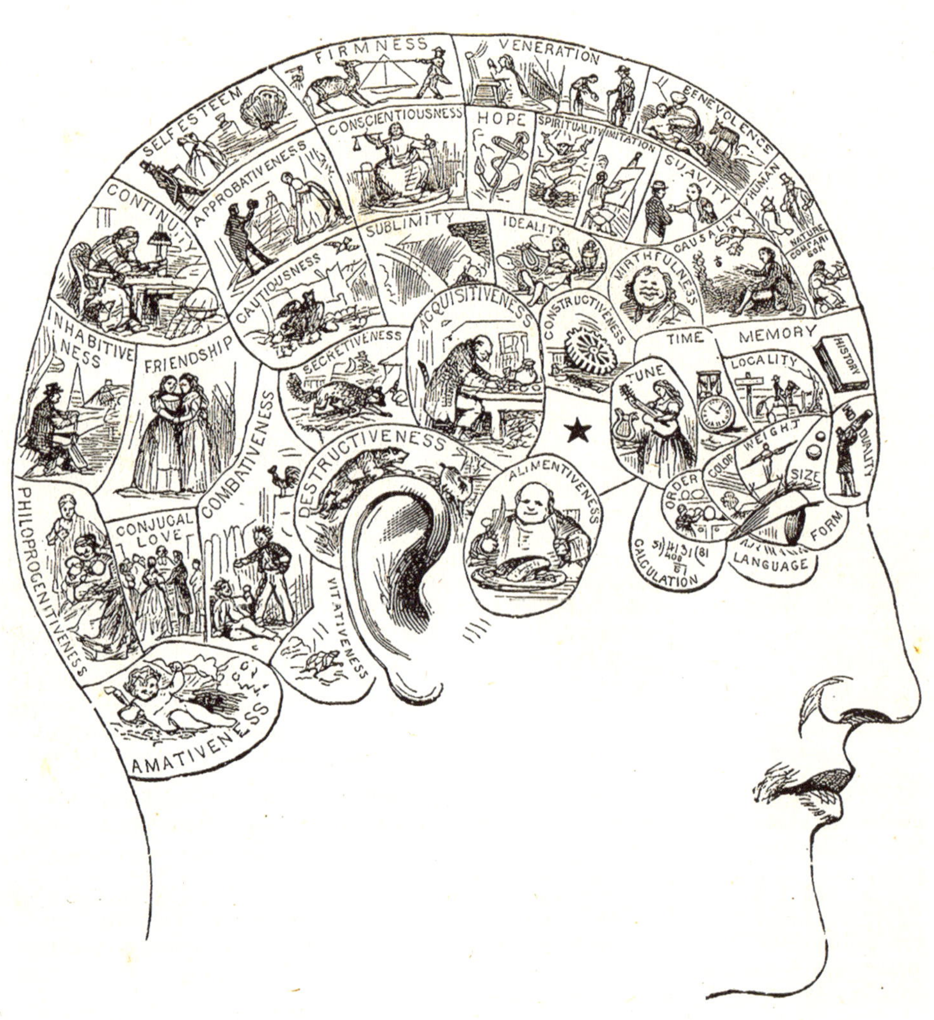
FIRMNESS
VENERATION
SELF ESTEEM
BENEVOLENCE
CONSCIENTIOUSNESS
HOPE
SPIRITUALITY
IMITATION
APPROBATIVENESS
CONTINUITY
SUAVITY
HUMAN NATURE
SUBLIMITY
IDEALITY
CAUSALITY
COMPARISON
CAUTIOUSNESS
MIRTHFULNESS
ACQUISITIVENESS
CONSTRUCTIVENESS
INHABITIVENESS
FRIENDSHIP
SECRETIVENESS
TIME
MEMORY
HISTORY
LOCALITY
TUNE
COMBATIVENESS
DESTRUCTIVENESS
WEIGHT
COLOR
ORDER
SIZE
ALIMENTIVENESS
PHILOPROGENITIVENESS
CONJUGAL LOVE
FORM
LANGUAGE
CALCULATION
VITATIVENESS
AMATIVENESS

性要求无可厚非。然而，尽管真相有时比小说还奇幻，但一些回忆录还是显然经过了蓄意粉饰，有些甚至通篇伪造。

近期最极端的案例是玛格丽特 · B. 琼斯［原名玛格丽特 · 塞尔策（Margaret Seltzer）］的著作《爱，之果：一部希望与生存的回忆录》。这本 2000 年的著作据称忠实记录了一个种族混血的寄养儿童在洛杉矶中南部暴力横行、帮派猖獗的街区成长的过程。而实际上，她是在富裕的谢尔曼奥克斯城中一个舒适的中产白人家庭长大的。骗局暴露后，出版商迅速召回了这部完全捏造的作品。此外，1997 年米沙 · 德丰塞卡(Misha Defonseca)的“自传”《米沙：大屠杀年代回忆录》（*Misha: A Mémoire of the Holocaust Years*）也是有过之而无不及。此书编造了一个精彩绝伦的故事：一个 6 岁的女孩因为父母被驱逐出境而孤身一人，随后她在德国占领区游荡，试图寻找父母。在此期间，她曾被狼群保护，也曾杀死过残暴的德国士兵。

大屠杀的故事催生了更多的伪造和虚构，虽然大部分内容还是基于一定程度上的个人真实经验。赫尔曼 · 罗森布拉特（Herman Rosenblat）2003 年的作品《藩篱旁的天使：爱与生存的真实故事》（*The True Story of a Love That Survived*）正是如此。罗森布拉特确实在布痕瓦尔德纳粹集中营关押过，但他并未遇到从集中营栏杆外向他扔苹果的农场女孩，更不用说战后在科尼岛与她重逢并结婚，而这一情节恰恰是全书的核心内容。有人根据文件显示的集中营布局提出质疑，认为扔苹果的情节逻辑不通，显然是编纂的。出版商也在图书正式出版前将其召回。随后，罗森布拉特在《奥普拉脱口秀》中供认了一切，但坚持要永远在心中保留梦里才有的苹果剧情。

**对页：脑海里的记忆并不像储存在文件柜中的卷宗一样永恒。研究显示，记忆其实相当脆弱。每当记忆取出一次，它就改变一次。这种改变有时相当微小，几乎不会被察觉到。但有时，根据场景的不同，记忆的改变也可能相当剧烈。**

近期最有爆炸性、传播范围最广的文学丑闻，是作家詹姆斯·弗雷（James Frey）及其2003年出版的回忆录《百万碎片》（*A Million Little Pieces*）。作品借由奥普拉的推广，赚取了公众无数眼泪，再加上丑闻事件的“宣传”，销量已逾300万册。书中讲述了一个让人心痛又作呕的故事，酗酒、毒品、犯罪、可怕的监狱经历、频发的暴力事件，凡此种种，充斥在字里行间。然而“决定性证据”网站（the Smoking Gun website）随后宣称，此书存在大量添油加醋的情节。最终，出版商在最新版本中发表免责声明，任何感到被欺骗的读者均可获得全额退款。让人（并不）惊讶的是，鲜少有人提出这一要求，弗雷也仍在媒体制作人的岗位上活跃着。

有时，连作者本人都是编造出来的。身处阿尔巴尼亚首都地拉那，剧作家吉里·卡加内（Jiri Kajane）曾在恩维尔·霍察（Enver Hoxha）的残暴统治下危险地写作，甚至为自己的剧作《日日是明天》（*Tomorrow Every Day*）争取到了一次演出机会——赶在它被文化部封禁前。此后，他写了一系列小故事。但哪怕在1985年霍察去世后，他仍感到这些作品在自己国家出版是相当危险的，因为在多个故事中出现的标语部副部长，显然是对政权的嘲讽。

然而，西方编辑急切地出版了卡加内的作品，其中一则故事甚至收入了美国著名的文选，与伊恩·麦克尤恩、乔伊斯·卡罗尔·欧茨、帕特丽夏·海史密斯、格雷厄姆·格林和欧内斯特·海明威等文学巨匠并列。一家杂志将卡加内称为“阿尔巴尼亚第二伟大的在世作家”，仅位列获奖作家伊斯梅尔·卡达莱（Ismail Kadare）之后。

实际上，卡加内却并不存在。他是FBI探员凯文·费伦（Keven Phelan）和比尔·尤伦（Bill U' Ren）合力创造的虚拟人物，前者作为卡加内出版物的译者出现，后者曾是棒球队圣地亚哥教士队的随队心理医生。这对好搭档在加州大学洛杉矶分校的创意写作课上相识。他们发现，以阿尔巴尼亚为背景、卡加内为名出版作品，比用他们自己的名字、以美国为背景出版更容易畅销。今天，你可以在地拉那买到娱乐读物《冬天》

（Winter），它由这两位真正的作者所写，而卡加内则是“叙述者”。

你可能以为其他作家会对作品造假非常敏感，毕竟真实性是其职业生死攸关的要素。但实际上，尽管存在诉讼的可能，近年来作家们对纪实文学虚构的曝光在态度上相当放松。确实，这并非是一个简单的问题。作品内在的文学价值（假设它们有）是否会因伪造而削弱？在虚构作品和非虚构作品（有时）必要的虚构元素之间，是否有一条明确的界线？

费伦问了一个很好的问题。为什么人们会因为作者是阿尔巴尼亚人而喜欢这些作品？当他们知道真实作者后，为何又会减少对作品的喜爱(参见第 34 章，“艺术赝品”)？谢菲尔德大学教授苏·维斯（Sue Vice）督促人们在谴责前先思考一下：“一旦回忆录中存在少量虚构或重建材料，人们就可能将之视为完全无用之物。然而，它们在文学或心理层面的价值却有可能超过真实的价值。”

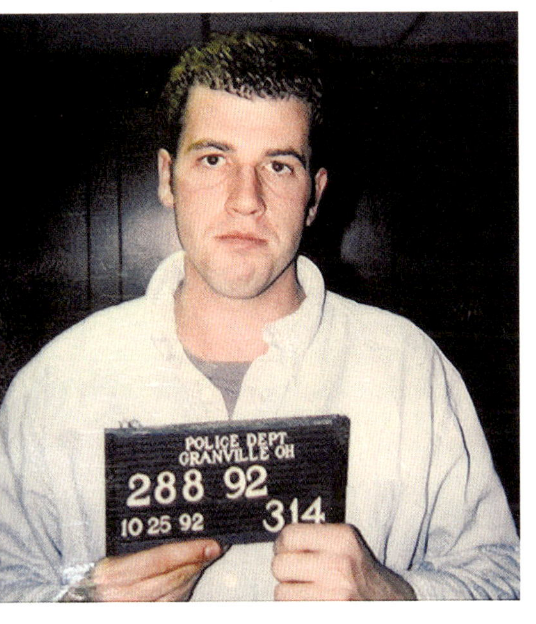


**在詹姆斯·弗雷令人肝肠寸断的回忆录《百万碎片》中，他书写了自己作为酒鬼、瘾君子和罪犯的岁月，反复被捕，一次监禁达数月。然而，“决定性证据”网站称，弗雷离监狱最近的一次，不过是在俄亥俄州一个小警察局等待朋友缴纳 733 美元的保释金。**

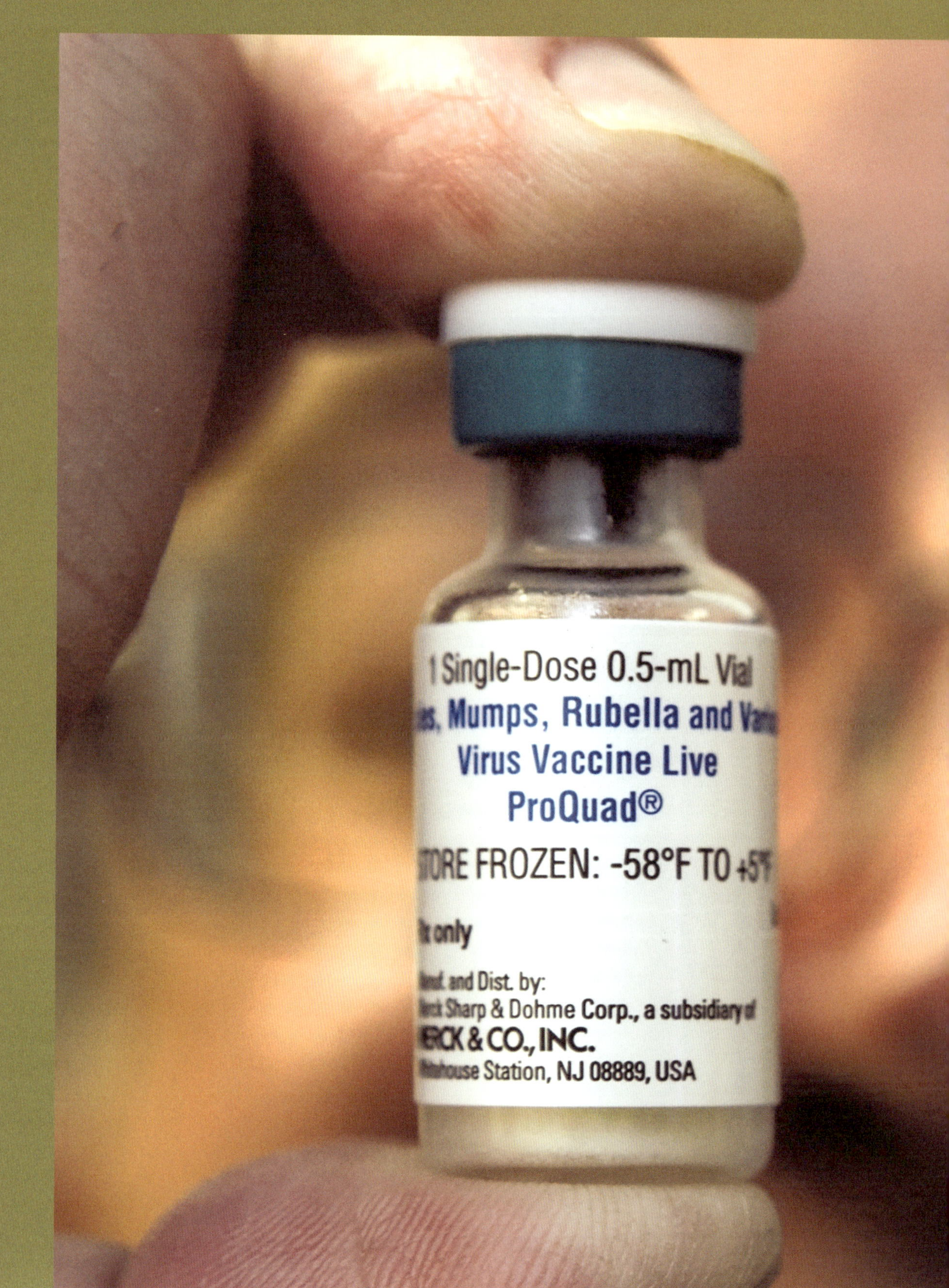
1 Single-Dose 0.5-mL Vial
Mumps, Rubella and
Virus Vaccine Live
ProQuad®
FROZEN: -58°F TO
only
and Dist. by:
Sharp & Dohme Corp., a subsidiary of
& CO., INC.
Station, NJ 08889, USA

# 疫苗与自闭症

46

1971 年，美国引进了一种针对麻疹、腮腺炎和风疹（MMR）的三合一疫苗。数十年前，这些病曾让本书的两位作者陷入极度不适，也令我们的父母担忧不已。新的混合疫苗被发放给 12 个月到 15 个月大的幼儿，这是幼儿疾病控制领域的巨大进步。1988 年，经过数年在美国的成功使用之后，该疫苗被引进到英国。通过接种疫苗来控制幼儿传染性疾病十分重要，因为小孩的自然免疫系统发育仍不完全。这种新的 MMR 疫苗十分有效，到了 20 世纪 90 年代早期，麻疹和风疹在美国和大部分西欧国家中几乎已经绝迹。

但早在 1992 年，JABS（正义、觉醒与基本支持）组织——英格兰北部一群疫苗的狂热反对者——就开始主张，接种 MMR 疫苗会引发受种

**对页：MMR 疫苗可以预防麻疹、腮腺炎和风疹（德国麻疹）。在疫苗广泛应用前，麻疹的发病率很高，人们甚至认为它“和死亡与税收一样不可避免”。青春期后的男性患上腮腺炎可能会导致不育。而如果女性在怀孕期间感染风疹，那么新生儿就可能会出现重大的先天性缺陷。与三次分别的注射相比，联合注射 MMR 疫苗带来的痛苦更小。**

幼儿的大脑损伤。很快，该组织的律师就秘密聘请了伦敦皇家自由医院医药学院的研究人员安德鲁·韦克菲尔德（Andrew Wakefield），让他搜集证据，以期用于反对 MMR 疫苗生产的法律诉讼。付给韦克菲尔德的小时费用异乎寻常的高，目的是将疫苗与一种“新的并发症”挂钩，从而为共同获利的集体诉讼打下基础。更有甚者，韦克菲尔德很快为一种“更安全”的麻疹专效疫苗申请了专利，唯有在 MMR 疫苗退出市场的前提下，这款疫苗才有望取得商业成功。

1998 年 2 月，英国著名的医学期刊《柳叶刀》（*Lancet*）刊载了一篇韦克菲尔德和数十位合作者共同发表的同行评审论文，文章宣称，MMR 疫苗不仅与肠道炎症的突发有关，同时也会促发一种极度扰人的“退化性自闭症”，包括自虐、语言损伤等伤害。文章作者特别提到，“肠道病征和行为病征有可能同时发生”，但随后就排除了这种可能性。

尽管这篇论文使用了严谨难懂的专业术语，但读起来却像是奇闻逸事，并且文章的观点仅仅建立在十几个儿童病例样本上，其中有五个人后来证实只是发育迟缓，且在接种 MMR 疫苗前就现出端倪。

鉴于文章本身的可疑性质，它本不该引起关注，但文中的观点大肆传播到了新闻界，英国的各家小报也欣然把握住了这个机会。韦克菲尔德向小报记者娓娓道来，三种疫苗带来的三重打击如何改变了幼弱的免疫系统。麻疹病毒刺穿肠道，释放出来的蛋白质转而对大脑里的神经元造成影响。这纯粹是瞎编乱造，但没有人比新闻界或许还有它的读者更喜欢这种动听的故事了。

甚至英国首相也被牵扯进来，报道说他儿子没有接种疫苗，这个说法古怪地拖了一阵后才得到否定。经过小报的大声疾呼，MMR 疫苗的接种率暴跌，到 2003 年 1 月，英国儿童的接种人数跌到远不及 92%，而这是保证“群体免疫”、标志疫苗接种活动成功所必需的比例。麻疹的发病率随之猛增。

早在 1999 年 12 月，韦克菲尔德在伦敦皇家自由医院就陷入了麻烦。他被要求重复他的研究实验，结果却失败了。他被要求于 2001 年离开医院。

两年后，另一个研究团队公布了一份详尽的研究，结果证明韦克菲尔德的发现无法被证实。到了 2003 年，由于缺乏证据，诉讼资金被撤回。令人吃惊的是，很快有证据显示，韦克菲尔德的自闭症研究对象实际上就是涉案的诉讼当事人。

至 2004 年 3 月，《柳叶刀》论文的观点已被大部分原作者推翻。最终，《星期日时报》发表了一篇调查文章，全面揭露了这场骗局。2010 年 5 月，韦克菲尔德被取消了行医资格。

但与此同时，韦克菲尔德成了一个媒体明星。2001 年 11 月，他上了美国哥伦比亚广播公司（CBS）的《60 分钟》（*60 Minutes*）节目，声讨“自闭症的蔓延”。他的支持者并不满足于诬陷 MMR 疫苗，他们谴责所有疫苗。这些人里包括女演员、前《花花公子》模特珍妮 · 麦卡锡（Jenny McCarthy）。

2011 年 1 月，韦克菲尔德早已褪去了科学和医学的光环。在他居住的得克萨斯州汤博尔（Tomball）的一处教堂里，他面对满座听众发表了一场演说。

据《纽约时报》对此次演说的报道，韦克菲尔德的听众（主要都是自闭症儿童的父母）“起身热情鼓掌”。组织者一本正经地告诉《纽约时报》记者：“对他好一点，不然我们会打你。”在同一篇报道中，一位反疫苗团体的领导者据说如此评价韦克菲尔德：“他是纳尔逊·曼

EARLY REPORT

Early report

**Ileal-lymphoid-nodular hyperplasia, non-specific colitis, and pervasive developmental disorder in children**

*A J Wakefield, S H Murch, A Anthony, J Linnell, D M Casson, M Malik, M Berelowitz, A P Dhillon, M A Thomson, P Harvey, A Valentine, S E Davies, J A Walker-Smith*

**Summary**

**Background** We investigated a consecutive series of children with chronic enterocolitis and regressive developmental disorder.

**Methods** 12 children (mean age 6 years [range 3-10], 11 boys) were referred to a paediatric gastroenterology unit with a history of normal development followed by loss of acquired skills, including language, together with diarrhoea and abdominal pain. Children underwent gastroenterological, neurological, and developmental assessment and review of developmental records. Ileocolonoscopy and biopsy sampling, magnetic-resonance imaging (MRI), electroencephalography (EEG), and lumbar puncture were done under sedation. Barium follow-through radiography was done where possible. Biochemical, haematological, and immunological profiles were examined.

**Findings** Onset of behavioural symptoms was associ[illegible] by the parents, with measles, mumps, and rub[illegible] vaccination in eight of the 12 children, with meas[illegible] infection in one child, and otitis media in [illegible]. All 1[illegible] children had intestinal abnormalities [illegible] from lymphoid nodular hyperplasia to a[illegible]hoid u[illegible]ation. Histology showed patchy chronic infla[illegible]tion [illegible] in 11 children and reactive ilea[illegible]mpho[illegible]perplasia in seven, but no granulomas. Be[illegible]ioural diso[illegible] included autism (nine), disintegrat[illegible]sy[illegible] (one), a[illegible] possible postviral or vaccinal encephalitis [illegible]o). There were no focal neurological a[illegible]malities and [illegible] and EEG tests were normal. Abno[illegible] laboratory results [illegible]re significantly raised urinary [illegible]thyimal[illegible] acid compared with age-matched contro[illegible]03), lo[illegible] haemoglobin in four children, [illegible] low [illegible] IgA in [illegible] children.

**Inter[illegible]tation** [illegible]e iden[illegible] associated gastrointestinal di[illegible]se and [illegible]evelopmental regression in a group of prev[illegible] children, which was generally associated in time [illegible] possible environmental triggers.

*Lancet* 199[illegible]**51:** 637-41

*See Commentary page*

**Inflammatory Bowel Disease Study Group, University Departments of Medicine and Histopathology** (A J Wakefield FRCS, A Anthony MB, J Linnell PhD, A P Dhillon MRCPath, S E Davies MRCPath) **and the University Departments of Paediatric Gastroenterology** (S H Murch MB, D M Casson MRCP, M Malik MRCP, M A Thomson FRCP, J A Walker-Smith FRCP), **Child and Adolescent Psychiatry** (M Berelowitz FRCPsych), **Neurology** (P Harvey FRCP), **and Radiology** (A Valentine FRCR), **Royal Free Hospital and School of Medicine, London NW3 2QG, UK**

**Correspondence to:** Dr A J Wakefield

**Introduction**

We saw several children who, after a [illegible] of apparent normality, lost acquired skills, inclu[illegible] com[illegible]nication. They all had gastrointestinal [illegible]mptoms, [illegible]luding abdominal pain, diarrhoea, and [illegible]ating and, [illegible] some cases, food intolerance. We [illegible]cribe [illegible] clinical [illegible]dings, and gastrointestinal featu[illegible] of these ch[illegible]en.

**Patients and met[illegible]s**

12 children, con[illegible]tivel[illegible]red to [illegible] department of paediatric gast[illegible]erology [illegible] a hi[illegible] of a pervasive developmenta[illegible]der with loss [illegible]ed skills and intestinal symptoms [illegible] abdominal [illegible]n, bloating and food intolerance), were inv[illegible]ated. All children were admitted to the ward f[illegible]eek, accomp[illegible]d by their parents.

*[illegible]nical investigations*

[illegible] took histor[illegible] including details of immunisations and [illegible]sure to infec[illegible]s diseases, and assessed the children. In 11 ca[illegible] the histor[illegible]as obtained by the senior clinician (JW-S). Neur[illegible]d psychiatric assessments were done by consultant staff (PH, MB) with HMS-4 criteria.[1] Developmental [illegible] included a review of prospective developmental records from parents, health visitors, and general practitioners. Four children did not undergo psychiatric assessment in hospital; all had been assessed professionally elsewhere, so these assessments were used as the basis for their behavioural diagnosis.

After bowel preparation, ileocolonoscopy was performed by SHM or MAT under sedation with midazolam and pethidine. Paired frozen and formalin-fixed mucosal biopsy samples were taken from the terminal ileum; ascending, transverse, descending, and sigmoid colons, and from the rectum. The procedure was recorded by video or still images, and were compared with images of the previous seven consecutive paediatric colonoscopies (four normal colonoscopies and three on children with ulcerative colitis), in which the physician reported normal appearances in the terminal ileum. Barium follow-through radiography was possible in some cases.

Also under sedation, cerebral magnetic-resonance imaging (MRI), electroencephalography (EEG) including visual, brain stem auditory, and sensory evoked potentials (where compliance made these possible), and lumbar puncture were done.

*Laboratory investigations*

Thyroid function, serum long-chain fatty acids, and cerebrospinal-fluid lactate were measured to exclude known causes of childhood neurodegenerative disease. Urinary methylmalonic acid was measured in random urine samples from eight of the 12 children and 14 age-matched and sex-matched normal controls, by a modification of a technique described previously.[2] Chromatograms were scanned digitally on computer, to analyse the methylmalonic-acid zones from cases and controls. Urinary methylmalonic-acid concentrations in patients and controls were compared by a two-sample *t* test. Urinary creatinine was estimated by routine spectrophotometric assay.

Children were screened for antiendomyseal antibodies and boys were screened for fragile-X if this had not been done

THE LANCET • Vol 351 • February 28, 1998 637

**1998 年，世界上历史最悠久、声誉最高的医学期刊《柳叶刀》，发表了一篇安德鲁 · 韦克菲尔德和另外十二位作者合写的研究论文，文章称 MMR 疫苗与自闭症的肠道病征相关。十二年后，多项调查揭露了其中的利益冲突和医学不端行为，《柳叶刀》为此撤回了这篇论文。**

德拉和耶稣基督合体的化身。”

在此期间，20 世纪 90 年代后期，《星期日泰晤士报》和《英国医学杂志》周刊刊登了记者布赖恩 · 迪尔（Brian Deer）的调查报道，明眼人一看便知，MMR 疫苗和自闭症之间的关联完全是子虚乌有。2012 年，曾发起过一次针对十多项科学研究的系统性回顾，涉及样本达到 1 470 万儿童，并没有在 MMR 疫苗和自闭症的关联性上发现可靠证据。那么，为何有那么多人如此热切地笃信这件事情呢？

尽管科技以其迅猛之速发展，让人难以应对。但问题并不仅仅在于人们对高科技的怀疑，还在于对自闭症儿童家长这样承受着压力的人群来说，他们倾向于寻找一个替罪羊。为不幸的境地找到原因——不管什么原因——似乎是根植于人类本能的冲动（参见第 40 章，精神错乱）。面对困境，理解它为什么发生可以让人好过一些。尤其在热爱诉讼的国度中，如果这条被选择的原因还能让你为受到的伤害打上官司，那就再好不过了。

这种影响并不仅仅局限于个人层面。2014 年底，一场恶性麻疹在加利福尼亚的迪士尼乐园爆发，最终促使立法委员建议终止小学生和日托班儿童免种疫苗的申请（在一些地方，有将近 20% 的家长因为私人或宗教原因选择不让孩子接种疫苗）。正如评论家雷妮 · 迪瑞斯塔（Renée DiResta）和吉拉德 · 洛坦（Gilad Lotan）所言，一小部分影响力大的网民利用社交媒体的全部力量对新法律施加压力，而实际上绝大部分反对疫苗的动态不过来自十几个账号，只不过它们巧妙地布局，从而渗透到了推特的所有领域。

同样引人深思的是，一旦法律通过，动态的风向就变了。推特上开始同时制作 MMR 疫苗和自闭症的链接，仿佛一切都是个人的自由选择。熟悉吗？认为自己是对的，永远胜过一切原则。

# 简·亨德里克·舍恩

47

在一位科学家的一生中，没有什么比将一篇优秀的新论文投给一本颇有声望的期刊，却遇到无知的评审更受折磨的了。伴随着评审无关痛痒的评论的，是期刊编辑的来信。最好的情况是要求进行重大改动，最坏的情况则是直接拒绝。

或许有一天，上帝会垂青于你。编辑在信中告诉你评审喜欢你的原稿，但这种情况相当罕见。最好的情况其实是，在评议过程中，评审能够提出睿智的建议、具体的指导来纠正错误，甚至指出你从未想到的研究含义。

这就是同行评审对你的意义。科学家的发表记录决定了他们的生死存亡，而想要让论文登上自己领域的顶级期刊，将要面临激烈的竞争。这些让人趋之若鹜的刊物，收到的稿件数远远高于其实际发表的数量。而理论上能让一切顺利进行的，正是其他科学家——投稿者的同行。

作为科学出版物质量控制的一种方式，同行评审已被证明——好吧，聊胜于无。但还远不够完美。比如，编辑可以通过向投稿人的对手发送稿件来预先决定评审结果。即便不这么做，审稿人的客观性也可能难以捉摸。有时，由于文章过于专业，甚至很难找到合适的评审——有一次，路易斯·利基（参见第 38 章，“误人的考古学”）竟然被要求检查自己的论文！

nature International weekly journal of science

nature news home | news archive | specials | opinion | features | news blog | nat

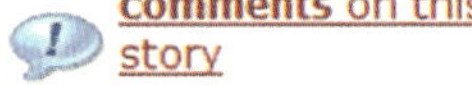

comments on this story

Stories by subject

- Physics
- Policy
- Lab life
- Technology

Stories by keywords

- fraud
- misconduct
- nanotechnology
- Bell Labs
- investigation
- nanotechnology

This article elsewhere

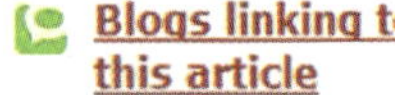

Blogs linking to this article

Add to Digg

Published online 26 September 2002 | Nature | doi:10.1038/news020923-9

News

# Physicist found guilty of misconduct

**Bell Labs dismisses young nanotechnologist for falsifying data.**

An up-and-coming young physicist at Bell Labs in Murray Hill, New Jersey, has been dismissed after being found guilty of 16 counts of scientific misconduct by a review panel charged with investigating his research.

The panel's report, released yesterday, concludes that Jan Hendrik Schön duplicated, falsified and destroyed data. He showed, says the report, "a reckless disregard for the sanctity of data in the value system of science".

Formerly a rising star in the field of nanotechnology, Schön was renowned for creating field-effect transistors, the backbone of modern electronics, out of tiny molecules. His work won him numerous

Jan Hendrik Schön, formerly a rising star in nanotechnology

*© Materials Research Society*

根据《美国国家科学院院刊》迄今为止最全面的一份评估，1997年以来，由于造假而被撤回的科学研究比例增加了10倍。

更重要的是，评审是一件繁重而没有报酬的工作。一篇论文可能同时由好几位同事审阅，而一个认真的评价往往需要花费大量时间。在繁忙的实验室环境中，草率地对待审阅这件事，或许可以节省几个小时甚至好几天时间。

因此，部分不合格作品就成了同行评审的漏网之鱼，一些优秀却不够传统的论文则可能被拒之门外（当然，在如今这个期刊数量快速增长的时代，这越来越不可能了。只要玩好标题骗术，开放存取的作者付费模式就能为论文发表提供捷径）。

另一方面，科学领域赤裸裸的造假是相对罕见的。尽管近年来，诸如日本麻醉师藤井善隆、韩国干细胞科学家黄禹锡的学术造假受到了媒体的广泛关注。前者承认在 183 篇学术论文中伪造了数据，后者则因挪用公款和违反生物伦理被判刑两年。

但哪怕是他们，也无法与欺诈领域的卓越大师简·亨德里克·舍恩（Jan Hendrik Schön）媲美。也无人曾如此戏耍同行评审制度。舍恩是一位在德国接受学术训练的年轻物理学家，1997 年底被新泽西州著名的贝尔实验室聘用。该实验室当时正在进行针对半导体材料的前沿研究，以期制造出更小的计算机电路。很快，舍恩成为这一迷你产业的创新先锋，几乎重写了传统电子纳米技术行业。他发现通常不导电的有机材料能制造成超导体，拥有激光甚至单分子晶体管的功能。这项革命性的突破，有望超过硅基电子技术，发展成一种能够缩小很多的有机系统。

2000 年至 2002 年，舍恩及其合作者接连不断地发表论文，尤其是在世界上发行最广、最负盛名的《科学》（*Science*）和《自然》（*Nature*）上。一般情况下，一位科学家如果足够幸运，在其整个职业生涯中可能可以在此类期刊上发表 6 篇论文。而舍恩仅仅两年就发表了 13 篇。或许这两种期刊都希望借此将自己从生物学领域拓展到更具代表性的科学领域，但舍恩的出现频率仍是前所未有的。他拥有难以置信的生产力：仅在 2001 年 11 月，他就发表了 7 篇令人震惊的科学论文。

舍恩激进的观点和雪崩般的发表量自然引起了人们的怀疑。在贝尔实验室，面对疑惑，他告诉同僚们文章数据来自他在康斯坦茨大学博士期间的观察和测量。

怀疑的阴云仍然笼罩。同事们向普林斯顿大学的物理教授莉迪亚·索恩（Lydia Sohn）表达了不安。索恩和康奈尔大学的保罗·麦克尤恩（Paul McEuen）一起仔细阅读了舍恩的论文，他们的发现让人瞠目结舌——舍恩多篇不同主题的已发表论文居然使用了完全一样的图表！他们通知了贝尔实验室及《科学》和《自然》的编辑。

因此，贝尔实验室于 2002 年 5 月就此进行了委托调查。但舍恩却拒绝交出原始数据，声称由于电脑储存空间的不足而删除了它们。9 月，委员会发表了一份致命的报告。报告称，舍恩论文中的数据产生了与已知物理知识相矛盾的结果，它们不是被替换了，就是子虚乌有根据标准公式编造的。至此，论文撤销，天才下场。

讽刺的是，正是同行评审让这些论文变得更为可信。审稿人非常积极地告诉舍恩让这些重大发现更加可信的方式，而舍恩自然也乐于接受。就这样，修改后的论文正式发表了。

值得注意的是，舍恩正是被自己过于完美的图表背叛的，它们太好了，以至于不可能是真的。每位科学家都知道，实际测量结果永远不可能完全符合理论预测。而舍恩的数据如此精确，只可能根据事先创造的曲线严丝合缝地填进去。这是一个不完美的世界，在不完美的世界里，完美不仅是好的敌人，有时也是坏的敌人。

# 虚假炸弹探测器

48

2016年7月2日，伊拉克首都巴格达发生一起汽车炸弹袭击，292人死亡，200人受伤。在之前的6个月，巴格达周围发生的7起炸弹事件已造成374人死亡。长期以来，棘手的炸弹问题都是笼罩在伊拉克上空的悲惨阴云。

7月2日自杀式袭击后，伊拉克政府宣布了为期三天的官方哀悼。但实际上，伊拉克总理海德尔·阿巴迪针对事件的第一反应，是疲惫地宣布禁止在通往市区道路上的车辆检查点使用无效的ADE 651炸弹探测器。这些设备已在检查点使用了许多年。但令人震惊的是，它们完全没用的事实也已众所周知了几乎同样长的时间。

事实上，在巴格达爆炸案发生时，向伊拉克政府出售这些假冒炸弹探测器的男子已在英国监狱服刑3年多。詹姆斯·麦考密克（James McCormick）因三桩毫无人性的欺诈事件被定罪，于2013年5月2日被判处10年有期徒刑。法官对他的判词是：“无用的机器，骇人的利润，你因欺诈产生的罪恶将被判处最高的刑罚。”此外，虚假探测器可能“已经在实质上造成了无辜者的身亡”。

ADE 651明明是无效的却没有马上被禁止已经很奇怪了，而它发展

**图左：ADE 651 探测器据称可以探测范围相当广泛的爆炸物。单套设备售价达 4 万美元。**

**图右：Quadro 高尔夫球探测器，是虚假炸弹探测器的原型。**

历史的诡谲程度与之几乎不相上下。卖给伊拉克政府的这款探测器最初起源于Quadro探测器。这款探测器由美国的宝藏猎人韦德·夸特鲍姆（Wade Quattlebaum）发明，最初的定位是用来寻找丢失的高尔夫球。然而后来它的宣传用途就被扩展到探查违禁药物，而且范围还在不断扩大。

它看起来确实很酷。这是一个有着摇摆天线的小型手持设备，用一根带子连在据称能判别特定分子频率的盒子上。特定的频率由一个可替换的卡片来确定，该卡片可根据所测物体的不同而更换。

在 1996 年的一场诉讼后，美国禁止了这一奇怪且无效产品的售卖。然而，其中一位产品推销者逃离保释来到了英国。他就是曾任警察的销售员麦考密克。麦考密克运营着一家名为“先进战术安全与通讯”（Advanced

Tactical Security & Communications）的公司，后来臭名昭著的摩尔可编程物质探测器正是由他参与销售的。直到 2001 年，美国桑迪亚国家实验室证明该产品完全无效，它才退出市场。

麦考密克完全没被吓倒，他复制了最初的 Quadro 探测器，将之作为专门的炸弹探测器出售。通过几次轻微调整，该探测器摇身一变成了 ADE 651，并乘上了“9 · 11”事件造成的世界性恐慌的东风。伊拉克军方与伊拉克警察系统成为最重要的买家。探测器每件成本为 225 美元，而麦考密克却在 2008 年以 800 台共计 3 000 万美元的价格出售给了伊拉克，随后又在 2009 年以总售价 4 600 万美元追加了 700 台设备（一次性投标合同）。单件价格在 7 500 美元左右，其余费用用以“培训”。所谓的培训，是教使用者拖着脚走路，从而产生静电为仪器“供电”。

伊拉克远不是唯一的市场。根据 BBC 报道，有传言称格鲁吉亚、罗马尼亚、尼日尔、泰国、沙特阿拉伯等国都是受害者。但伊拉克确实是最大的客户，在 2008 年以色列测试其无效后，仍在持续购入并使用。

一位以色列炸弹专家向德国《明镜周刊》（*Der Spiegel*）透露：“该仪器对探查爆炸物毫无用处。”2009 年 11 月，一位发言人向《纽约时报》透露，美国军方“对这些东西是否有用毫无信心”。一位前国家安全助手则形容它们“是荒谬可笑的，除非路上真有人指望这玩意儿能让爆炸远离街道”。

2010 年 1 月，麦考密克售卖假冒探测器的恶劣行径最终被英国广播公司《新闻之夜》（*Newsnight*）节目公之于众。节目将仪器中的一张可移动卡片交给剑桥大学检测，结果显示卡片中只包含一张超市用的标准防盗芯片，对于防爆检测毫无用处。

几乎在同一时间，英国和美国在伊拉克的军事人员向英国警方发出警告，禁止向伊拉克和阿富汗出口 ADE 651，同时麦考密克因涉嫌欺诈罪在英国被捕，并于 2013 年被判有罪。政府追查了麦考密克敛聚的不义之财，包括一艘豪华游艇、一座位于萨默塞特的农舍，以及一座位于优雅的度假小镇巴斯、曾属于尼古拉斯 · 凯奇（Nicolas Cage）的住宅。

**2010 年，在巴格达的一个检查点，一位伊拉克警察在使用 ADE 651。**

然而，在英国广播公司的披露之后，哪怕伊拉克民怨沸腾，哪怕欺诈罪犯已经于英国被捕，伊拉克当局仍不愿做出行动。一位内政部发言人向《中东日报》（*Asharq Al-Awsat*）透露："公司负责人被捕并不是因为设备不起作用，而是因为拒绝告诉英国当局仪器的工作原理。"直到 2011 年初，该部门反爆炸小组负责人才因涉嫌收受麦考密克数百万美元的贿赂而被捕入狱。

荒谬的是，在此次抓捕行动之后，伊拉克当局仍在继续使用 ADE 651，尤其在需要更有效率的实物检查时应用广泛，直到 2016 年 7 月的汽车爆炸案发生。这场悲剧是拖延造成的，但拖延的原因是什么呢？官僚的惰性？害怕同谋官员的反应？还是仅仅因为不愿承认一个令人不快的事实？

不管 ADE 651 探测爆炸物的能力有多差，从某种角度来说它仍是一次绝对的成功。一位关系者向《新闻之友》透露，他曾向麦考密克质疑设备的效果，而这位欺诈大师回复道："仪器确确实实还原了设计的本意——它是一个印钞机。"

# 伪造死亡

49

似乎人终有一死这件事还不足以令许多人沉思，有些人觉得最好是自告奋勇再贡献一些，他们采取的方式是如此普遍，以至于它有了一个自己的名字：伪造死亡。

当然，没有人确切知道伪造自己死亡的现象有多普遍，因为成功的假死自然无法进入统计数据。根据一项广为流传但也可能是虚假的数据，报道中约莫四分之一从旧金山金门大桥跳下又找不到尸体的案例，被归入了假死的行列。人们对此有足够的兴趣，至少一位出版商为迎合该市场推出了主题图书——《人间蒸发指南》（*How to Disappear Completely and Never Be Found*）。美国全国广播公司财经频道也在节目《美国式贪婪》（*American Greed*）的《逃亡者》（*The Fugitives*）一集中“睿智”地建议：切勿使用异性的尸体，切勿在自己的死亡证明上留下指纹。

不难想象，为何有人想要抹掉过去、从头来过。搅乱人生的方式数不胜数。一个人哪怕在旁人看来再成功，也总有无穷无尽的美好事物向他招手。对当下的不满足如此深刻地根植在人性中，以至于不管现状多么良好，总是希望它更好——哪怕我们并不知道它能如何更好。多么危险的结合。

"I am the first in the East,
the first in the West,
and the greatest Philosopher
in the Western World;
Affirmed by me,
Timothy Dexter."
Engraved from the Life
by James Akin Newburyport.
The most Noble
Lord Timothy Dexter.
What a piece of work is Man!
how noble in reason! how infinite in faculties! in form & moving, how express & admirable!
Entered according to act of Congress June 1st 1805 by James Akin Newburyport, Mass."
AND SOLD BY THOMAS & WHIPPLE.

31. 译注：德克斯特出身并不高，但他妻子是一位富有的寡妇。为了适应上层社会，他在自己的名字前加上了“勋爵”（Lord）。

难以解释的是，人们为何要通过伪造自己的死亡来逃离过去。毕竟，有那么多方法能帮助人们摆脱过去的阴霾，比如简单地搬家或是编造新身份，而无须冒着伪造旧身份生物性死亡带来的各种麻烦和风险。书店的书架上堆满了自救书籍，告诉你如何行动。小说里则有更多关于这一主题极具创意的想象。

尽管如此，伪造死亡作为开展新生活的先声仍广受欢迎。溺水成了让人偏爱的离开方式。有一个著名的伪造溺水案件，英国国会议员约翰·斯通豪斯（John Stonehouse）为了摆脱商业失败，同时能和情妇在澳大利亚开始新生活，从弗雷德里克·福赛思（Frederick Forsyth）的小说《豺狼的日子》（*The Day of the Jackal*）中汲取灵感，伪造了自己的溺水身亡事件。

伪造溺水最吸引人们的地方在于，尸体并不是必需的，而这往往是最难造假的（参见第 36 章，“伪造尸体”）。你只需要创造一个场景，引导验尸官向淹死的结论靠拢。游艇事故、从桥上跳入湍急的水流都是绝佳方案。当然，大多数尸体都会在某处被冲上岸，倘若你的尸体并非如此，可能会产生一些问题。但显然关于水本身的隐喻也值得一提：有评论者指出了溺水的“洗礼效应”，由于水在心灵、精神上有净化的象征，因此它也有浴水重生的意味。

在人类心灵更阴暗的角落，还藏着其他动机。蒂莫西·德克斯特“勋爵”[31]是 18 世纪晚期马萨诸塞州纽伯里波特镇上一个古怪的商人，他觉得周边的人对他不够奉承，因此决定装死来看看家人和朋友对此有多悲痛。当他看到自己的妻子在他醒来时没有流下足够多的泪水时，他从棺材里跳出来殴打她，然后与几分钟前还在悼念他的朋友狂欢痛饮。德克斯特的案

**对页：蒂莫西·德克斯特（Timothy Dexter）是一位新英格兰商人，他以古怪和精明的商业头脑著称。他将暖锅（在新西兰寒冷的冬天用于加热床单）出口到西印度群岛，将其作为当地蜜糖产业的钢勺售卖获利。他还伪造了自己的葬礼，想知道妻子和朋友们会有什么反应。**

例似乎是一个极端的例子，但为了测试家人和朋友的爱而装死并不是一个非同寻常的动机。

32. 译注：改编自 C．S．路易斯的小说《狮子、女巫与魔衣橱》。

更直接和常见的则是保险欺诈：买好足量的人寿保险，上演自己的死亡，然后和你的受益人一起消失。约翰·达尔文（John Darwin）是一个负债累累的前狱警，2002 年，他的划艇在英国北部他家附近的海域中被发现，艇中空空如也。很快，这个 31 岁的男子乔装成老人住进了妻子安妮家隔壁。他在两座房子的共用墙上打了一个洞，并将之伪装成橱柜。这一诡计可以总结成一个不朽的标题——《谎言、女巫与魔衣橱》[32]。

第二年，随着达尔文在法律上被宣告死亡，以及安妮获得巨额保险赔偿金，隔壁的“老年男子”搬进了安妮家中。在 2006 年买下巴拿马的房产前，达尔文靠着假护照和安妮在世界各地旅行。2007 年，由于签证法即将修改，达尔文的假护照有暴露的风险，他决定返回英国，假装失忆。

到家后，达尔文发现很难让警察相信自己对过去五年毫无记忆。这部分是因为他们知道安妮已经兑现，并计划移居海外。随后，《每日镜报》披露了一张房地产商发布在网上的宣传照，图片主人公正是这对 2006 年在巴拿马的夫妇。这件事闹得沸沸扬扬。2008 年，达尔文和安妮均被判以保险欺诈罪，刑期至 2011 年。

伪造死亡也是金融欺诈的一个选择。2008

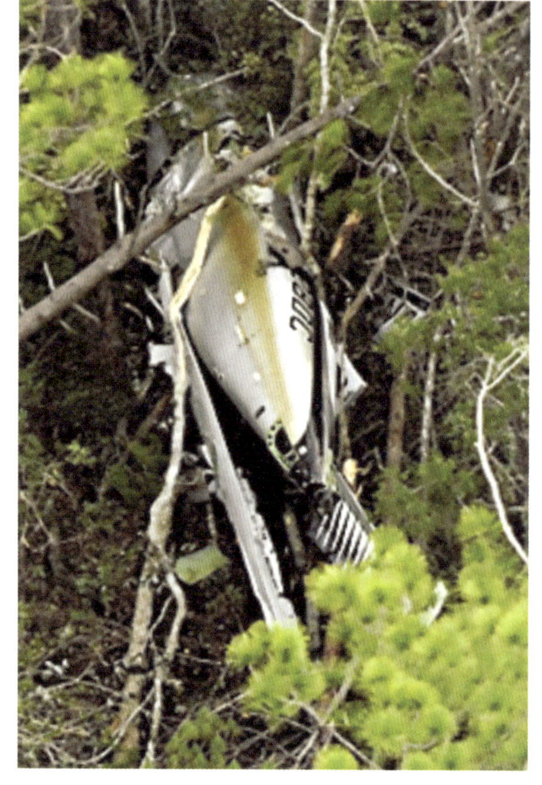

**2009 年 1 月 11 日，马库斯·舒伦克（Marcus Schrenker）在一次飞机失事中伪造了自己的死亡，彼时他所经营的印第安纳投资公司诈骗案即将告破。调查人员并未在飞机内发现尸体或血迹。两天后，舒伦克在佛罗里达营地的一个小帐篷里被捕，此前，他曾试图在那里割腕自杀。**

年 4 月，塞缪尔 · 伊斯雷尔三世（Samuel Israel III）因为利用自己名下已破产的拜誉对冲基金欺诈投资者，而被判处 20 年有期徒刑。2008 年 6 月 9 日，在未能向监狱报到之后，他的汽车在纽约北部的熊山桥被发现。电视剧《陆军野战医院》（M*A*S*H）的主题曲名“自杀不痛”潦草地写在引擎盖灰尘上。然而，当局很难相信伊斯雷尔真的从高桥上跳了下去，他成了美国头号通缉犯。而在拖车停车场住了一个月后，伊斯雷尔和他的女朋友终于现身自首。

可惜的是，科技的进步让伪装死亡比过去任何时候都要困难。无所不在的监控、生物识别、DNA 检测、数字化资料库以及更聪明的保险公司，都让脱离自我、成为别人变得更难也更不划算。毕竟，那张让达尔文锒铛入狱的照片，只需轻轻谷歌“约翰，安妮，巴拿马”就能出现了。

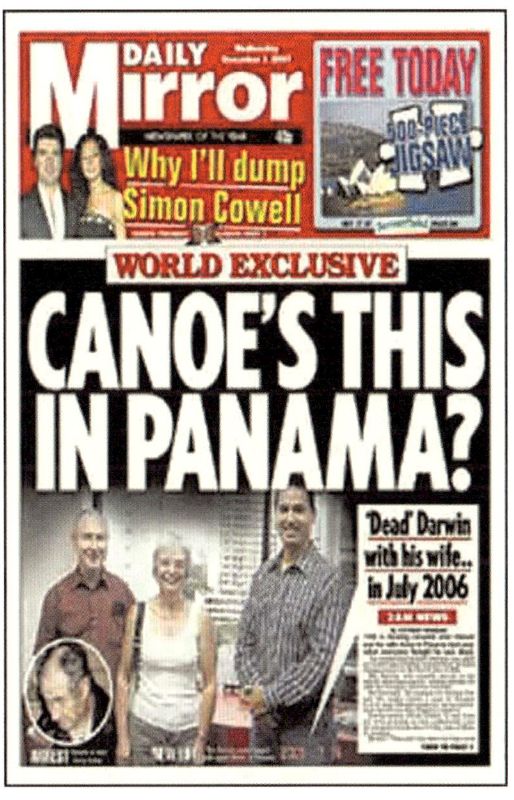
DAILY Mirror

FREE TODAY

500-PIECE JIGSAW

Why I'll dump Simon Cowell

WORLD EXCLUSIVE

CANOE'S THIS IN PANAMA?

'Dead' Darwin with his wife.. in July 2006

**2002 年 3 月，约翰 · 达尔文在泛舟至英国达勒姆自己家附近的海域中时消失。当他被宣布死亡后，妻子获得了 68 万英镑的保险金。5 年后，人们发现他仍然活着，和妻子一起出现在巴拿马。这一发现要归功于发在脸书上的一张照片。**

# 史蒂芬·格拉斯与杰森·布莱尔的遗产

\ 50 /

杰森·布莱尔（Jayson Blair）可以说是美国版成功故事的主人公。他是马里兰大学著名学生报纸《响尾蛇报》（*Diamondback*）的第二位非裔美国人编辑。年仅 24 岁便从无足轻重的实习生晋升，成为《纽约时报》国际报道的撰稿人。他是一位非常多产的记者，在为《纽约时报》工作的近 4 年中撰写了几百篇文章，辐射范围从受伤退伍老兵问题、华盛顿枪击案到炭疽病恐慌，等等。尽管同事们并不是都喜欢他，甚至有一些人不信任他，但有野心又滔滔不绝的布莱尔仍然在这家全国首屈一指的报社中得到了迅速晋升。

打击随之而来。2003 年 4 月，《圣安东尼快讯报》（*San Antonio Express–News*）提醒《纽约时报》，布莱尔自称发自得克萨斯州洛斯弗雷斯诺斯（Los Fresnos）的报道实际上大幅抄袭了他们的版面。因此展开的调查揭露了布莱尔飘忽不定的行为习惯和不准确的报道方式，可以追溯到《响尾蛇报》时期。譬如他曾引用各种谁都没说过的话来大肆渲染校足球队的故事。他作为《响尾蛇报》的经营者则是灾难性的，无视生产的截止日期，还迫使许多同事编辑离职。实际上，当他提前从主编位置上离开后，其继任者就“布莱尔观察”版刊载的这些“猜测性报道”发表了道歉声明。

有了这样的记录，布莱尔能在任何地方找到记者的工作都是让人惊异的，更不用说全国一流报社了。但是根据《纽约时报》的说明，他的雄心勃勃和工作效率给编辑们留下了深刻印象，他们因此忽略了来自布莱尔前同事对他的保留意见。然而，姐妹报刊的控诉不可忽视，在首次指控发出的一个月内，《纽约时报》即公开承认布莱尔确实一直“在误导读者和同事，谎称报道发自马里兰、得克萨斯等其他州，实际其本人却远在纽约。他伪造评论，编造场景，并从其他报纸和新闻通讯社的报道中窃取材料。他借助照片中的细节假装自己曾去过某处或见过某人，实际却从未做过以上种种”。至此，布莱尔迅速出局，一下子从公众视野中消失了。

布莱尔不过是《纽约时报》将近四百名记者中的一位，他写的报道倾向于展示人类兴趣的多样性，而非处理某个重要事件来影响公众观念。尽管《纽约时报》高层对此问题迅速反应，但新闻业强烈倚靠真实性，此次事件严重损害了公众信任，也损耗了《纽约时报》内部的信任。

当然，阴影中的新闻业从来不是新鲜事（参见第18章，“空中壮举”）。但是1998年史蒂芬·格拉斯（Stephen Glass）事件后，公众对新闻的信任就变得尤为动摇。格拉斯是《新共和》（*New Republic*）杂志的副主编，他为这家受人尊敬的杂志撰写的2/3的稿件都是编造的。布莱尔丑闻爆发后，《今日美国》（*USA Today*）的一支编辑队伍找到了针对杰克·凯

**杰森·布莱尔在《纽约时报》时期伪造的36篇报道之一。**

**U.S. | A NATION AT WAR: MILITARY FAMILIES**

# A NATION AT WAR: MILITARY FAMILIES; Relatives of Missing Soldiers Dread Hearing Worse News

By JAYSON BLAIR MARCH 27, 2003

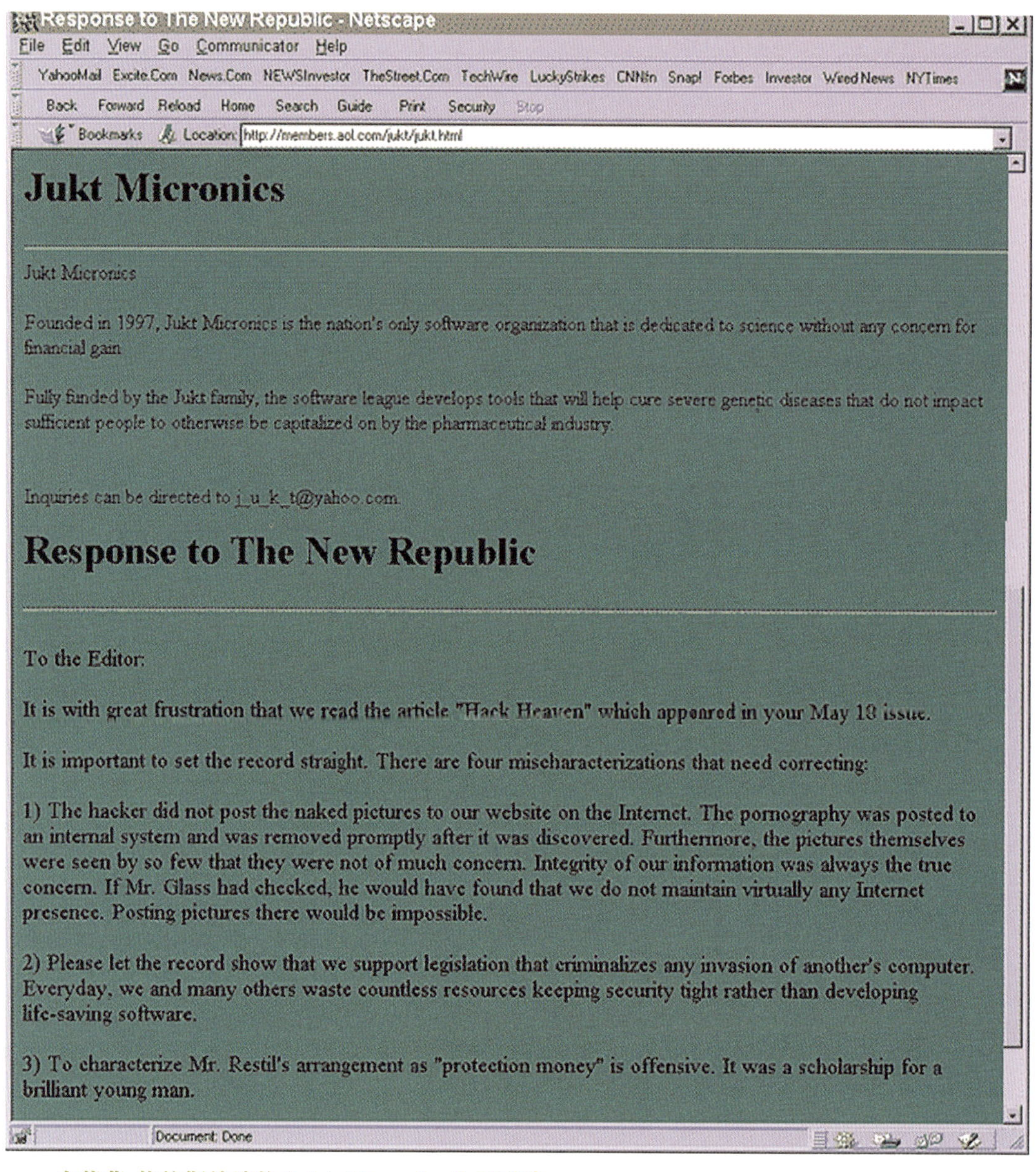

# Jukt Micronics

Jukt Micronics

Founded in 1997, Jukt Micronics is the nation's only software organization that is dedicated to science without any concern for financial gain.

Fully funded by the Jukt family, the software league develops tools that will help cure severe genetic diseases that do not impact sufficient people to otherwise be capitalized on by the pharmaceutical industry.

Inquiries can be directed to j_u_k_t@yahoo.com

# Response to The New Republic

To the Editor:

It is with great frustration that we read the article "Hack Heaven" which appeared in your May 18 issue.

It is important to set the record straight. There are four mischaracterizations that need correcting:

1) The hacker did not post the naked pictures to our website on the Internet. The pornography was posted to an internal system and was removed promptly after it was discovered. Furthermore, the pictures themselves were seen by so few that they were not of much concern. Integrity of our information was always the true concern. If Mr. Glass had checked, he would have found that we do not maintain virtually any Internet presence. Posting pictures there would be impossible.

2) Please let the record show that we support legislation that criminalizes any invasion of another's computer. Everyday, we and many others waste countless resources keeping security tight rather than developing life-saving software.

3) To characterize Mr. Restil's arrangement as "protection money" is offensive. It was a scholarship for a brilliant young man.

史蒂芬·格拉斯编造的Jukt Micronics公司网站。

33. 译注：原文如此。

利（Jack Kelley）的强有力证据，证明这位明星记者、2002 年普利策奖入围者在 8 篇重要报道中编造了大量内容，包括从竞品出版物中抄袭了将近二十条引文或材料，在给报纸的发言中作假，并试图误导对他工作展开的调查。此次揭露是灾难性的，因为凯利不像布莱尔，他的早期职业生涯没有任何能让上司忽视的不良信号。凭借积攒的显赫名声，数年间，他写了自己从未知晓的地方，引用了从未采访过的对象的话语，剽窃了其他作品的内容，甚至还发明了一些“线人”。

新闻业是我们社会中社会和政治自由的重要保障之一，也难怪公众对其的信任在 20 世纪初[33]降到了历史最低位。2015 年，民意调查机构盖洛普发现，自 40 多年前研究人员向受访者询问对新闻媒体的看法以来，其评价已到达了历史最低点。

然而，与此同时，公众似乎还嫌虚假新闻不够多，甚至渴望相信它们（参见第 25 章，“大众盲从”）。《世界新闻周刊》（*Weekly World News*）曾长盛不衰，《国家询问报》（*National Enquirer*）仍是超市付款处的主力军，二者都证明了“信息娱乐化”的诱惑性。不仅如此，2016 年的总统大选见证了虚假新闻前所未有的疯狂增殖。它们大多起源于可疑的网站，但其中许多最终也会进入主流印刷媒体。

在遥远且贫穷的国家马其顿的一个小镇上，发展出了一个青少年制造假新闻的虚拟产业。几十个虚假网站只是为了让虚假而哗众取宠的故事实现病毒式传播。在这个年平均收入只有 4 800 美元的地方，仅通过美国总统大选期间投票者对网站的点击，一位年轻的假新闻制造者就借此拥有了 60 000 美元的收入。

确实，网络上的假新闻问题已经十分严重。2016 年底，“脸书”（假新闻传播重地）和谷歌宣布了屏蔽虚假新闻源头网站的措施。几乎与此同时，印第安纳大学的网络科学学院公布了“骗局”（Hoaxy）的测试版获取途径，专门用来追踪假新闻在社交媒体中的传播路径。

虚假新闻的增殖以相当引人注目的方式进行着。以显然被广泛相信的“比萨门”为例，据称希拉里 · 克林顿（Hillary Clinton）和其竞选主席约翰·波德斯塔（John Podesta）在华盛顿的一家比萨店经营着非法团伙，最终一个真正的枪手出现在餐厅并进行无差别射击。尽管随后他向《纽约时报》承认了网上关于“比萨门”的信息并非百分百准确，但这并不妨碍在“骗局”（Hoaxy）搜索这一经典案例还能延展链接到另外 20 条虚假新闻！

然而，归根结底，更加重要的问题在于需求方而非供给方。实际上，被轻视的传统主流媒体对呈现给读者的材料审核非常谨慎，每当有一个公众拒绝他们并转向信任、传播谣言，并在社交媒体或其他地方彻底歪曲误导新闻报道，我们对真相的合力掌控就会溜走一点点。

当不信任来自顶层时，这种下滑更让人警惕。在美国总统就职典礼的观众数量达到空前规模的今天，总统谴责主流媒体是虚假新闻的小贩，无差别地痛斥媒体是人民的敌人，似乎让公共领域的真实信息再也不复存在了。

**对页：2016 年 10 月 30 日，一个白人至上主义者发推特声称，有一个国际非法组织与民主党成员有关。在社交媒体、非主流新闻网站和脱口秀广播中如野火般扩散后，最初的说法迅速蜕变成一个成熟的阴谋论，包含编码后的短信、邪恶的仪式和华盛顿比萨店客厅豢养的儿童受害者。五周后，一名男子进入该餐厅射出了三发子弹。**

#PizzaGate
UNRAVELLING A SECRET NETWORK OF CHILD TRAFFICKERS AND PEDOPHILES
John Podesta
(Hillary's campaign chairman, obsessed with pizza codewords)
David Brock
(Correct the Record founder, Hillary associate)
James Alefantis
("Comet Ping Pong" pizzeria founder, David Brock's lover)
Tony Podesta
(John's brother and close friend of the other 2)
WHAT DOES PIZZA MEAN IN THIS CONTEXT?
let COMET PING PONG's instagram department do the explaining...
* censored
i could care less about my beauty. i just want my pizza.
REPUBLICAN PARTY
DEMOCRATIC PARTY
PIZZA PARTY

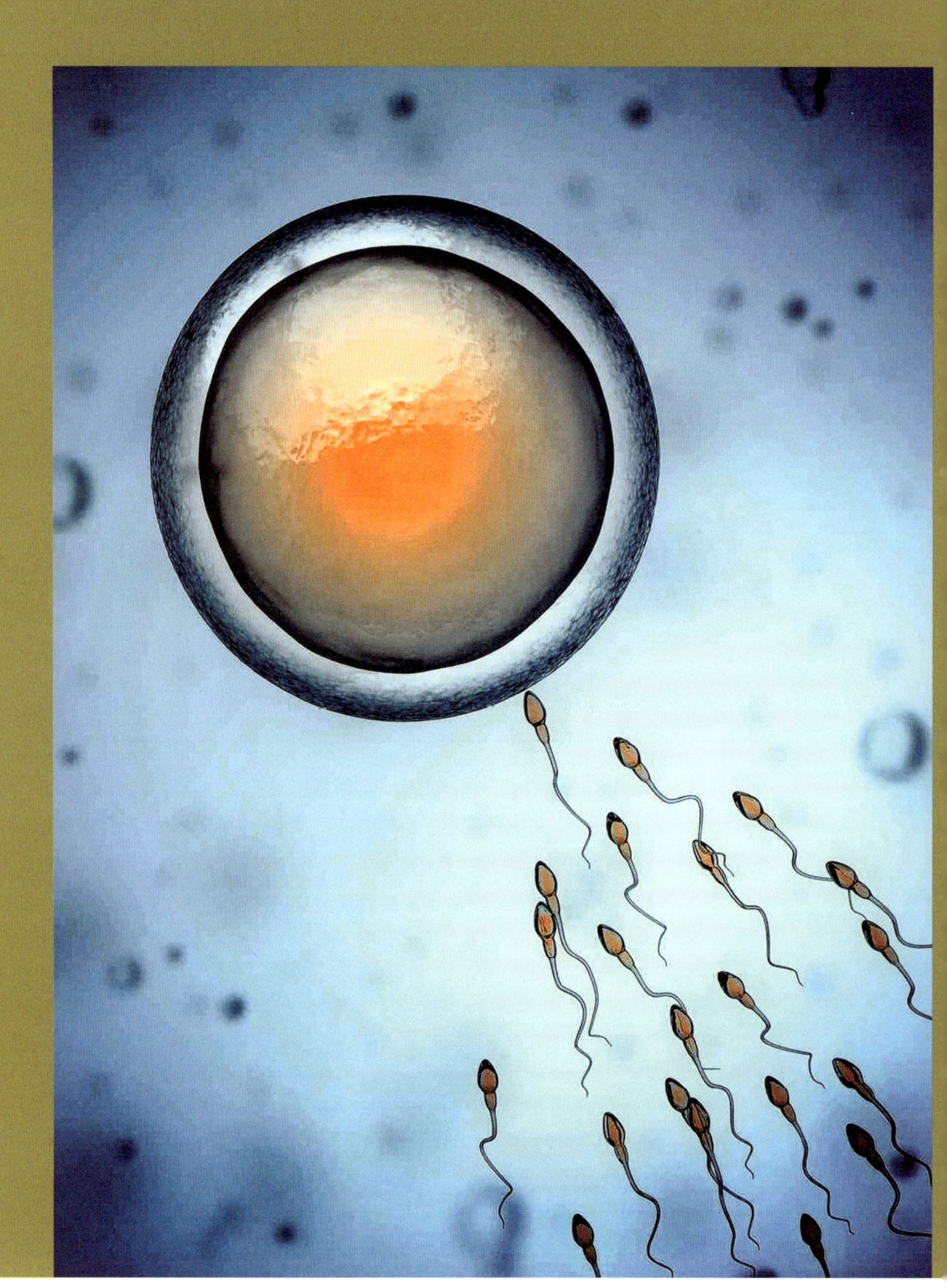

# 后记

51

在完成对伪造、欺骗和谬论历史的快速检阅后，我们略带惊喜地看到——或许你也意识到了——它们并非毫无节制的不择手段、唯利是图、轻信他人和自私自利。事实上，它们展现出了和人类其他经验领域同样的纷繁复杂、微妙多变，时而又带点儿幽默感。而欺骗同胞或轻信他人的动机，也如人类心灵版图一样千奇百怪。谁能对乔治·撒玛纳扎无害而风趣的迷人魅力（参见第 11 章，“虚构的种族”），或是弗里茨·克莱斯勒让人惊异的精湛技艺（参见第 32 章，“音乐造假”）视而不见呢？

然而，欺诈的领域广袤无边，我们也不得不承认本书的选择多少带

**对页：1964 年，时任乔治·华盛顿大学生殖遗传室主任的塞尔西·布莱恩·雅各布森（Cecil Byran Jacobson）声称，他在一只雄性狒狒的腹腔中植入一颗受精卵使其成功受孕。此事虽然从未被证实，但给他带来了恶名。1976 年，尽管并未受过专业的体外受精培训，雅各布森在弗吉尼亚州维也纳小镇开办了一家生育诊所。后来，有人认为他给女性注射激素，从而导致妊娠试验呈假阳性。1992 年，他因在未经对方知晓或许可的情况下用自己的精子使 75 名女性怀孕而被判有罪。**

有倾向性，偏好那些或是异彩纷呈，或是骇人听闻，又或是我们自己觉得特别有趣的事例。除了我们每天都会说的善意的谎言，绝大多数欺诈行为确实有贪赃枉法的动机，并展现出人类本性中令人震惊的、且明显毫无同理心的一面。更重要的是，从某种程度上来看，大多数潜在受害者都对这一点心知肚明。那么为什么历史不断重演，我们会一次又一次地陷入同一个骗局中？

有大量文献探讨了该问题，主要来自商学院的市场营销专业。许多学术研究强调，欺诈针对的往往是人性中固有的弱点。营销人员通过心理学和实证研究探寻人类行为，试图用最佳方式诱使人们购买特定商品。某种意义上，几乎所有人类事务都包括买入或卖出某物。人是社会性动物，在任何社交场合都会为自己建立人设，与此同时他们也在评估对方展现的形象。因此，学者们试图根据人类行为模式来建立市场营销规则。当然，这也同样适用于欺诈。

例如，阿肯色大学的埃里克·R. 诺尔斯（Eric R. Knowles）和威得恩大学的杰伊·A. 林恩（Jay A. Linn）提出了“劝说的趋避模型”（approach–avoidance model of persuasion）。他们指出，对销售宣传的抗拒（“回避”）是“自然且自发的”，因而必须通过他们列举的多种策略来克服。同时，理所当然的是，推销员和骗子也必然会突出强调他们所提供的物品具有哪些吸引人的内在品质（“趋近”）。诺尔斯和林恩承认，任何试图说服他人的行为都是“心理上复杂的……涉及多种通常来说是矛盾冲突的动机”。不过，在突出所售物品优点的同时不避讳其惹人怀疑的缺陷，骗子由此让人觉得自己是同谋，受骗者也因此不太会注意到交易的负面可能。

《自信游戏》（*The Confidence Game*）的作者玛丽·科尼科娃（Maria Konnikova）也认同这个看法。她指出，极端反社会的格雷戈尔·麦格雷戈（参见第 16 章，梦幻国土）既善于诱导他的目标对象趋近他牵强附会出的奶与蜜的梦幻国土，又能够制造恐慌，让他们想要避开它。“劝说的趋避模型”涵盖了两种思维定式，并使其能够同时对受众造成影响，就如同麦格雷戈在全国性报纸上的大量采访所起到的效果那样。

科学造假则完全是另一回事。像大多数艺术欺诈一样，要想在这个领域取得成功，不在于掌握个体心理的复杂性，而在于理解当时的流行趋势。无论是捏造一组科学数据，还是赝造一件仿真的艺术品，造假者都必须对其受众想要什么、想听什么谙熟于心。

正如麻省理工学院物理学家、科学史家大卫·凯瑟（David Kaise）观察到的那样，贝尔实验室的物理学家简·亨德里克·舍恩（参见第47章，“同行评审”）“对真实合法的主张应该是什么样的有着独到的看法。他想要让自己的造假结果更契合而不突兀，于是反复修改数据以更好地与现有预测相吻合”。然而，考虑到科学的内在本质（参见第43章，“顺势疗法”；第44章，“伪古生物学”；第46章，“荒唐的精神错乱”），以及同行间的持续审议，舍恩没有理由期待自己发表的成果能够长久被人接受。实际上，很难想象他真的认为随着时间的流逝，自己能逃脱欺诈的罪名。舍恩的行为只能用极端自私、渴慕片刻赞誉来解释。

特罗菲姆·李森科（参见第35章，“辩证生物学”）采取了另一种策略。他利用自己的口才和政治背景，说服了一个威权蛮横的政权来支持自己的伪科学。又一次，因为科学并非授命就能取得成功，李森科主义不可能长久存在下去。但我们也该清醒地意识到，当李森科在自己家中的床上安然死去时，他那杰出的对手尼古拉·瓦维洛夫却在狱中凄然暴死。

人们或许有理由希望永远不要再冒出来一个李森科，但可叹的是，有那么多人把不惜一切代价争名逐利视作行动的强大动力，那么冒出另一个简·亨德里克·舍恩或许也在情理之中。

幸好，在科学领域，造假得来的名声通常转瞬即逝。相反在艺术领域，成功的造假行为通常在一开始就令造假者身处匿名之中——尽管也有一些令人鼓舞的例外（参见第10章，“文艺复兴的天谴之人”；第32章，“音乐造假”）。目前更令人担忧的是“假新闻”和政治领域的弥天大谎。“弥天大谎”的力量总是会造成伤害，而我们对道听途说来的怪异荒诞之事的轻信，也总是导致自身容易受到煽动蛊惑。但是，在一个民众越来越多地从党派来源获取信息，同时被告知要去质疑更少偏向性的主流媒体的世界里（参见第50章，“假新闻”），我们整个社会都将暴露在政治歪曲和操控的危险下。当骗子的对象是所有人时，我们每个人都需要特别警惕起来。

那么我们能得出什么结论呢？自古至今，人们的性情都变化无常。尽管我们大多数人本能地回避重大骗局——或许正是因为要想摆脱它们的机会渺茫——有些人还是会不自觉地偏过去，尤其当有利可图的时候。归根结底，只要有市场需求，就会有供给。甚至还有人时刻准备着创造虚假的市场需求。幸运的是，出于同样的原因，自然界中的捕食者在规模上总是要比它们的猎物小得多，因此可以合理推测，在人类社会中，此类不义之举也许仍会保持在一个较小的范围内。

不过，正如欺诈、伪造和谬论都指向了人类经验中的一系列二元对立——骗子和被骗者之间、造假者和客户之间、小人和轻信者之间——本书的主题同样唤起了人类状况中带有普遍性的东西。

就我们所知，只有人类能够超越眼前的物质现实，构筑想象中的事物。我们能想象自己像超人一样翱翔，披上斗篷去赴汤蹈火；我们能想象自己顶着老板无情的压力，走上人生巅峰；我们一边眼睁睁看着世界在购物篮中沉沦，一边构想政治乌托邦；我们一边在自然灾害前深感无力，一边幻想一位全能的造物主。

人类无力完成自己所能想象出来的一切事物，于是几乎不可避免地导致一种生存不满足状态。如果我们想要获得满足，摆在面前的只有两个选择：要么接受自身局限，把无法实现的愿望束之高阁（同时努力争取那些能实现的）；要么利用我们的想象力，依靠蛇油、应许之地、虚名、革命、阴谋论还有撒谎的政客，来获取短暂的安慰。骗子总能找到商机，不过让我们祈祷他们永远不要兑现。

为了让本书高调收尾，我们再强调一遍，并不是所有欺诈最终都会降低一般生活质量。事实上，有些还提高了我们的生活质量，或至少给生活带来了一些乐子。正是本着这一精神，正如我们在前言中所说的，我们在书中的某个地方埋了一个彩蛋。我们希望你能找到它，但假如你碰巧没有找到的话，可以回顾一下第 10 章里佩皮斯的一段引文。在佩皮斯 1665 年 12 月 6 日的活动条目下，我们加了点小料。公爵并没有向他出示米开朗琪罗那座惹人悲叹的丘比特雕像。据了解，它一直保存在白厅，直至在 1698 年的大火中化为灰烬。

# 致谢

52

鉴于以下诸位在获取插图上提供了关键帮助，并热心提供极具价值的背景资料，作者要对他们表示热忱感谢：Dave Bergman；大英图书馆的Sarah J. Biggs；石溪大学的Albert D. Carlson；Albert D. Carlson III；美国国家航空航天博物馆的D. Chris Cottrill；弗吉尼亚大学图书馆的Christina M. Deane；MirrorPIX网站的Simon Flavin；《骗子学徒》（*The Forger's Apprentice*）一书作者Mark Forgy；沟通适应力有限责任公司（Resilience Communications，LLC）的Brad Goldstein；弗吉尼亚联邦大学的Michael Jones McKean；弗吉尼亚大学的Bryan Kasik；Bill Koch；Pangaea Exploration网站的Eric Loss；Melissa Merson Ellison；Richard Milner/Milner档案；美国特勤局的Martin Mulholland；以色列国家图书馆的Jamie Nathan；David R. Nevraumont；Alamy Stock Photo网站的Guy Newman；圣经神学院的Robert Newman；普林斯顿大学的Pamela Patton；得克萨斯大学奥斯汀分校高分辨率X射线电脑断层扫描实验室的Timothy Rowe；美国特勤局的Mike Sampson；美国国会图书馆的Julie Stoner；Chris Stringer和伦敦自然历史博物馆；John Turner；美国国会图书馆的Michelle Wright。

我们对 Black Dog and Leventhal 出版社的 Dinah Dunn 深表谢意。她不仅热情支持本书的出版，尤其付出了非常专业的编辑技能。同样要感谢 Black Dog and Leventhal 出版社的产品编辑 Melanie Gold 和文案编辑 Laura Cherkas，她们体贴地为本书加了备注。也要感谢 Red Herring 的 Carol Bobolts 为本书做了设计。

我们还要把谢意献给 Jane Dystel 和 Miriam Goderich，他们是卓尔不凡的代理人，我们有幸遇见了。

最后，我们要感谢 Jeanne Kelly，她提供了诸多宝贵意见，还有 Ann Dana Carlson，她耐心听完了无数有关人类愚昧、幻想和欺骗的故事。

# 延伸阅读

53

**前言**

Bolt, Roelf, 2014. The Encyclopaedia of Liars and Deceivers. Translated by Andy Brown. London: Reaktion Books.

Gardner, Martin. 1957. Fads and Fallacies in the Name of Science. New York: Dover Publications.

MacDougall, Curtis D. 1958. Hoaxes. New York: Dover Publications.

MacKay, Charles. 1841. Extraordinary Popular Delusions and the Madness of Crowds. London: Richard Bentley.

**1. 其他动物（<40 亿年前）**

欺骗的进化

Byrne, Richard, and Andrew Whiten. 1992. "Cognitive Evolution in Primates: Evidence from Tactical Deception." Man New Series 27 (3): 609–27.

Carlson, Albert, and Jonathan Copeland. 1978. "Behavioral Plasticity in the Flash Communication Systems of Fireflies." American Scientist 66: 320–46.

Coyne, Michael J., Barbara Reinap, Martin M. Lee, and Laurie E.

Comstock. 2005. "Human Symbionts Use a Host-Like Pathway for Surface Fucosylation." Science 307: 1778–81.

Hauber, Mark, and Rebecca Ilner. 2007. Coevolution, communication, and host chick mimicry in parasitic finches: Who mimics whom?. https://www.researchgate.net/publication/225475541_Coevolution_communication_and_host_chick_mimicry_in_parasitic_finches_Who_mimics_whom.

Hoover, Jeffery P., and Scott. K. Robinson. 2007. "Retaliatory Mafia Behavior by a Parasitic Cowbird Favors Host Acceptance of Parasitic Eggs." Proceedings of the National Academy of Sciences, USA 104: 4478–83.

Knodler, Leigh A., Jean Celli, and B. Brett Finlay. 2001. "Pathogenic Trickery: Deception of Host Cell Processes." Nature Reviews Molecular Cell Biology 2: 578–88.

Searcy, William A., and Stephen Nowicki. 2005. The Evolution of Animal Communication: Reliability and Deception in Signaling Systems. Princeton, NJ: Princeton University Press.

**2. 末日预言（公元前 2800 年）**

我们已知世界的终结

Camping, Harold. 2005. Time Has an End: A Biblical History of the World 11,013 BC–2011 AD. Great Barrington, VT: Vantage.

DiTommaso, Lorenzo. 2016. The Architecture of Apocalypticism: From Antiquity to Armageddon. Vol 1. New York: Oxford University Press.

Freeman, Charles. 2009. A New History of Early Christianity. New Haven, CT: Yale University Press.

Henry, Matthew, ed. 2014. Book of Revelation. Seattle, WA: CreateSpace Independent Publishing.

Iliffe, Rob, and Scott Mandelbrote. 2017. Catalogue of Newton's Alchemical Papers. The Newton Project. http://www.newtonproject.ox.ac.uk/

texts/newtons-works/alchemical

Miller, Robert J., ed. 1994. The Complete Gospels. San Francisco: HarperSanFrancisco.

Nelson, Chris. 2011. A Brief History of the Apocalypse. www.abhota.info.

Pappas, Stephanie. May 10, 2011. "The Draw of Doomsday: Why People Look Forward to the End." Live Science. www.livescience.com/14179-doomsdaypsychology-21-judgment-day-apocalypse.html.

Weber, Eugen. 1999. Apocalypses: Prophecies, Cults, and Millennial Beliefs through the Ages. Cambridge, MA: Harvard University Press.

White, Michael. 1999. Isaac Newton: The Last Sorcerer. Boston: Da Capo.

**3. 方舟考古学（公元前 275 年）**

彩虹尽头的方舟

Alter, Robert, ed. 1997. Genesis: Translation and Commentary. New York: W. W. Norton.

Carroll, Robert Todd. 2003. "Noah's Ark." In The Skeptic's Dictionary. Hoboken, NJ: Wiley.

Feder, Kenneth. 1998. Frauds, Myths and Mysteries: Science and Pseudoscience in Archaeology. Mountain View, CA: Mayfield.

Frazier, Kenneth. 1994. "The Sorry Saga of CBS and Ark Pseudoscience: Network Drops Two Sun Programs, Keeps One." Skeptical Inquirer 18 (2): 117–18.

Lippard, Jim. 1993. "Sun Goes Down in Flames: The Jammal Ark Hoax." Skeptic 2 (3): 22–33.

Mitchell, Stephen, trans. 2006. Gilgamesh: A New English Version. New York: Atria Books.

Parkinson, William. 2004. "Questioning 'Flood Geology': Decisive New Evidence to End an Old Debate." National Center for Science Education

Reports, 24 (1): 24–27.

Ryan, William, et al. 1997. “An Abrupt Drowning of the Black Sea Shelf.” Marine Geology 138: 119–26.

**4. 预决的格斗（公元前 260 年）**

角斗士和专业摔跤手

Christesen, Paul, and Donald Kyle. 2014. A Companion to Sport and Spectacle in Greek and Roman Antiquity. Hoboken, NJ: Wiley Blackwell.

Fagan, Garrett. 2011. The Lure of the Arena: Social Psychology and the Crowd at the Roman Games. Cambridge: Cambridge University Press.

Grabianowski, Ed. 2016. “How Pro Wrestling Works.” HowStuffWorks. http://entertainment.howstuffworks. com/pro-wrestling.htm.

PWMania.com. February 24, 2016. “Roman Reigns Gets Blood Capsule Slipped to Him on WWE Raw.” www.pwmania.com/roman-reigns-gets-bloodcapsule-slipped-to-him-on-wwe-raw-video.

Young, Emma. January 19, 2005. “Gladiators Fought for Thrills, Not Kills.” New Scientist. www.newscientist. com/article/mg18524834-400-gladiators-fought-forthrills-not-kills.

**5. 出售帝国（公元前 193 年）**

尤里安的买卖

Bingham, Sandra J. 2013. The Praetorian Guard: A History of Rome’s Elite Special Forces. Waco, TX: Baylor University Press.

Birley, Anthony R. 1999. Septimius Severus: The African Emperor. New York: Routledge.

Echols, Edward C., trans. 1961. Herodian of Antioch’s History of the Roman Empire from the Death of Marcus Aurelius to the Accession of Gordian III. Berkeley: University of California Press.

Gibbon, Edward. 2001. The History of the Decline and Fall of the Roman Empire. Vol. 1. New York: Penguin Classics.

Kelly, Christopher. 2007. The Roman Empire: A Very Short Introduction. New York: Oxford University Press.

**6. 神秘动物学（公元 563 年）**

尼斯湖水怪

Adomnàn of Iona. 1995. Life of St. Columba. Translated by Richard Sharpe. New York: Penguin Classics.

Campbell, Steuart. 1997. The Loch Ness Monster: The Evidence. Amherst, NY: Prometheus Books.

Dinsdale, Tim. 1976. Loch Ness Monster. London: Routledge & Kegan Paul.

Hall, Jamie. 2005. "Lake Monsters." The Cryptid Zoo. www.newanimal.org/lake-monsters.htm.

Scott, Peter, and Robert Rines. 1975. "Naming the Loch Ness Monster." Nature 258: 466–68.

Victor, Daniel. April 13, 2016. "Loch Ness Monster Is Found! (Kind of. Not really.)" New York Times.

Wilder, Billy, dir. 1970. The Private Life of Sherlock Holmes. United Artists.

**7. 圣物（公元 800 年）**

珍贵的包皮

de Voragine, Jacobus. 1993. The Golden Legend: Readings on the Saints. 2 vols. Translated by William Granger Ryan. Princeton, NJ: Princeton University Press.

Geary, Patrick J. 1991. Furta Sacra: Thefts of Relics in the Central Middle

Ages. Princeton, NJ: Princeton University Press.

Holmes, William, ed. 1997. The Lost Books of the Bible Being All the Gospels, Epistles, and Other Pieces Now Extant Attributed in the First Four Centuries to Jesus Christ, His Apostles and Their Companions. New York: Bell.

Jacobs, Andrew. 2012. Christ Circumcised: A Study in Early Christian History and Difference. Philadelphia: University of Pennsylvania Press.

Palazzo, Robert. 2005. "The Veneration of the Sacred Foreskin(s) of Baby Jesus—A Documented Analysis." In Multicultural Europe and Cultural Exchange in the Middle Ages and Renaissance, edited by J. P. Helfers, 155–76. Turnhout, Belgium: Brepols.

Shell, Marc. 1997. "The Holy Foreskin; or, Money, Relics, and Judeo-Christianity." In Jews and Other Differences: The New Jewish Cultural Studies, edited by Jonathan Boyarin and Daniel Boyarin, 345–59. Minneapolis: University of Minnesota Press.

Thiede, Carsten Peter, and Matthew d'Ancona. 2003. The Quest for the True Cross. New York: Palgrave Macmillan.

**8. 变性（公元 855 年）**

琼安教皇

Cooney, Kara. 2015. The Woman Who Would Be King: Hatshepsut's Rise to Power in Ancient Egypt. New York: Broadway Books.

Hildegard of Bingen. 2002. Selected Writings. Edited by Mark Atherton. New York: Penguin Classics.

New, Maria. 2011. "Ancient History of Congenital Adrenal Hyperplasia." In Pediatric Adrenal Diseases, edited by Lucia Ghizzoni et al., 202–11. Basel: Karger.

New, Maria, and Elizabeth Kitzinger. 1993. "Pope Joan: A Recognizable Syndrome." Journal of Clinical Endocrinology and Metabolism 76: 3–13.

Royidis, Emmanuel. 2003. Pope Joan. Translated by Lawrence Durrell. London: Peter Owen.

Stanford, Peter. 1999. The Legend of Pope Joan: In Search of the Truth. New York: Henry Holt.

**9. 都灵裹尸布研究（公元 1390 年）**

都灵裹尸布

Damon, Paul, et al. 1989. "Radiocarbon Dating of the Shroud of Turin." Nature 337: 611–15.

de Voragine, Jacobus. 1993. The Golden Legend: Readings on the Saints. 2 vols. Translated by William Granger Ryan. Princeton, NJ: Princeton University Press.

Haberman, Clyde. June 11, 1989. "Despite Tests, Turin Shroud Is Still Revered." New York Times.

Leclercq, Henri. 1907. "The Legend of Abgar." In The Catholic Encyclopedia. Vol. 1. New York: Robert Appleton Company.

Wilson, Ian. 1991. Holy Faces, Secret Places. Garden City, NY: Doubleday.

Wilson, Ian. 2011. The Shroud: The 2000-Year-Old Mystery Solved. New York: Bantam.

**10. 文艺复兴的天谴之人（公元 1488 年）**

米开朗琪罗的丘比特

Conway, Roderick Morris. November 23, 2002. "A Gathering of Renaissance Masters." New York Times.

Norton, Paul F. 1957. "The Lost Sleeping Cupid of Michelangelo." Art Bulletin 39 (4): 251–57.

Pepys, Samuel. 1970–1983. The Diary of Samuel Pepys: A New and

Complete Transcription. Vol. 6. Edited by Robert Latham and William Matthews. Berkeley: University of California Press.

Shattuck, Kathryn. April 18, 2005. "An Ancient Masterpiece or a Master's Forgery?" New York Times.

Vasari, Giorgio. 1988. The Lives of the Artists. Vol. 1. Translated by George Bull. London: Penguin Classics.

**11. 虚构的种族（公元 1703 年）**

撒玛纳扎

Collins, Paul. 2001. Banvard's Folly. New York: Picador.

Keevak, Michael. 2004. The Pretended Asian: George Psalmanazar's Eighteenth-Century Formosan Hoax. Detroit: Wayne State University Press.

Lynch, Jack. 2005. "Forgery as Performance Art: The Strange Case of George Psalmanazar, 1650–1850." In Ideas, Aesthetics, and Inquiries in the Early Modern Era, vol. 11, edited by Kevin L. Cope. New York: AMS Press.

Psalmanazar, George. 1704. An Historical and Geographical Description of Formosa of himself from the reflections of a Jesuit…Illustrated with several cuts. 2010 Reprint. Farmington Hills, MI: Gale Ecco.

**12. 浪漫主义者的自别（公元 1770 年）**

托马斯 · 查特顿

Ackroyd, Peter. 1996. Chatterton. New York: Grove Press.

Cook, Elizabeth, ed. John Keats: The Major Works, Including Endymion, the Odes and Selected Letters. New York: Oxford University Press.

Groom, Nick, ed. 1999. Thomas Chatterton and Romantic Culture. New York: Palgrave Macmillan.

Poetry Foundation. Accessed 2016. "Thomas Chatterton." www.poetryfoundation.org/poems-and-poets/poets/detail/thomas-chatterton.

Shelley, Percy Bysshe. 1887. Adonais—An Elegy on the Death of John Keats. www.poetryfoundation.org/poems-and-poets/poems/detail/45112.

Timmons, J. W. 1999. A "Fatal Remedy": Melancholy and Self-Murder in Eighteenth-Century England. Princeton, NJ: Princeton University Press.

**13. 假酒（公元 1784 年）**

托马斯·杰弗逊的拉菲葡萄酒

Keefe, Patrick Radden. September 3, 2007. "The Jefferson Bottles." New Yorker, 1–10.

Robinson, Jancis, ed. 2006. The Oxford Companion to Wine. 3rd ed. New York: Oxford University Press, 4, 26–27.

Steinberger, M. June 2010. "What's in the Bottle?" Slate. www.slate.com/articles/life/drink/2010/06/whats_in_the_bottle.html.

Tattersall, Ian, and Rob DeSalle. 2015. A Natural History of Wine. New Haven, CT: Yale University Press.

Wallace, Benjamin. 2008. The Billionaire's Vinegar. New York: Crown.

**14. 假冒的莎士比亚（公元 1795 年）**

成为诗人的男孩

Ireland, William Henry. 1794. "Vortigern, an Historical Play." Reproduced by Vortigern Studies. Accessed 2017. www.vortigernstudies.org.uk/artlit/vortigern.htm.

Ireland, William Henry. 1796. Miscellaneous Papers and Legal Instruments Under the Hand and Seal of William Shakespeare. Beinecke Rare Book & Manuscript Library. Accessed 2017. http://brbl-dl. library.yale.edu/vufind/Record/3582266.

———. 1874. Confessions of William-Henry Ireland: Containing the Particulars of His Fabrication of the Shakespeare Manuscripts. Reproduced by

Archive.org. Accessed 2017. https://archive.org/details/confessionsofwil01irel.

Shea, Christopher. October 24, 2016. "New Oxford Shakespeare Edition Credits Christopher Marlowe as a Co-Author." New York Times.

Stewart, Doug. 2010. The Boy Who Would Be Shakespeare: A Tale of Forgery and Folly. Boston: Da Capo.

### 15. 秘密人类学（公元 1811 年）

大脚怪传奇

Bigfoot Field Research Organization. 2017. "Geographic Database of Bigfoot / Sasquatch Sightings & Reports." www.bfro.net/gdb.

Gisondi, Joe. 2016. Monster Trek: The Obsessive Search for Bigfoot. Lincoln: University of Nebraska Press.

Krantz, Grover S. 1999. Bigfoot Sasquatch: Evidence. Blaine, WA: Hancock House.

Redfern, Nick. 2015. Bigfoot Book: The Encyclopedia of Sasquatch, Yeti and Cryptid Primates. Detroit: Visible Ink.

Sykes, Bryan. 2016. Bigfoot, Yeti, and the Last Neanderthal: A Geneticist's Search for Modern Apemen. Newburyport, MA: Disinformation Books.

Than, Ker. August 20, 2008. "Bigfoot Hoax: 'Body' Is Rubber Suit." National Geographic News. http://news.nationalgeographic.com/news/2008/08/080820-bigfoot-body.html.

### 16. 梦幻国土（公元 1822 年）

波亚斯

Daily Grifter. 2010. "Gregor MacGregor: The Prince of Poyais." http://thedailygrifter.blogspot.com/2010/06/gregor-macgregor-prince-of-poyais.html.

Economist. December 22, 2012. "The King of Con-Men."

Love, Dane. 2007. The Man Who Sold Nelson's Column and Other

Scottish Frauds and Hoaxes. Edinburgh: Birlinn.

Moen, Jon. October 2001. "John Law and the Mississippi Bubble: 1718–1720." Mississippi History Now. www.mshistory.k12.ms.us/articles/70/john-lawand-the-mississippi-bubble-1718-1720.

Sinclair, David. 2004. The Land That Never Was: Sir Gregor MacGregor and the Most Audacious Fraud in History. Boston: Da Capo.

**17. 另一个现实（公元 1840 年）**

伪造照片

Bronx Documentary Center. 2015. "Altered Images: 150 Years of Posed and Manipulated Documentary Photography." www.alteredimagesbdc.org.

Brugioni, Dino A. 1999. Photo Fakery: The History and Techniques of Photographic Deception and Manipulation. Dulles, VA: Brassey's.

Cooper, Joe. 1998. The Case of the Cottingley Fairies. Eureka, CA: New York: Pocket Books.

Doyle, Arthur Conan. 2006. The Coming of the Fairies. Lincoln: University of Nebraska Press.

Fourandsix Technologies. Accessed 2017. "Photo Tampering Throughout History." http://pth.izitru.com.

Gernsheim, Helmut, and Alison Gernsheim. 1956. L.J.M. Daguerre (1787–1851), the World's First Photographer. Wenatchee, WA: World Publishing.

Griffiths, Frances, and Christine Lynch. 2009. Reflections on the Cottingley Fairies: Frances Griffiths—In Her Own Words. Warsaw, ONT: JMJ Publications.

Kaplan, Louis. 2008. The Strange Case of William Mumler, Spirit Photographer. Minneapolis: University of Minnesota Press.

King, David. 1997. The Commissar Vanishes: The Falsification of Photographs and Art in Stalin's Russia. New York: Metropolitan Books.

Lemagny, Jean-Claude, and Andre Rouille. 1987. A History of Photography. New York: Cambridge University Press.

Natale, Simone. 2016. Supernatural Entertainments: Victorian Spiritualism and the Rise of Modern Media Culture. University Park: Pennsylvania State University Press.

**18. 空中壮举（公元 1844 年）**

埃德加·爱伦·坡和巨型热气球骗局

Goodman, Matthew. 2008. The Sun and the Moon: The Remarkable True Account of Hoaxers, Showmen, Dueling Journalists, and Lunar Man-Bats in Nineteenth-Century New York. New York: Basic Books.

Poe, Edgar Allan. 1844. "The Balloon-Hoax." Reproduced by Poestories.com. Accessed 2017. http://poestories.com/read/balloonhoax.

———. 2012. Complete Tales and Poems. New York: Fall River Press.

———. 1850. "The Imp of the Perverse." Reproduced by Poestories.com. Accessed 2017. http://poestories.com/read/imp.

———. 1850. "The Unparalleled Adventure of One Hans Pfaall." Reproduced by The Edgar Allan Poe Society of Baltimore. Modified January 12, 2016. http://www.eapoe.org/works/tales/unphlle.htm.

Sassaman, Richard. 1993. "The Tell-Tale Hoax." Air & Space 8 (3): 80–83.

**19. 与亡者交流（公元 1848 年）**

招魂术与进化论

Albanese, Catherine L. 2007. A Republic of Mind and Spirit: A Cultural History of American Metaphysical Religion. New Haven, CT: Yale University Press.

Bown, Nicola, Carolyn Burdett, and Pamela Thurschwell, eds. 2004. The

Victorian Supernatural. Cambridge: Cambridge University Press.

Davenport, Reuben Briggs. 2014. The Death-Blow to Spiritualism: Being the True Story of the Fox Sisters, as Revealed by Authority of Margaret Fox Kane and Catherine Fox Jencken. Charleston, SC: Nabu Press.

Diniejko, Andrzej. 2013. "Sir Arthur Conan Doyle and Victorian Spiritualism." The Victorian Web. www.victorianweb.org/authors/doyle/spiritualism.html.

Doyle, Arthur Conan. 1926. The History of Spiritualism. 2 vols. New York: Doran.

Milner, Richard. October 1996. "Charles Darwin and Associates, Ghostbusters." Scientific American, 72–77.

———. 2015. "Wallace, Darwin, and the Spiritualism Scandal of 1876." Skeptic 20 (3): 29–35.

**20. 骗财（公元 1849 年）**

"自信之人"本尊

American Social History Productions. 2017. "'Arrest of the Confidence Man'—New York Herald, 1849." Reproduced by Lost Museum Archive. http://lostmuseum.cuny.edu/archive/arrest-of-theconfi dence-man-newyork-herald.

Johnson, James F., and Floyd Miller. 1961. The Man Who Sold the Eiffel Tower. Garden City, NY: Doubleday.

Konnikova, Maria. 2016. The Confidence Game: Why We Fall for It... Every Time. New York: Viking.

Melville, Herman. 1991. The Confidence-Man: His Masquerade. New York: Penguin Classics.

Paulhus, Delroy L. 2014. "Toward a Taxonomy of Dark Personalities." Current Directions in Psychological Science 23 (6): 421–26.

Poe, Edgar Allan. 1843. "Raising the Wind; or, Diddling Considered as One of the Exact Sciences." Philadelphia Saturday Courier XIII (655). Reproduced by The Edgar Allan Poe Society of Baltimore. Modified August 17, 2015. www.eapoe.org/works/tales/diddlnga.htm.

Usher, Shaun. 2012. "10 Commandments for Con Men." Lists of Note. www.listsofnote.com/2012/02/10-commandments-for-con-men.html.

**21. 伪考古学（公元 1867 年）**

达文波特碑

Adovasio, J. M., and Jake Page. 2003. The First Americans: In Pursuit of Archaeology's Greatest Mystery. New York: Modern Library.

Dillehay, Thomas D. 2000. The Settlement of the Americas: A New Prehistory. New York: Basic Books.

Feder, Kenneth L. 2005. Frauds, Myths, and Mysteries: Science and Pseudoscience in Archaeology. New York: McGraw-Hill.

Fell, Barry. 1976. America B.C.: Ancient Settlers in the New World. New York: Quadrangle/New York Times Books.

McKusick, Marshall Bassford. 1991. The Davenport Conspiracy Revisited. Ames: Iowa State University Press.

Priest, Josiah. 2005. American Antiquities and Discoveries in the West. Colfax, WI: Hayriver Press.

Silverberg, Robert. 1968. Mound Builders of Ancient America: The Archaeology of a Myth. Greenwich, CT: New York Graphic Society.

Squier, Ephraim G., and Edwin H. Davis. 1998. Ancient Monuments of the Mississippi Valley. Washington, DC: Smithsonian Books.

Stanford, Dennis, and Brian Bradley. 2002. "The Solutrean Solution." Scientific American Discovering Archaeology 2: 54–55.

Williams, Stephen. 1991. Fantastic Archaeology: The Wild Side of North American Prehistory. Philadelphia: University of Pennsylvania Press.

**22. 终极节食（公元 1869 年）**

呼吸主义

BBC News. September 21, 1999. "Woman 'Starved Herself to Death.'" http://news.bbc.co.uk/2/hi/uk_news/scotland/453661.stm.

Brumberg, Joan Jacobs. 2000. Fasting Girls: The History of Anorexia Nervosa. New York: Vintage Books.

Inedia Musings. 2015. Complete Science of Breatharianism. Richmond/Surrey, UK: The Book Shed.

Jasmuheen. 2011. Ambassadors of Light: Living on Light. Buderim, AUS: Self Empowerment Academy.

Jauregui, Andres. February 28, 2014. "'Breatharian' Barbie Valeria Lukyanova Says She Wants to Live Off Light and Air Alone." Huffington Post. www.huffi ngtonpost.com/2014/02/28/breatharian-barbievaleria-lukyanova_n_4873706.html.

Yahoo News. October 25, 1999. "Fresh-Air Dietician Fails TV Show's Challenge." www.caic.org.au/miscult/breatharians/Fresh-air%20dietician%20fails%20TV%20show%27s%20challenge.htm.

**23. 临终皈依（公元 1882 年）**

霍普夫人

Clark, Ronald W. 1985. The Survival of Charles Darwin: A Biography of a Man and an Idea. London: Weidenfeld and Nicolson.

Darwin, Charles. 1958. The Autobiography of Charles Darwin 1809–1882. London: Collins.

———. 2003. The Origin of Species. 150th anniv. ed. New York: Signet Classic.

Malec, Grzegorz. 2015. "Charles Darwin and Lady Hope—The Legend Still Alive." Hybris 29: 126–48.

## 24. 伪造文件（公元 1886 年）

郇山隐修会

Baigent, Michael, Richard Leigh, and Henry Lincoln. 1982. The Holy Blood and the Holy Grail: The Secret History of Christ, The Shocking Legacy of the Grail. London: Jonathan Cape.

Brown, Dan. 2003. The Da Vinci Code. New York: Doubleday.

Introvigne, Massimo. 2005. "Beyond The Da Vinci Code: History and Myth of the Priory of Sion." CESNUR International Conference. www.cesnur.org/2005/pa_introvigne.htm.

Polidoro, Massimo. 2004. "The Secrets of Rennes-leChâteau." Skeptical Inquirer 28 (6). www.csicop.org/si/show/secrets_of_rennes-le-chacircteau.

Wilson, Ian. 1984. Jesus: The Evidence. New York: Harper and Row.

Wrixon, Fred B. 2005. Codes, Ciphers, Secrets and Cryptic Communication: Making and Breaking Secret Messages from Hieroglyphs to the Internet. New York: Black Dog & Leventhal.

## 25. 大众盲从（公元 1888 年）

政治谎言

Foner, Philip S. 1972. The Spanish-Cuban-American War and the Birth of American Imperialism 1895–1902. 2 vols. New York/London: Monthly Review Press.

Moïse, Edwin E. 1996. Tonkin Gulf and the Escalation of the Vietnam War. Chapel Hill: University of North Carolina Press.

Nyhan, Brendan, and Jason Reifler. 2010. "When Corrections Fail: The Persistence of Political Misperceptions." Political Behavior 32 (2): 303–30.

On the Media. 2016. "A Recent History of Political Lies." Podcast and transcript online at www.wnyc.org/story/on-the-media-2016-07-08.

Tattersall, Ian. 2012. Masters of the Planet: The Search for Our Human

Origins. New York: Palgrave Macmillan.

Wilson, Joseph. 2004. The Politics of Truth. New York: Carroll & Graf.

### 26. 政治迫害（公元 1894 年）

德雷福斯事件

Arendt, Hannah. 1951. Antisemitism: Part One of the Origins of Totalitarianism. New York: Harcourt Brace Jovanovich.

Begley, Louis. 2009. Why the Dreyfus Affair Matters. New Haven, CT: Yale University Press.

Burns, Michael. 1991. Dreyfus: A Family Affair, 1789–1945. New York: HarperCollins.

Whyte, George R. 2008. The Dreyfus Affair: A Chronological History. New York: Palgrave Macmillan.

### 27. 金融诈骗（公元 1899 年）

骗子被骗

Gribben, Mark. Accessed 2017. "The Franklin Syndicate." The Malefactor's Register. http://malefactorsregister.com/wp/the-franklin-syndicate.

Henriques, Diana B. 2012. The Wizard of Lies: Bernie Madoff and the Death of Trust. New York: St. Martin's Griffin.

Markopolos, Harry, and Frank Casey. 2010. No One Would Listen: A True Financial Thriller. New York: John Wiley & Sons.

Soltes, Eugene. 2016. Why They Do It: Inside the Mind of the White-Collar Criminal. New York: PublicAffairs.

Zuckoff, Mitchell. 2005. Ponzi's Scheme: The True Story of a Financial Legend. New York: Random House.

**28. 伪古人类学（公元 1908 年）**

皮尔丹人

De Groote, Isabelle, et al. 2016. "New Genetic and Morphological Evidence Suggests a Single Hoaxer Created 'Piltdown Man.'" Royal Society Open Science 3: 160328.

Spencer, Frank. 1990. Piltdown: A Scientific Forgery. Oxford: Oxford University Press.

Tattersall, Ian. 1995. The Fossil Trail: How We Know What We Think We Know About Human Evolution. New York: Oxford University Press.

Weiner, Joseph. S., and Chris B. Stringer. 2003. The Piltdown Forgery. 50th anniv. ed. Oxford: Oxford University Press.

**29. 北极探险（公元 1909 年）**

罗伯特·皮尔里

Amundsen, Roald. 1912. The South Pole: An Account of the Norwegian Expedition in the 'Fram,' 1910–12. 2 vols. London: John Murray.

Bartlett, Robert A. 2006. The Log of Bob Bartlett: The True Story of Forty Years of Seafaring and Exploration. Paradise, Newfoundland: Flanker Press.

Bruni, Frank. April 30, 2016. "The Many Faces of Dennis Hastert." New York Times.

Bryce, Robert. 1997. Cook and Peary: The Polar Controversy Resolved. Mechanicsburg, PA: Stackpole Books.

Davies, Thomas D. 1990. "New Evidence Places Peary at the Pole." National Geographic 177 (1): 46–60.

Henson, Matthew. July 17, 1910. "Matt Henson Tells the Real Story of Peary's Trip to the Pole." Boston American.

Herbert, Wally. 1988. "Did Peary Reach the Pole?" National Geographic 174 (3): 387–413.

Huntford, Roland. 2001. Nansen. London: Abacus.

———. 1980. Scott & Amundsen: The Race to the South Pole. New York: G. P. Putnam's Sons.

National Geographic. Peary Arctic Expedition. www.nationalgeographic.com/photography/photos/north-pole-expeditions/.

Peary, Robert. 1910. North Pole: Its Discovery in 1909 Under the Auspices of the Peary Arctic Club. New York: Frederick A. Stokes.

Rawlins, Dennis. 1973. Peary at the North Pole: Fact or Fiction? Fairfield, CT: R. B. Luce.

Rensberger, Boyce. November 2, 1988. "Explorer Bolsters Case Against Peary." Washington Post.

Roberts, David. 2001. Great Exploration Hoaxes. New York: Modern Library.

Uusma, Bea. 2014. The Expedition: The Forgotten Story of a Polar Tragedy. London: Head of Zeus.

**30. 江湖郎中（公元 1910 年）**

射电电子学

Abrams, Albert. 2010. The Electronic Reactions of Abrams. Whitefish, MT: Kessinger.

Hudgings, William. 1923. "Dr. Abrahms Electron Theory." Reproduced by Sympathetic Vibratory Physics. Accessed May 30, 2017. www.svpvril.com/Abrahm.html.

Lescarboura, Austin C. September 1924. "Our Abrams Verdict: The Electronic Reactions of Abrams and Electronic Medicine in General Found Utterly Worthless." Scientific American: 158–60.

Macklis, Roger M. 1993. "Magnetic Healing, Quackery, and the Debate About the Health Effects of Electromagnetic Fields." Annals of Internal

Medicine 18: 376–83.

Sinclair, Upton. 2015. The Book of Life. www.gutenberg .org/ebooks/38117.

### 31. 神话的起源（公元 1911 年）

六幅《蒙娜丽莎》

Decker, Karl. June 25, 1932. "Why and How the Mona Lisa Was Stolen." Saturday Evening Post.

Nilsson, Jeff. December 7, 2013. "100 Years Ago: The Mastermind Behind the Mona Lisa Heist." Saturday Evening Post.

Scotti, R. A. 2009. Vanished Smile: The Mysterious Theft of Mona Lisa. New York: Knopf.

### 32. 音乐造假（公元 1913 年）

弗里茨 · 克莱斯勒

Biancolli, Amy. 1998. Fritz Kreisler: Love's Sorrow, Love's Joy. Portland, OR: Amadeus.

Burwick, Frederick, and Paul Douglass, eds. 1988. A Selection of Hebrew Melodies, Ancient and Modern, by Isaac Nathan and Lord Byron. Tuscaloosa: University of Alabama Press.

Campbell, Margaret. 1981. The Great Violinists. New York: Doubleday.

Guardian Music. May 1, 2015. "Milli Vanilli Man Attempts Comeback—with the Man Who Actually Sang the Songs." Guardian. www.theguardian.com/music/2015/may/01/milli-vanilli-fab-morvan-comebackman-who-actually-sang.

Kreisler, Fritz. 1915. Four Weeks in the Trenches: The War Story of a Violinist. Boston and New York: Houghton Mifflin.

Riding, Alan. February 17, 2007. "A Pianist's Recordings Draw Praise, but

Were They All Hers?" New York Times.

Schoenbaum, David. November 9, 2012. "Dietmar Machold, Dealer of Expensive Violins, Gets 6 Years in Prison in Austria." Washington Post.

**33. 伪行星学（公元 1914 年）**

扁平空心的地球

Adams, Frank Dawson. 1954. The Birth and Development of the Geological Sciences. New York: Dover Publications.

Burroughs, Edgar Rice. 2006. At the Earth's Core. West Valley City, UT: Waking Lion Press.

Gardner, Martin. 1957. Fads and Fallacies in the Name of Science. 2nd ed., rev. New York: Dover Publications.

Garwood, Christine. 2008. Flat Earth: The History of an Infamous Idea. New York: Thomas Dunne Books.

Griffin, Duane. 2012. "What Curiosity in the Structure: The Hollow Earth in Science." In Between Science and Fiction: The Hollow Earth as Concept and Conceit, edited by Hanjo Berressem, Michael Bucher, and Uwe Schwagmeier, 3–34. Münster, Germany: Lit Verlag.

Halley, Edmond. 1692. "An Account of the Cause of the Change of the Variation of the Magnetick Needle, with an Hypothesis of the Structure of the Internal Parts of the Earth." Philosophical Transactions of the Royal Society of London 17 (195): 563–78.

Miller, Jay Earle. October 1931. "$5,000 for Proving the Earth a Globe." Modern Mechanics and Inventions: 70–74, 200–4.

Standish, David. 2006. Hollow Earth: The Long and Curious History of Imagining Strange Lands, Fantastical Creatures, Advanced Civilizations, and Marvelous Machines Below the Earth's Surface. Cambridge, MA: Da Capo.

Symmes, Americus. 1878. The Symmes Theory of Concentric Spheres,

Demonstrating that the Earth Is Hollow, Habitable Within, and Widely Open About the Poles. 2nd ed. Louisville, KY: Bradley and Gilbert.

[Teed, Cyrus], and Ulysses Morrow. 1975. The Cellular Cosmogony; or, The Earth a Concave Sphere. Edited by Robert Fogarty. Philadelphia: Porcupine Press.

**34. 艺术赝品（公元 1936 年）**

致敬还是剽窃？

Ewell, Bernard. 2014. Artful Dodgers: Fraud and Foolishness in the Art Market. Bloomington, IA: Abbott Press.

Hamlin, Jesse. July 29, 1999. "Painting Forger Elmyr de Hory's Copies Are Like the Real Thing." San Francisco Chronicle.

Irving, Clifford. 1969. Fake! The Story of Elmyr de Hory, the Greatest Art Forger of Our Time. New York: McGraw-Hill.

Lopez, Jonathan. 2009. The Man Who Made Vermeers: Unvarnishing the Legend of Master Forger Han van Meegeren. New York: Mariner Books.

**35. 辩证生物学（公元 1938 年）**

李森科学说及其后果

Carey, Nessa. 2013. The Epigenetics Revolution: How Modern Biology Is Rewriting Our Understanding of Genetics, Disease and Inheritance. New York: Columbia University Press.

Ings, Simon, 2016. Stalin and the Scientists: A History of Triumph and Tragedy. New York: Atlantic Monthly Press.

Kammerer, Paul. 1923. "Experiments on Clona and Alytes." Nature, 2823 (112): 826–27.

Koestler, Arthur. 1973. The Case of the Midwife Toad. New York: Vintage.

Koltzoff, Nikolai K. 1934. "The Structure of the Chromosomes in the

Salivary Glands of Drosophila." Science 80 (2075): 312–13.

Lamarck, Jean Baptiste. 2015. Zoological Philosophy: An Exposition with Regard to the Natural History of Animals. London: Forgotten Books.

Lysenko, Trofim. 1948. The Science of Biology Today. New York: International Publishers.

Muller, Hermann J. 1948. "The Destruction of Science in the USSR." Saturday Review of Literature XXXI (49): 13–15, 63–65.

Noble, G. Kingsley. 1926. "Kammerer's Alytes." Nature 2962 (118): 209–11.

Soyfer, Valery N. 2001. "The Consequences of Political Dictatorship for Russian Science." Nature Reviews Genetics 2: 723–29.

Zirkle, Conway, ed. 1949. Death of a Science in Russia: The Fate of Genetics as Described in Pravda and Elsewhere. Philadelphia: University of Pennsylvania Press.

**36. 伪造尸体（公元 1943 年）**

"谍海浮尸"

Macintyre, Ben. 2011. Operation Mincemeat: How a Dead Man and a Bizarre Plan Fooled the Nazis and Assured an Allied Victory. New York: Harmony Books.

Montagu, Ewen. 1953. The Man Who Never Was. Philadelphia: J. B. Lippincott.

Smyth, Denis. 2010. Deathly Deception: The Real Story of Operation Mincemeat. New York: Oxford University Press.

**37. 虚构身份（公元 1948 年）**

科尔拉·潘迪特

de Clue, David. 2006. "Korla Pandit (aka John Roland Redd, aka Juan

Rolando).” Official Korla Pandit Website. www.korlapandit.com/historyparttwo.htm.

Smith, R. J. 2001. “The Many Faces of Korla Pandit.” Los Angeles 46 (6): 72–77, 146–51.

Turner, John. May 31, 2016. “How a Black Man from Missouri Passed as an Indian Pop Star.” Atlas Obscura. www.atlasobscura.com/articles/how-a-black-manfrom-missouri-passed-as-an-indian-pop-star.

Zack, Jessica. August 15, 2015. “Exotic Korla Pandit Hid Race Under Swami Persona.” San Francisco Chronicle.

**38. 误人的考古学（公元 1964 年）**

冬天的狮子

Adovasio, J. M., and David Pedler. 2016. Strangers in a New Land: What Archaeology Reveals About the First Americans. A Peter N. Névraumont Book. Richmond Hills, ONT: Firefly Books.

Haynes, Vance. 1973. “The Calico Site: Artifacts or Geofacts?” Science 181: 305–9.

Johanson, Donald, and Blake Edgar. From Lucy to Language. Rev. ed. A Peter N. Névraumont Book. New York: Simon & Schuster.

Leakey, Louis S. B., Ruth DeEtte Simpson, and Thomas Clements. 1968. “Archaeological Excavations in the Calico Mountains, California: Preliminary Report.” Science 160: 1022–23.

Leakey, Louis S. B., Ruth DeEtte Simpson, Thomas Clements, Rainer Berger, and John Witthoft. 1972. Pleistocene Man at Calico. San Bernardino, CA: San Bernardino County Museum Association.

Leakey, Mary. 1984. Disclosing the Past. London: Weidenfeld and Nicolson.

Morell, Virginia. 1996. Ancestral Passions: The Leakey Family and the

Quest for Humankind's Beginnings. New York: Simon & Schuster.

Simpson, Ruth DeEtte. 1980. The Personal History of the Early Years of the Calico Mountains Archaeological Site. http://calicoarchaeology.com/pdf/deesimpson.pdf.

**39. 并非环游世界（公元 1968 年）**

唐纳德·克劳赫斯特的忧伤传奇

Finkel, Donald. 1987. The Wake of the Electron: A Narrative Poem. New York: Atheneum.

Harris, John. 1981. Without Trace: The Last Voyages of Eight Ships. London: Methuen.

McCrum, Robert. April 4, 2009. "Deep Water." Guardian. Nichols, Peter. 2001. A Voyage for Madmen. New York: HarperCollins.

Stone, Robert. 1998. Outerbridge Reach. Boston: Houghton Mifflin.

Tomalin, Nicholas, and Ron Hall. 1970. The Strange Last Voyage of Donald Crowhurst. London: Hodder and Stoughton.

**40. 精神失常（公元 1969 年）**

阴谋论

Fox, Josh. December 28, 2012. "10 Reasons the Moon Landings Could Be a Hoax." ListVerse. http://listverse.com/2012/12/28/10-reasons-themoon-landings-could-be-a-hoax.

Interesting Things. 2013. "Skeleton on the Moon." http://interestingthings.info/mildly-interesting/skeleton-on-the-moon.html.

National Geographic Magazine. 2009. "Eight Moon-Landing Hoax Myths—Busted." http://news.nationalgeographic.com/news/2009/07/photogalleries/apollo-moon-landing-hoax-pictures/.

Nyhan, Brendan, and Jason Reifler. 2010. "When Corrections Fail: The

Persistence of Political Misperceptions." Political Behavior 32 (2): 303–30.

Shermer, Michael. December 1, 2014. "Why Do People Believe in Conspiracy Theories?" Scientific American. www.scientificamerican.com/article/whydo-people-believe-in-conspiracy-theories/.

Uscinski, Joseph E., and Joseph M. Parent. 2014. American Conspiracy Theories. New York: Oxford University Press.

**41. 人类多样性（公元 1972 年）**

种族谬论

Cavalli-Sforza, Luigi Luca, and Francesco Cavalli-Sforza. 1995. The Great Human Diasporas: The History of Diversity and Evolution. Reading, MA: Addison-Wesley.

Cavalli-Sforza, Luigi Luca, Paolo Menozzi, and Alberto Piazza. 1995. The History and Geography of Human Genes. Princeton, NJ: Princeton University Press.

Haeckel, Ernst. 1884. The History of Creation; or, the Development of the Earth and Its Inhabitants by the Action of Natural Causes. Vols. 1 and 2. New York: Amazon Digital Services.

Jablonski, Nina. 2006. Skin: A Natural History. Berkeley: University of California Press.

Lewontin, Richard. 1972. "The Apportionment of Human Diversity." Evolutionary Biology, 6: 381–98.

Prado-Martinez, Javier, et al. 2013. "Great Ape GeneticDiversity and Population History." Nature 499: 471–75.

Sussman, Richard W. 2014. The Myth of Race: The Troubling Persistence of an Unscientific Idea. Cambridge, MA: Harvard University Press.

Tattersall, Ian, and Rob DeSalle. 2011. Race?: Debunking a Scientific Myth. College Station: Texas A&M University Press.

**42. 不朽的生命（公元 1976 年）**

冻结的自我

Altman, Lawrence K. July 26, 1988. "The Doctor's World; Ingenuity and a 'Miraculous' Revival." New York Times.

Cryogenic Society of America, Inc. 2017. www.cryogenicsociety.org.

Ettinger, Robert C. W. 1964. The Prospect of Immortality. New York: Doubleday.

Thomson, H. 2016. "The Big Freeze: Inside Timeship's Cryogenic Revolution." New Scientist 231 (3080): 26–31.

**43. 顺势疗法（公元 1988 年）**

水之记忆

BBC Horizon. 2002. "Homeopathy: The Test— Transcript." www.bbc.co.uk/science/horizon/2002/homeopathytrans.shtml (archived).

Davenas, Eau, et al. 1988. "Human Basophil Degranulation Triggered by Very Dilute Antiserum Against IgE." Nature 333: 816–18.

Ennis, Madeleine. 2010. "Basophil Models of Homeopathy: A Sceptical View." Homeopathy 99 (1): 51–56.

Maddox, John, James Randi, and Walter W. Stewart. 1988. "'High-Dilution' Experiments a Delusion." Nature 334: 287–90.

National Health and Medical Research Council. 2015. Evidence on the Effectiveness of Homeopathy for Treating Health Conditions. Canberra, AUS: National Health and Medical Research Council NHMRC Publication.

**44. 伪古生物学（公元 1997 年）**

“辽宁古盗鸟”

Dingus, Lowell, and Timothy Rowe. 1998. The Mistaken Extinction: Dinosaur Evolution and the Origin of Birds. New York: W. H. Freeman and

Company.

Mayell, Hillary. November 20, 2002. “Dino Hoax Was Made of Ancient Bird, Study Shows.” National Geographic News. http://news.nationalgeographic.com/news/2002/11/1120_021120_raptor.html.

Pickrell, John. November 15, 2014. “How Fake Fossils Pervert Paleontology.” Scientific American. www.scientificamerican.com/article/how-fake-fossilspervert-paleontology-excerpt/.

Rowe, Timothy, Richard A. Ketcham, Cambria Denison, Matthew Colbert, Xu Xing, and Philip J. Currie. 2001. “The Archaeoraptor Forgery.” Nature 410: 539–40.

Simons, Lewis M. 2000. “Archaeoraptor Fossil Trail.” National Geographic 197 (10): 128–32.

Sloan, Christopher P. 1999. “Feathers for T. rex? New Birdlike Fossils Are Missing Links in Dinosaur Evolution.” National Geographic 196 (5): 98–107.

**45. 不可靠的记忆（公元 1997 年）**

伪造的回忆录

Barthes, R. 1967. “The Death of the Author.” Aspen. Reproduced by Literarism. December 30, 2011. http://literarism.blogspot.com/2011/12/rolandbarthes-death-of-author.html.

Capote, Truman. 1965. In Cold Blood. New York: Random House.

Defonseca, Misha. 1997. Misha: A Mémoire of the Holocaust Years. Gloucester, MA: Mount Ivy.

Frey, James. 2003. A Million Little Pieces. New York: Doubleday Books.

Jack, Ian. June 17, 2011. “Albania’s ‘Second Greatest Living Writer’ Was a Hoax, but Does It Really Matter?” Guardian.

Johnston, Ian. August 23, 2014. “Fake Memoirs: Academic Says We Should Not Disregard Books Because They Unexpectedly Change Genre.”

Independent.

Jones, Margaret B. [Margaret Seltzer]. 2008. Love and Consequences: A Memoir of Hope and Survival. New York: Riverhead Books.

Rosenblat, Herman. 2008 [withdrawn prior to publication]. Angel at the Fence: The True Story of a Love That Survived. New York: Berkley Books.

The Smoking Gun. January 4, 2006. "A Million Little Lies: Exposing James Frey's Fiction Addiction." www.thesmokinggun.com/documents/celebrity/million-little-lies?page=0,0.

### 46. 荒唐的精神错乱（公元 1998 年）

疫苗与自闭症

Deer, Brian. 2011. "How the Case Against the MMR Vaccine Was Fixed." British Medical Journal 342 (5347): 77–82. Online at www.bmj.com/bmj/sectionpdf/186183?path=/bmj/342/7788/Feature.full.pdf.

———. January 11, 2011. "Timeline." British Medical Journal. Reproduced by Campbell M. Gold.com. Accessed May 30, 3017. www.campbellmgold.com/archive_blowing_in_the_wind/mmr_timeline_jan_2011.pdf.

DiResta, Renée, and Gilad Lotan. 2015. "Anti-vaxxers Are Using Twitter to Manipulate a Vaccine Bill." Wired. www.wired.com/2015/06/antivaxxersinfluencing-legislation/.

Dominus, Susan. April 20, 2011. "The Crash and Burn of an Autism Guru." New York Times Magazine. www.nytimes.com/2011/04/24/magazine/mag-24Autism-t.html.

Godlee, Fiona, Jane Smith, and Harvey Marcovitch. 2011. "Wakefield's Article Linking MMR with Autism was Fraudulent." British Medical Journal 342: 64–66.

Sifferlin, Alexandra. March 17, 2014. "4 Diseases Making a Comeback

Thanks to Anti-Vaxxers." Time. http://time.com/27308/4-diseases-making-acomeback-thanks-to-anti-vaxxers.

Wakefield, Andrew J., et al. 1998. "Ileal-Lymphoid Nodular Hyperplasia, Non-specific Colitis, and Pervasive Developmental Disorder in Children." Lancet 351: 637–41 [retracted].

**47. 同行评审（公元 2000 年）**

简 · 亨德里克 · 舍恩

Beasley, Malcolm R., Supriyo Datta, Herwig Kogelnik, Herbert Kroemer, and Don Monroe. 2002. "Report of the Investigation Committee on the Possibility of Scientific Misconduct in the Work of Hendrik Schön and Coauthors." Bell Labs. http://w.astro.berkeley.edu/~kalas/ethics/documents/schoen.pdf.

Chang, Kenneth. May 23, 2002. "Similar Graphs Raised Suspicions on Bell Labs Research." New York Times.

Murray, Cherry A., and Saswato R. Das. 2003. "The Price of Scientific Freedom." Nature Materials 2 (4): 204.

Reich, Eugenie Samuel. 2009. Plastic Fantastic: How the Biggest Fraud in Physics Shook the Scientific World. New York: Palgrave Macmillan.

Schön, Jan Hendrik, Christian Kloc, and Bertram Batlogg. 2000. "Fractional Quantum Hall Effect in Organic Molecular Semiconductors." Science 288 (5475): 2338–40. [Retracted]

Wade, Nicholas, and Choe Sang-Hun. January 10, 2006. "Researcher Faked Evidence of Human Cloning, Koreans Report." New York Times. www.nytimes.com/2006/01/10/science/10clone.html.

**48. 虚假的安全（公元 2001 年）**

虚假炸弹探测器

al-Salhy, Suadad. January 24, 2010. "Iraq Official Warned Against Anti-bomb Device Buy." uk.reuters.com/article/uk-iraq-britain-explosivesidUKTRE60N1MF20100124.

Higginbotham, Adam. July 11, 2013. "In Iraq, the Bomb-Detecting Device That Didn't Work, Except to Make Money." BusinessWeek.

Smith, Richard. March 21, 2013. "Jim McCormick: Con-Man Sold Golf Ball Finders as Bomb Detectors in 'Diabolical' £60m Scam Which Put Lives at Risk." Daily Mirror.

**49. 假死（公元 2002 年）**

伪造死亡

Applebaum, Anne. December 10, 2007. "Getting Away from It All: Why Do So Many of Us Want to Disappear and Start Over?" Slate. www.slate.com/articles/news_and_politics/foreigners/2007/12/getting_away_from_it_all.html?y=1.

Askwith, Richard. October 10, 1999. "The Vanishing Season." Independent on Sunday.

Bhattarai, Abha, and Nelson D. Schwartz. July 3, 2008. "Fund Manager Who Faked His Suicide Surrenders." New York Times.

Forsyth, Frederick. 1972. The Day of the Jackal. New York: Viking Press.

Greenwood, Elizabeth. 2016. Playing Dead: A Journey Through the World of Death Fraud. New York: Simon & Schuster.

Knapp, Samuel L. 1858. The Life of Lord Timothy Dexter, with Sketches of the Eccentric Characters That Composed the Associates, Including His Own Writings. Boston: J. E. Tilton.

Pierce, Emmet. 2011. "Faking Death to Collect Life Insurance Money: A

Life on the Run." Insure.com. www.insure.com/life-insurance/faking-death-for-lifeinsurance-money.html.

White, James. December 9, 2011. "'Faking your own death is easy... but coming back is hard!' Canoe Man John Darwin Boasts of How He Walked Around Home Town Disguised as an Old Man." Daily Mail. www.dailymail.co.uk/news/article-2072033/Canoeman-John-Darwin-describes-easy-fake-death-lifeinsurance-payout.html.

**50. 假新闻（公元 2003 年）**

史蒂芬·格拉斯与杰森·布莱尔的遗产

Barry, Dan, David Barstow, Jonathan D. Glater, Adam Liptak, and Jacques Steinberg. May 11, 2003. "Correcting the Record; Times Reporter Who Resigned Leaves Long Trail of Deception." New York Times.

Blair, Jayson. 2004. Burning Down My Masters' House: My Life at the New York Times. London: New Millennium.

Connolly, Kate, et al. December 12, 2016. "Fake News: An Insidious Trend That's Fast Becoming a Global Problem." Guardian.

Fisher, Marc, John Woodrow Cox, and Peter Hermann. December 6, 2016. "Pizzagate: From Rumor, to Hashtag, to Gunfire in D.C." Washington Post.

Glass, Stephen. 2003. The Fabulist. New York: Simon & Schuster.

Mnookin, Seth. 2004. Hard News: The Scandals at The New York Times and Their Meaning for American Media. New York: Random House.

Morrison, Blake. March 19, 2004. "Ex-USA TODAY Reporter Faked Major Stories." USA Today.

**后记**

Kaiser, David. 2009. "Physics and Pixie Dust." American Scientist November–December, 496–98.

Knowles, Eric S., and Jay A. Lin. 2004. "ApproachAvoidance Model of Persuasion: Alpha and Omega Strategies for Change." In Resistance and Persuasion, edited by Eric S. Knowles and Jay A. Linn.

Mahwah, NJ: Lawrence Erlbaum Associates, pp. 117–48.

Konnikova, Maria. 2016. The Confidence Game: Why We Fall For It... Every Time. New York: Viking.